정부를 팝니다

Outsourcing Sovereignty

정부를 팝니다

지은이 | 폴 R. 버카일
옮긴이 | 김영배
펴낸이 | 김성실
기획편집 | 최인수 · 여미숙 · 이정남
교정교열 | 박기효
마케팅 | 곽흥규 · 김남숙 · 이유진
편집디자인 | 하람커뮤니케이션(02-322-5405)
제작 | 한영문화사

초판 1쇄 | 2011년 11월 4일 펴냄

펴낸곳 | 시대의창
출판등록 | 제10-1756호(1999. 5. 11.)
주소 | 121-816 서울시 마포구 동교동 113-81(연희로 19-1) 4층
전화 | 편집부 (02) 335-6125, 영업부 (02) 335-6121
팩스 | (02) 325-5607
이메일 | sidaebooks@hanmail.net

ISBN 978-89-5940-224-3 (03300)

책값은 뒤표지에 있습니다.
잘못된 책은 바꾸어드립니다.

정부를 팝니다
Outsourcing Sovereignty

폴 버카일 지음 | 김영배 옮김

시대의창

| 감사의 말 |

나는 오랫동안 이 연구를 생각해왔지만 가장 중요한 영감은 학교와 공공 영역에서 함께 일했던 동료들에게서 얻었다. '민영화 과정'에 대한 생각은 2005년 1월에 열린 미국 로스쿨협회 정기총회에서 마이클 아시모프, 길리안 멧저, 에드 로빈과 함께 발전시킬 수 있었다. 같은 해 2월, 공공행정에 대한 국가 차원의 연구계약과 관련한 주제로 열린 카도조 로스쿨/미시간 로스쿨 컨퍼런스(샐리 앤 페이턴 주관)에서 나는 또다시 이 연구의 필요성을 절감했다. 2005년, 마사 미노와 조디 프리먼이 주재하여 하버드 로스쿨에서 정부 아웃소싱이라는 주제로 컨퍼런스를 열었고, 이를 통해 생각의 폭을 넓힐 수 있었다. 그해 여름에는 워싱턴의 RAND 본부에서 보브 리치와 프랭크 캠에게 군사 계약을 맺는 방식을 배우면서 생산적인 시간을 보냈다.

2005년 11월에는 노스캐롤라이나 대학 로스쿨에서 열린 교수 세미나(마이클 게하트 주관)를 통해 헌법 차원에서 민영화에 대한 생

각을 정리할 수 있었다. 다음 해인 2006년 11월, 카도조 로스쿨의 교수 세미나에서 로라 디킨슨, 데이비드 엡스타인, 데이비드 루이스, 피터 린드세트, 길리안 멧저, 스티븐 스쿠너, 동료인 케빈 스택의 도움으로 국가기관 운영 비용에 관한 이론의 진가를 알 수 있었다. 카도조 로스쿨의 고등법 연구기관인 제이컵 번스 인스티튜트에서 이 모임을 전반적으로 지원했다.

2006년 가을에 열린 펠스Fels 프로그램에 초대해준 펜실베이니아 대학의 돈 케틀과 존 딜루리오에게 감사한다. 한때 카도조 로스쿨에서 함께 일했던 홈볼트 대학의 베른하르트 슐링크는 안보 기능의 민영화와 관련된 독일과 유럽 커뮤니티 법률의 복잡한 상황을 이해하는 데 도움을 주었다. 돈 엘리엇과 리처드 피어스는 정책 입안이 목적인 정부기관의 계약에 관해 통찰력을 제공했고 DOT의 노련한 일꾼 닐 에이스너는 다양한 사례를 들어 설명해주었다. 예산관리국 시민대표였던 규제효과검토연구소의 짐 토지는 정부 웹사이트를 통해 쉽게 알 수 없는 다양한 시각을 제시했다.

사병에 관해서는 P.W. 싱어와 데보라 아반트에게서, 아웃소싱으로 생기는 헌법 및 규제 문제에 관해서는 아크힐 아마르, 시드니 샤피로, 피터 스트라우스, 캐스 선스타인의 연구에 많은 빚을 졌다. 자료 수집과 인용에 많은 도움을 준 돈 굿맨의 노고에 감사한다. 레이크 코모 벨라지오의 고든 우드와 함께한 2006년 여름, 우리는 국가 건설에서의 주권 개념에 대한 근본적인 전제조건을 재검토할 수 있었다. 데이비드 루덴스타인 학장은 2005~2006년 교수 연구일정을 조정해줌으로써 이 책을 완성하는 데 가장 큰 도움을 주었다. 동료인 마이클 허츠와 아서 제이컵슨, 마이클 로젠펠드, 케빈 스택은 항상 조언을 아끼지 않았다.

이 책에서 소개될 몇몇 부분은 이미 출판되었거나 곧 출판될 예정이다. 4장과 5장은 Privatizing Due Process, 57 Admin. L. Rev. 963(2005), Public Law Limitations on Privatization of Government

Fuctions, 84 N.C.L. Rev. 397(2006), 3장은 The Publicization of Airport Security, 27 Cardozo L. Rev. 2243(2006)이라는 제목을 달았는데 이들은 모두 공동 저작물이다. 더불어 'The Nondelegable Duty to Govern'이라는 챕터는 하버드대학출판부를 통해《미국 아웃소싱Outsourcing the U.S.》의 일부로 출판될 예정이다. 관련 출판사에 감사를 전한다.

2007년에 열린 수업에서 J. T. 허친스는 단순한 조교 역할을 넘어 내 연구에 큰 도움을 주었다. 같은 해 줄리 루벤스타인과 2008년 에밀리 포스너, 코디 라이트는 뛰어난 편집 역량을 발휘했다. 마지막으로 항상 도움을 준 우리 아이들, 타라, 깁슨, 알렉스에게 감사한다.

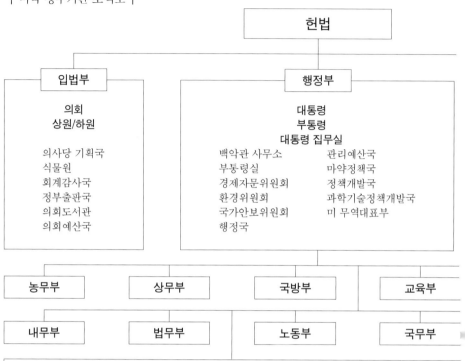

독립기관 및 정부협력단체

AFRICAN DEVELOPMENT FOUNDATION(아프리카개발재단)

CENTRAL INTELLIGENCE AGENCY(중앙정보국)

COMMODITY FUTURES TRADING COMMISSION(상품선물거래위원회)

CONSUMER PRODUCT SAFETY COMMISSION(소비자보호위원회)

CORPORATION FOR NATIONAL AND COMMUNITY SERVICE(전국지역사회봉사단)

DEFENSE NUCLEAR FACILITIES SAFETY BOARD(방위핵시설안전위원회)

ENVIRONMENTAL PROTECTION AGENCY(환경보호처)

EQUAL EMPLOYMENT OPPORTUNITY COMMISSION(균등고용기회위원회)

EXPORT-IMPORT BANK OF THE U.S.(미국수출입은행)

FARM CREDIT ADMINISTRATION(농업신용처)

FEDERAL COMMUNICATIONS COMMISSION(연방통신위원회)

FEDERAL DEPOSIT INSURANCE CORPORATION(연방예금보험공사)

FEDERAL ELECTION COMMISSION(연방선거관리위원회)

FEDERAL HOUSING FINANCE BOARD(연방주택금융위원회)

FEDERAL LABOR RELATIONS AUTHORITY(연방노동관계처)

FEDERAL MARITIME COMMISSION(연방해사위원회)

FEDERAL MEDIATION AND CONCILIATION SERVICE(연방조정중재원)

FEDERAL MINE SAFETY AND HEALTH REVIEW COMMISSION(연방광산안전보건감독위원회)

FEDERAL RESERVE SYSTEM(연방준비은행)

FEDERAL RETIREMENT THRIFT INVESTMENT BOARD(연방퇴직자저축투자위원회)

FEDERAL TRADE COMMISSION(연방통상위원회)

GENERAL SERVICES ADMINISTRATION(총무처)

INTER-AMERICAN FOUNDATION(인터아메리카재단)

MERIT SYSTEMS PROTECTION BOARD(공무원소청심사위원회)

NATIONAL AERONAUTICS AND SPACE ADMINISTRATION(미국항공우주국)

NATIONAL ARCHIVES AND RECORDS ADMINISTRATION(미국국가기록원)

사법부

연방대법원

연방항소법원   연방세무법원
연방지방법원   연방재향군인관할법원
연방영토법원   연방법원관리소
국제무역법원   연방판사회
연방청구법원   연방형선고위원회
무력에 대한 항소법원

| 에너지부 | 보건복지부 | 국토안보부 | 주택도시개발부 |

| 교통부 | 재무부 | 재향군인부 |

NATIONAL CAPITAL PLANNING COMMISSION(미국수도계획
  위원회)

NATIONAL CREDIT UNION ADMINISTRATION(미국신용조합
  감독원)

NATIONAL FOUNDATION ON THE ARTS AND THE
  HUMANITIES(미국예술인문학재단)

NATIONAL LABOR RELATIONS BOARD(미국노동위원회)

NATIONAL MEDIATION BOARD(미국중재위원회)

NATIONAL RAILROAD PASSENGER
  CORPORATION(AMTRAK/미국철도여객공사)

NATIONAL SCIENCE FOUNDATION(미국과학재단)

NATIONAL TRANSPORTATION SAFETY BOARD(미국교통안
  전위원회)

NUCLEAR REGULATORY COMMISSION(원자력규제위원회)

OCCUPATIONAL SAFETY AND HEALTH REVIEW
  COMMISSION(산업안전보건감독위원회)

OFFICE OF GOVERNMENT ETHICS(공직자윤리실)

OFFICE OF PERSONNEL MANAGEMENT(인사관리실)

OFFICE OF SPECIAL COUNSEL(법률고문실)

OVERSEAS PRIVATE INVESTMENT CORPORATION(해외민
  간투자공사)

PEACE CORPS(평화봉사단)

PENSION BENEFIT GUARANTY CORPORATION(연금보험공사)

POSTAL RATE COMMISSION(우편요금위원회)

RAILROAD RETIREMENT BOARD(철도퇴직자위원회)

SECURITIES AND EXCHANGE COMMISSION(증권거래위원회)

SELECTIVE SERVICE SYSTEM(선발징병제도)

SMALL BUSINESS ADMINISTRATION(중소기업처)

SOCIAL SECURITY ADMINISTRATION(사회보장국)

TENNESSEE VALLEY AUTHORITY(테네시 강 유역개발공사)

TRADE AND DEVELOPMENT AGENCY(해외무역개발공사)

U.S. AGENCY FOR INTERNATIONAL DEVELOPMENT(미국
  국제개발처)

U.S. COMMISSION ON CIVIL RIGHTS(미국민권위원회)

U.S. INTERNATIONAL TRADE COMMISSION(미국무역위원회)

U.S. POSTAL SERVICE(미국우체국)

| 차례 |

1장

머리말

왜 아웃소싱은 민주주의를 위협하는가

이 책의 관심사

A

각국 정부는 주권을 행사한다. 그런데 이 주권을 외부의 대리인에게 양도할 경우 정부의 힘은 심각한 위협에 직면할 수밖에 없다. 국가안보 임무를 수행하고 공공의 목표를 달성하며 막대한 수입을 관리하는 정부는 당연히 민간과는 다른 역할을 수행한다. 정부 부처의 존재 자체가 영광의 상징이다. 이런 이유로 민주주의 체제에서 미합중국의 초대 대통령이었던 조지 워싱턴에서 부시와 클린턴, 레이건, 루스벨트에 이르기까지 역대 대통령은 존경과 비난을 한몸에 받았다. 역대 정권의 정부기관들은 항상 존경을 받아왔다. 말단 공무원에서 내각 고위직에 이르기까지 정부를 위해서 일했던 사람이라면 이 말의 의미를 알 것이다. 그들은 공무와 민간 업무가 어떻게 구분되는지도 안다. 그런데 아웃소싱은 이런 경계에 도전하면서 공적인 기능을 민간에 양도하라고 자꾸만 종용한다.

이 책의 연구과제 중 하나는 정부의 힘이 민간으로 위임되었던 구체적인 사례를 살펴보는 것이다. 서문에서는 우선 안보 및 이와 관련한 기밀사항 취급 허가와 관련된 통계를 살펴본다. 이는 공적 책임과 관련한 핵심 지표로서, 중요한 의무가 얼마나 잘 수행되고 있는지를 반영하며 중앙정부 공무원들이 심도 있게 조사해야만 확인할 수 있다. 현재 전국적으로 80만 개가 넘는 정부 계약자가 1만 1000개 정부기관으로부터 안보 관련 기밀사항 취급 허가권을 얻었다.[1] 민간이 공적 역할을 너무 많이 분담하고 있는 실정이다. 여기서 우리는 묻게 된다. 정부가 스스로 해야 할 일을 민간에게 넘겨줬을 때 이들은 정부를 위해 무엇을 하는가.

민영화와 관련해 몇 년간 다양한 연구가 실행된 결과 마침내 정부 기능의 민영화나 계약 범위의 축소 가능성이 논의되기 시작했다.[2] 제대로 검토하지도 않고 정부의 역할을 민간에 넘김으로써 민주주의 원칙에 입각한 책임과 결정 과정이 위협받고 있다. 국내외를 불문하고 '민주주의의 결점'이 화두로 떠오르고 있다.[3] 이 책은 민영화와 '아웃소싱'[4]이 정부의 '주권'[5] 수행에 해악을 끼치는 현실을 고발한다. 이와 관련해 헌법, 법률, 행정, 계약상의 근거와 원인을 살펴볼 것이다. 또 이미 진행되고 있는 위임이론 및 거래 비용 분석과 관련된 연구를 참고하고, 헌법 조항과 관료의 행위를 조망하는 새로운 관점을 탐색할 것이다. 나는 폭넓은 학문적·공적 관심에 부응하기 위해 이 연구를 실시했다.

지금까지는 주권 아웃소싱에 대한 공적인 저항이 그리 강력한 영향을 미치지 못했다. 하지만 이제는 변하고 있다. 최근 월터 리드 육군병원에 수용된 부상병들이 얼마나 열악한 환경에서 치료를 받고 있는지 공개되어 육군 참모총장인 프랜시스 하비가 사임하는 일이 발생했다.[6] 2006년 한 해에만 인사 지원 및 유지에 관한 민간 계약이 300건에서 60건으로 대폭 줄었다.[7] 월터 리드 사건을 조사한 위원회는 곧바로 정부기관의 역할을 민간에 넘겼을 때 발생할 수 있는 폐해를 집중 조사했다.

이라크에서는 '용병(민간 사병)'이 연루되어 면밀한 조사를 실시한 바 있다. 저명한 학자 테드 코펠은 《뉴욕 타임스》 사설을 통해 "용병이라는 매혹적인 개념"을 언급했다.[8] 사병의 증가는 민영화라는 커다란 흐름의 일부다. 코펠은 엑손 모빌Exxon Mobil 같은 에너지 기업이 자사의 이익을 보호하기 위해 여러 나라에 용병을 배치하는 식의 "필연적인" 민영화는 더욱더 활성화해야 한다고 주장했다. 또 그런 서비스의 선두주자인 블랙워터Blackwater USA 사를 언급하며, 일례로 나이지리아 정유사 보호를 위한 중대 규모의 군대를 파견할 수 있느냐는 문의에 전혀 문제가 없다는 대답을 들을 것이라고 확신했다. 그들은 "확실한 대답"을 항상 준비해둔다. 한 국가의 대외정책을 계약에 의해 실행한다? 무엇보다 그런 의무를 위임할 수 있다는 점이 놀라울 뿐이다.

펜타곤이 정부의 명령체계를 벗어나는 용병의 존재를 부정적으로 본다는 사실을 잘 알고 있는 코펠은 다시 충성심이나 책임감과 관련한 세간의 우려를 의식한 발언을 멈추지 않았다. 블랙워터 대표들은 당당하게 목소리를 낸다. "우리는 책임감을 가지고 일합니다. 우리는 투명합니다." 또, "우리가 단 한번이라도 미국의 국익에 반하는 행동을 한 적이 있다면 앞으로 어떤 계약도 진행하지 않겠습니다."[9] 물론 블랙워터를 포함하여 민간 군대를 운영하는 기업(유명한 핼리버튼이나 핼리버튼의 자회사인 켈로그, 브라운 & 루트 등이 포함된다)들은 한결같이 주주의 이익을 헌신적으로 보장한다. 그러나 주주들의 이익만 보호받으면 그만일까? 아니다. 시민의 이익도 보호받아야 한다. 블랙워터 같은 회사들이 너무 많은 일을 맡고 있는 것이나 아닌지, 혹은 진짜로 투명한지, 믿을 만은 한지 어떻게 알 수 있을까? 바로 여기서 정부의 역할을 생각하게 된다.

코펠은 이어 용병 제도의 장점에 관한 논쟁을 불러일으켰다. 엿새 후《타임스》지에는 (이 책에서 다룰) 정책 쟁점을 언급하는 편지들이 실린다. 편지에는 미국의 용병들로 인해 "민주주의 국가"가 "인권 침해"에 민감하게 대응하긴커녕 외국의 내정을 간섭하는 "위협적 인상"만을 주고 있다는 비판이 실렸다.[10] 어떤 기고자는 만약 자원 병력만으로 이라크(혹은 다른 장소)에서의 전쟁을 제어할 수 없었다면 민간 용병을 동원할 수밖에 없고 이는 전쟁을 멈추라는 신호로 해석될 수 있다는 논리를 폈다.[11] 한편, 시민의 의무를 다하고 애국심을 고취하기 위해서라도 징병제를 부활시켜야 한다는 주장도 나왔다. 모든 편지에는 코펠의 "확실한 대답"에 반대하는 내용이 담겨 있었다.[12] 이렇게 시작된 공적인 논쟁[13]은 바로 코펠이 기대하는 바였다.

이 논쟁은 이 책의 논제를 정립하는 데 도움이 되었다. '주권 아웃소싱'은 민영화가 너무나 심화되는 상황에서 일어난다. 국가적 · 지구적 차원에서 민영화가 진행됨으로써 이제는 국가 고유의 기능까지도 아웃소싱하는 사태가 벌어지고 있다.

《뉴욕 타임스》는 최근에 정부와 계약을 체결하는 민간기관을 국가의 '제4부'로 규정하는 기획 논설을 실은 바 있다.[14] 1930년대에 처음 사용된 이 용어는 독립적인 정부 기관을 지칭했는데,[15] 이제는 민간 계약자들을 표현하기에 가장 적합한 용어가 되었다. 독립적인 기관들로 구성된 네 번째 기관이 '지도자 없는' 집단이었음을 감안하고, 민간 계약자들로 구성된 이들이 정부 서비스를 수행한다면 어떨지를 한번 생각해보라.

민영화는 정부가 특정한 역할을 수행할 때 능률적으로 업무를 처리할 수 있다는 효율성의 원칙에 입각해 실행되고 있다. 그러나 민영화로 정치적 결정권까지 민간에 위임한다면 이는 한계를 넘어선 것이다. 존 도나휴는 효율성이라는 잣대로만 민주주의를 정의할 수는 없다고 지적했다.[16] 아웃소싱은 일면 효율적일 수 있지만 반드시 그렇지만은 않다. 대법원은 헌법이 의도적으로 '비효율적'일 때도 있다는 사실을 인정한다.[17] 또 효율성과 책임감이 상반되는 개념도 아니다. 둘은 공존해야 한다. 그러나 중요한 공공정책에 관련된 업무를 아웃소싱하듯이 오로지 효율성만을 강조한다면 책임의 문제와 부딪칠 뿐 아니라 민주주의 가치도 위협받게 된다.

게다가 아무리 극적인 예들이 있다고 한들, 용병 문제를 이런 맥락에서 벗어나 바라보는 것은 문제다. 아웃소싱에 관련된 열렬한 주장은 군 문제에 버금가는 이슈들을 시민사회에 던지고 있다. 최근 미 국세청은 체납된 세금의 징수를 민간기관에 위탁하기로 결정했다. 그럴 경우 국세청이 더 효율적으로 업무를 수행할 수 있기 때문이라는 것이었다.[18] 책임과 효율성 외에도 아웃소싱을 둘러싼 또 다른 문제가 있다. 폴 크루그먼의 용어를 빌리자면, "근대적 정부의 원칙이 퇴보"하고 만 것이다."[19]

아웃소싱이 실패한 최근 사례를 살펴보자면, 170억 달러를 주고 록히드 마틴Lockheed Martin과 그루만Grumman에 넘긴 해안경비대 현대화 프로그램을 들 수 있다.[20] 이 프로그램에 소요되는 예산은 현재 240억 달러를 웃돌 뿐만 아니라 건조된 함정들도 결함이 많아 실전에서는 쓰기 힘든 실정이다. 당시 해안경비대 관리들이며 감사 담당자들을 비롯한 "계약자들은 방어 프로그램보다 자신들의 이해관계에만 골몰하는" 잘못을 저지른 것으로 드러나고 있다.[21] 이렇게 정부 책임을 민간에 떠넘기려는 충동에서 벗어나지 못했던 부시 대통령은 "아웃소싱의 우두머리"라는 별명을 얻었다.[22]

국세청과 해안경비대 사례를 통해 정부가 직접 관리해야만 적절히 통제할 수 있는 기능을 아웃소싱할 경우 발생하는 대표적인 역기능을 발견할 수 있다. 첫째는 무자격 민간 계약자가 기능을 수행하는 것이고, 둘째는 이 기능을 다시 정부가 수행하려 할 때 합당한 인력을 찾을 수 없어 낭패를 본다는 점이다. 국방부, 에너지국, 국토보안부 같은 기관들은 상당 부분 자신의 역할을 외부에 위임한다. 국가안보, 공공 기반산업, 재난 구조, 국경 경비와 관련한 민간기업과의 계약이 넘쳐나는 실정이다. 다른 정부기관들도 담당 기관장의 압력이나 정치적 이해관계로 인해 많은 위탁 계약을 추진한다. 여기서 이런 질문이 제기된다. 과연 누가 정책 결정을 주도하는가? 이 질문과 관련하여 이 책은 (1) 가장 '중요'하고 '본질'적인 부분으로, 민주주의적 정책 결정을 저해하는 계약이 진행되고 있으며, (2) 현실을 완전히 뒤집을 수는 없더라도 정부가 기능을 수행함으로써 의미 있는 변화를 끌어낼 수 있다는 두 가지 사실을 입증하려 한다. 헌법에 명시된 국민으로서, 우리는 이를 "확실한 이유"라고 부르며 테드 코펠이 제안한 논쟁에 참여하고자 한다.

'민영화의 시대'를 사는 우리는 의도했던 이익을 얻었으나 또 한편 의도하지 않았던 비용을 치르고 있다. 아웃소싱은 정치적으로 지명된 관료들을 통해 우리의 관료제를 부패시킬 수 있다.[23] 이들은 임기가 짧을 뿐 아니라 보직이 계속 바뀌기 때문에 아웃소싱을 통해 단기간에 눈에 확 띄는 결과를 얻거나 더 좋은 보직을 얻으려 하기 때문이다.

국토보안부의 사례는 전형적이다. 수십억 달러의 예산이 배정된, 국가에 대한 예기치 못한 위협에 대비하기 위해 추진된 특정 사업에는 상당히 복잡한 임무가 맡겨져 있었다.[24] 당시 장관이었던 톰 리지를 포함해 최고위직 관리자 3분의 2가 정부 사업을 실행하는 민간기업으로 자리를 옮겼고, 그중 상당수가 당시 정부로부터 상당액의 신규 계약을 수주했다.[25] 전 아칸소 부지사였던 아사 허친슨은 숱한 민간 사업자와 관계를 맺고 일부 회사(예를 들면 Fortress America Acquisitions)로부터 향후 수익이 기대되는 주식을 매입했다는 혐의를 받고 있다.[26] 국토보안부가 깊이 개입된 기업 공개 사례가 있었으며 다들 "조금이라도 그 상장주식을 얻으려고 혈안이 되었다"고 한다.[27] 효율적인 직무 수행은 둘째 치고, 기본적인 윤리 의식조차 기대하기 어려울 지경이다.[28]

이는 공격적으로 민영화를 추진하는 국토보안부의 만성적인 문제이기도 하다.[29] 국토보안부처럼 대규모 예산으로 항상 새로운 프로그램을 운영할 경우 관계자들은 경험이 부족할 수밖에 없는데 담당자들이 아웃소싱 과정에서 이득을 챙길 수 있는 기회는 상당히 많아진다. 그러나 아웃소싱 자체가 일으키는 문제도 있다. 시민사회의 봉사자들, 즉 능력 있는 공직자들이 아웃소싱으로 말미암아 자신의 역할을 상실한다는 점이다. 장기간 지속된 우리 사회의 관료제를 효과적으로 대체할 만한 방안을 찾지 못한 상황에서는 어찌되었든 정부가 중요한 기능을 수행해야 하고 이는 사회질서 유지에 결정적인 역할을 한다. 《월 스트리트 저널》은 다소 도발적으로 다음과 같이 질문한다. 정부는 "브레인까지 아웃소싱하고 있는가?"[30]

관점 및 연구 계획

이 책에서는 공공부문 민영화의 뿌리를 캐고, 추진 논리를 검증하며, 근본 원인을 파악해 이를 통제할 방안을 모색한다. 기본 관점이 반(反)민영화는 아니다. 필자도 오랫동안 반규제와 효율의 가치를 인정해왔으며,[31] 오로지 정부만이 공공 문제를 해결할 수 있다고 생각하지도 않는다. 물론 정부는 많은 문제를 해결할 수 있다. 정부 기능이 지속적으로 아웃소싱되는 상황에서 도대체 어디까지 아웃소싱해야 하는가를 묻지 않을 수 없다. 새로운 아웃소싱이 진행되는 상황을 보고 있자니 민영화할지 아니면 정부의 관리 아래 둘지를 결정하는 일관된 기준이란 게 없는 듯하다.[32] 아웃소싱을 결함투성이 방안으로 만들지 않으려면 이를 공법의 체계 내에서만 작동하도록 해야 한다. 그런 경계를 정확히 설정할 때 비로소 민주주의 체제가 올바로 작동할 수 있다.[33]

최근 정부와 민간의 관계는 상당히 유동적이다. 중앙정부의 역할이 축소되면서 정부 기능이 점점 더 외부로 위임되고 있으며, 정부는 책임의 무게는 간과한 채 몸집만 줄이고 있다.[34] 이런 환경에서 정부 임무를 넘겨받은 민간 계약자들은 공무원들을 관리하거나 심지어 그들에게 업무를 지시하기도 한다.[35] 민간 계약자가 다른 계약자를 감독하는 일도 비일비재하다. 정부 각 기관의 직무를 감찰·감독하는 기구조차 정부 계약자들의 업무 수행평가나 계약위반 여부를 민간 기관에 의뢰한다.[36] 날이 갈수록 정부 역량은 약화되어 이제는 민간기관의 활동과 성취도를 감찰하는 임무도 수행하기 버거운 실정이다.[37] 규제하고 감독해야 하는 정부기관과 규제와 감독을 받아야 하는 민간의 균형이 무너지고 있다. 더불어 책임도 사라지고 있다.[38]

이런 결함은 규제완화와 민영화의 부산물이다. 탈규제 움직임은 정부의 경제 주도권에 도전할 뿐만 아니라 비효율적이거나 비생산적인 프로그램에 저항한다.[39] 탈규제로 상당한 성과를 거둔 후에도 "대다수는 정부 통제가 지나치게 열성적이며, 적절히 제어할 필요가 있다"고 본다.[40] 공공기관과 학계에서 공히 이런 견해를 받아들인 것은 아니지만,[41] 백악관·의회·법원은 기본적으로 이에 동의한다. 어찌됐든 탈규제 움직임은 정부 관료들의 정책 결정에 영향을 미치고 있으며 상당히 긍정적인 효과를 내기도 했다.

민영화와 탈규제는 엄연히 다르다. 민영화는 민간의 손을 빌려 정부 활동을 보완하는 것이다. 민영화의 경우, 적어도 미국에서는,[42] 탈규제와는 달리 정부 예산을 누가 쓰느냐의 문제보다 해당 활동에 누가 책임을 지느냐에 더 초점이 맞춰진다. 국민총생산이 보여주듯 정부는 민영화된 환경에서도 충분히 커질 수 있고, 사실 부시 행정부가 줄곧 그래왔다.[43] 그러나 민영화와 탈규제를 찬성하는 사람들은 정부가 서비스를 독점 공급하는 것보다 시장에 맡기는 쪽이 낫다는 데 의견을 모은다. 클린턴과 고어 행정부가 정부 쇄신의 초석을 놓았다면,[44] 부시 행정부에서는 이런 문제가 이데올로기화되었다.

부시 대통령은 '오너십 소사이어티Ownership Society'[45]라는 슬로건을 내걸고 정부 규모를 축소해 공공 서비스를 재편하려 했다. 정부 서비스 영역을 민간에 넘기는 것이다. 이런 관점에서 보면, 민영화란 정부의 주권을 시민, 혹은 시민의 일부에게 넘기는 방법이다.

그러나 주인의식 넘치는 사회를 만들기 위해 공공의 직무를 민영화하자 예상치 못한 결과들이 나왔다. 정부가 고유의 직무를 외부에 위탁한 시기는 제2차 세계대전 직후부터지만,[46] 최근엔 아예 한계를 허물기 시작했다. 민간 기업이 독점적인 정부 기능을 흡수한 대표적인 분야는 방위산업이다. 이는 사회의 안보 및 의료를 공적 영역에 남겨둬야 하는가라는 문제와 맞물려 논쟁을 불러일으켰다. 게다가 '공공 영역'이라는 용어 자체가 사회적으로 의미 있는 개념인가를 묻는 목소리까지 나온다. 달리 말해, 공공과 민간이 서로 다른 것인가를 묻던 오래된 법적·정치이론적 질문이 민영화의 홍수를 맞은 오늘날에도 유효한가.

이 책에서는 민영화와 공법의 관계를 다방면으로 조명한다.[47]

4장에서는 공공과 민간의 구분을 면밀히 따져보고 이를 경계로 신뢰와 책임이 갈리는지를 살펴볼 것이다. 민영화의 수용이 곧 공법의 종말은 아니기에, 적어도 민주주의 수호에 필수적인 정부 기능만은 무분별하게 민영화하지 않도록 공법을 개선해야 한다.

6장에서는 '정부의 고유한 기능'에 대한 오랜 논쟁을 다룬다. 우선 해당 기능이 무엇인지를 이해한 후에야 민영화 과정에 휩쓸리지 않을 수 있다. 성문화된 조항들을 무시하고 민영화를 밀어붙일 수는 없을 것이다. 5장과 6장에서는 헌법 및 제정법의 타당성을 살펴보고 특히 대통령의 임명권과 간접위임법 관련 조항들을 구체적으로 살펴볼 것이다. 이 조항들은 정부 관리들에게 힘을 실어주는 한편 적절히 제한한다. 헌법은 3부가 힘과 역할을 어떻게 나누어야 하는지를 포괄적으로 설명한다. 정부 각 기관이 외부계약을 진행하기 때문에 여기서는 '제4부'(여기서는 계약자가 아닌 행정부를 가리킨다)가 핵심 역할을 수행한다.[48]

예산관리국 운영지침 A-76 조항을 살펴보면 외부 계약의 한계를 설정하는 데 도움이 될 것이다. 현재 A-76 조항이 실제로 적용되는 바를 검토해 정부기관이 추진하는 외부 계약 방식을 어떻게 개선할지 모색할 수 있겠다. 예산관리국은 외부 계약에서 핵심 역할을 하고 있으며, 관리들이 정부의 고유 권한을 행사할 수 있게 할 수 있다.

궁극적으로 이 연구의 목표는 민간과 공공(효율과 책임) 양자가 법적·정치적 전통을 위협하지 않고 가장 바람직한 선에서 균형을 이룰 방안을 찾는 것이다. 나는 현실적인 사례를 통해 헌법의 원칙에 따른 책임 요소를 밝히고 법적 기준을 정립하려 한다. 공공의 영역에 새 기운을 불어넣을 새로운 규칙이 요구되는 상황이다. 이를 위해, 7장과 8장에서는 민영화의 거센 도전에 직면한 현 정부에서 두려움에 빠진 관료제를 어떻게 재편하고 새 힘을 불어넣을 수 있을지를 모색한다. 최근 수년간 관료제는 무시와 조롱의 대상이 되어왔다. 이제는 우리의 관료제를 제자리로 돌려놓고 새 생명을 불어넣어야 한다.

허리케인 카트리나가 미국을 치는 동안 지나친 민영화가 얼마나 무서운 결과를 가져오는지 국토보안부와 FEMA는 여실히 보여주었다. 국토보안부식으로 단순히 효율만 앞세울 게 아니라 공공과 민간의 역할이 적절히 균형을 이룬 해결책을 찾아야 한다. 2001년 이후, 정부는 국가안보와 재난 극복, 구명에 총력을 기울여왔다. 이러한 책임의식은 결코 민간에 넘길 수 없는 정부의 몫이다. 동시에 민간 계약자들의 역할도 점차 증대되고 있으며 이미 돌이킬 수 없는 강을 건넜다. 이제 정부는 해답을 얻기 어려운 상황을 맞이했다.

이란-콘트라 사건과
아웃소싱

C

미국의 체제에서 정부는 시민에 대한 책무를 다해야 한다.[49]

부시 대통령과 체니 부통령 행정부는 정부의 핵심 역할을 외부 계약자에게 맡기는 데 어느 정부보다 앞장섰다. 에너지 관련 정책을 수립하기 위해 부통령이 민간 석유회사의 리더들과 비밀리에 만나기 시작하던 때부터 이 정부는 민간 계약을 통해 문제를 해결하려는 의도를 분명히 드러냈다.[50] 그들은 성공적인 결과를 얻기 위해 밀담을 나누었겠지만 국민들이 보기에는 그 정책이라는 것이 무엇인지 분명하지 않다.[51] 체니 부통령은 자신이 핼리버튼 Halliburton 사의 CEO로 재직하던 때부터 에너지 기업들과 긴밀한 관계를 맺어왔고, 이 회사들은 이라크전쟁 이후 가장 많은 정부 계약을 따냈다.

그러나 아웃소싱은 애초에 이 정부의 아이디어가 아니었다. 클린턴이나 아버지 부시 정부에서도 이미 다양하게 시도된 바 있다. 그러나 정책 결정의 민간 위임이 무엇을 의미하는지 가장 확실히 이해한 것은 레이건 정부로 보인다. 특히 이란-콘트라 사건은 어떻게 민간이 대외·군사 정책을 꾸려나가는지를 보여준 생생한 교과서였다.

1. 이란-콘트라 사건의 전말

이란-콘트라 사건의 전말은 잘 기억해두자. 사정은 복잡하게 얽혀 있지만 목적은 상당히 단순하며 으스스할 정도로 낯익다. 레바논에 수용된 미국인 포로들을 석방시키기 위해 백악관은 이스라엘로부터 구매한 미사일을 아야툴라 호메이니가 집권하고 있던 이란 정부에 팔았고, 그 수익금으로 니카라과의 산디니스타(당시 니카라과의 독재정권을 무너뜨렸던 정치세력—옮긴이) 정부를 무너뜨리려 하던 콘트라 반군을 후원했다.[52] 당시 국가안보 고문이었던 로버트 맥팔레인의 지시에 따라 백악관 지하에서 은밀하게 계획이 세워졌고, 지휘는 올리버 노스 대령이 맡았다.[53] 볼랜드 수정법에 따르면 콘트라 반군을 지원하려면 의회의 승인을 받아야만 했다. 레이건 대통령은 '이 사건'에 개입한 바 없음은 물론이고 심지어 이런 일이 벌어지고 있는지조차 알지 못했다고 주장했다. 이 불법행위는 만천하에 드러났고 레이건 행정부는 상당한 곤욕을 치른 것으로 알려졌다.

누가 이 사건을 실제로 진두지휘했을까. 이에 대해서는 다양한 견해가 있다.[54] 그러나 분명한 사실 하나는, 정부의 목적을 달성하기 위해 이처럼 민간 기관을 창의적으로 활용한 예가 없었다는 것이다. 당시 노스 대령은 민간기업을 통해 사우디아라비아에서 3000만 달러,[55] 이란에서는 무기 거래 비용을 제외하고도 1000만 달러에 이르는 돈을 받아 챙겼다.[56] 노스 대령의 행보가 이목을 끌자 포인덱스터 장군은 자신 말고는 누구에게도 정보를 누설하지 말라고 명령했다.[57] 이를 통해 레이건은 궁극적으로 자신의 대통령직을 지킬 수 있었다(그리고 "책임 전가" 대통령이라는 별명을 얻었다[58]).

이란-콘트라 보고서에는 '민영화'라는 제목이 붙은 대목이 있다. 거기에는 다음과 같이 기록되어 있다.

> 국가안보위원회는 정부 일을 대신할 수 있도록 민간과 제3국에 도움을 요청했다. 의회에서 부결된 예산은 제3국 정부와 민간에서 충당했다. 각 활동에 대한 지휘는―의회에서도 인정할만한―전문가인 세코드와 하킴에게 맡겼다.[59]

보고서는 당시 사건의 전말을 얼마나 알고 있었느냐에 관계없이 대통령은 헌법상의 의무, 즉 "법률을 성실하게 집행해야 하는" 책무를 진다는 결론을 내렸다.[60] 정치적 견해가 다를지라도 헌법에 명시된 대통령의 책임에 대해서만은 아무도 반론을 제기할 수 없을 것이다. 상대가 수하든 민간이든, 대통령은 정치적 역할을 떠넘기는 방식으로 자신의 책임을 회피할 수 없다는 말이다. 자세히 설명하겠지만, 이란-콘트라 사건은 통치자의 의무에 대한 교훈을 남겼다.

2. 이란-콘트라 사건의 교훈

이란-콘트라 보고서에는 민영화에 대한 체니 부통령의 태도와 비밀에 관한 내용들도 포함되어 있다. 자신의 에너지 고문들과 관련된 정보 요구에 대해 체니는 정부고문단에 관한 법률Federal Advisory Committee Act을 내세우며 성공적으로 특권을 지켜냈다.[61] 하지만 체니의 비밀이 이 정도에서 그치겠는가. 와이오밍 주 하원의원이었던 딕 체니[62]의 지시로 작성된 이란-콘트라 보고서에 의하면, 사건 자체가 "레이건 대통령과 각료들의 실수"였다. 그런데 추가 보고서들에 의하면, 레바논 인질극을 대하는 대통령과 각료들의 염려 자체가 "감정적이고, 균형 잡히지 않았다".[63] 즉 레이건의 책임감 결여로 인한 실수라기보다는 다음 두 가지 이유로 레이건이 모종의 결단을 내렸다고 보는 것이다.

> 정부 각 기관에 부여된 과도한 힘과 그 기관들의 우유부단함이 빚어낸 법적 혼란.
> 국가안보에 관한 민감한 정보가 의회와 정부기구에서 누출되면서 빚어진 법적 혼란.[64]

체니가 비록 이렇게 말하진 않았지만, 그들이 세계 곳곳에서 비밀스러운 일들을 벌이고 있다는 사실을 이 보고서를 통해 알 수 있다. 이러한 의회의 편견을 바라보면서, 체니 부통령은 상원을 마음대로 조종하는 기쁨을 누렸을 것이나, 2006년 급작스러운 해임에 적잖이 놀랐을 것이다. 현 행정부는 극구 비밀을 강조하는데 정부 관계자들을 숨긴 채로 사업을 추진하는 일이 비일비재하다.[65] 은밀히 사업을 진행하려다 보니 정보공유법을 어기고 정부를 위해 일하는 민간 계약자를 끌어들이게 되는 것이다.[66]

이란-콘트라 사건 관련 보고서들은 정부 관료들의 헌법상의 지위가 매우 강력하다고 설명한다. 대통령이 콘트라에 자금을 지원하는 것을 금지한 볼랜드 수정법은 외교에 관한 한 "단독 행동"이 가능한 대통령직의 권한을 침해하지 못한다는 것이다.[67] 대통령도 분명 이런 해석에 근거하여 행동했을 것이다. 이는 대통령이 국가 안보와 관련된 요격 프로그램을 진행한 일과 관련한, 이른바 강철 가위 사건의 판례였다.[68] 곤살레스 장군이 변호를, 잭슨 판사가 판결을 맡았다.[69] 체니의 오랜 동료이자 법률 고문이었던 데이비드 애딩턴이 이 사실을 체니에게 귀띔해주었다.[70] 이후 체니와 애딩턴은 이란-콘트라 사건을 은폐하기 위해 이라크 관련 상황을 악화시켰고, 이를 통해 정부 관료들의 힘은 더욱더 막강해졌다.[71]

3. 이라크전쟁과 이란-콘트라 사건

관련자들은 대부분 자리를 지켰으나 편이 바뀌었다. 이번에는 이란이 관망하는 편에 선 것이다. 콘트라 반군 지원에 대한 입장을 정리한 볼랜드 수정법이 의회에서 몇 번이나 바뀌었기 때문에 레이건 행정부는 상당히 곤혹스러워했다. 이와는 달리 이라크 문제를 다룬 부시 행정부는 2006년까지 백악관 관료들은 물론이고 의회 역시 공화당원으로 채워졌기 때문에 일을 추진하기가 한층 수월했다. 각종 특권도 충실히 누렸다. 고문법[72]-이것뿐만 아니라 부시 대통령이 재가한 사안들[73]-을 살펴보면 입법부가 보기에 정부기관이 얼마나 신뢰성 없이 일했는지를 알 수 있다.

가끔은 의회도 볼랜드 수정법을 연상시키는 방법으로 관료들의 특권을 제한했다. 2005년, 의회는 콜롬비아에 7억 5000만 달러를 지원하는 안데스 마약방지 선도법Andean Counterdrug Initiative을 통과시켰다. 단서 조항은 이렇다. "미국 군대와 미국 정부와 계약을 맺은 자는 누구라도 본 법안에 의한 원조와 관련해 콜롬비아에서 군사 활동을 할 수 없다."[74] 백악관은 이 단서 조항의 제한을 받았다. 이는 이란-콘트라 사건에 대한 부가 보고서와 고문에 관한 기록을 통해 관료들의 권력을 제한해야 한다는 것을 배운 결과였다.[75] 또 콜롬비아에서 광범위하게 일어날 수 있는 용병의 전투 행위를 억제해 향후 발생할지도 모를 문제를 방지하려는 의도가 깃들어 있었다.

정부 최고위직 관리들이 민간 계약자들을 활용할 경우 공공의 가치에 의한 결정력이 떨어진다. 사소한 일이라도 아주 은밀하게 진행하는 민간에 정부의 의무를 위임한다면 문제가 생겼을 때 누가 책임을 질 것인가. 책임이란 해당 사안의 결과나 진행 상황이 대중에게 알려져 비판받거나, 비판받을 개연성이 있을 때만 지울 수 있기 때문이다. 이라크전쟁은 의회를 신뢰하지 않았던 행정부가 일으켰으며 무엇보다 민간 자원의 활용이라는 점이 핵심 사안이었다. 이란-콘트라 사건의 경우 외교정책 자체가 민영화되진 않았으나, 이라크에서는 민간 계약자들이 각종 정부 기능을 수행했다.

이라크연구그룹보고서

최고 결정권자의 책임까지 남에게 넘기지는 말라.

−리처드 펄[76]

정식으로 의회의 인가를 받은 이라크연구그룹보고서the Iraq Study Group Report는 부시 대통령을 포함한 이라크 침공 지지자들에게 큰 충격을 주었을 것이다. 2006년 11월, 이라크전쟁을 계기로 상하 양원을 모두 민주당이 차지했다. 이 보고서는 당시 새로운 좌표를 찾기 위해 부심한 결과 제출되었다. 부시 대통령은 수차례 계획을 검토하겠노라고 약속했지만 부시의 제안(예를 들면 이란, 시리아와의 직접 협상[77])은 상당 부분 초장에 거절당했다. 보고서의 가치를 떨어뜨리기 위해, 아웃소싱 자체가 대통령의 책임감을 반영한다는 주장도 제기되었다. 이는 솔직하지 못한 주장이었다. 아웃소싱을 특별한 정책인 양 가장하는 것은 사실 행정부의 입지를 흔드는 주장일 뿐이다.[78] 그렇다고 이 보고서를 단순히 아웃소싱의 오용에 대한 고발장으로만 간주해서도 안 된다. 적절치 못한 아웃소싱을 강조하면서 적절한 아웃소싱이 들어올 여지를 남겨둘 수 있기 때문이다.

민간 계약자들이 매우 은밀하게 수행한 이란-콘트라 사건과는 달리, 이라크연구그룹의 활동은 공화 민주 양당을 망라한 의회의 합의를 기반으로 시작되었다. 연구 목적은 이라크의 상황을 분석해 방향을 전환하기 위한 것이었다. 그러나 연구 결과를 정책에 반영하거나 관계자들의 행동을 촉구할 수 있는 권한은 부여되지 않았다. 다만 논의하거나 관계 기관에 제안할 수 있을 뿐이었다. 이렇게 대통령과 의회에 충고함으로써 대통령이 독단적인 결정권을 갖고 있다고 신봉하는 이들을 궁지에 몰아넣었다. 그리하여 적절치 못했던 아웃소싱에 대한 갖가지 변명을 물리치고, 리처드 펄의 말을 인용하여 "잘못된 모험"이 처음부터 얼마나 잘못됐는지를 밝혀냈다. 일부 쓸 만하거나 지혜로운 면도 있었다는 것은 사소한 일이었다.

이 보고서의 효과가 궁극적으로 어디까지 미칠지는 알 수 없다. 책장에서 먼지만 쌓이게 될지, 아니면 이라크 정책에 영향을 미칠지 모르겠지만,[79] 적어도 이 책에 소개하는 주권 아웃소싱에 관한 사례들과 맥을 같이 한다는 점은 분명한 사실이다. 사실 보고서는 민간의 교활한 활동에 대한 비판보다 정부에 조언하는 방법 등 어떻게 합법적인 역할을 수행할 수 있는지에 더 많은 관심을 기울이고 있다. 요컨대 이 보고서는 주권의 성질을 정확하게 파악하고 작성한 것이다.

주권의 의미

E

대헌장은 주권을 전혀 보장해주지 않을 것이다.

－에드워드 코크 경[80]

우선 전통적인 관점에서 주권의 의미를 살펴보겠다. 나는 주권이란 한 국가에서 작용하는 권력이라는 베버의 정의를 수용한다.[81] 따라서, 국제화된 환경에서 사용되고 국가와 직접 관련되지 않으며 정부기구들이 "분산된 형태"로 집행하는 "새로운 주권new sovereignty"[82]이라는 개념은 논외로 한다.[83] 물론 주권은 결코 간단히 이해할 수 있는 개념이 아니다. 전통적인 관점으로 봐도 오랫동안 주권은 '공유'되었다. 예를 들어 정부가 세운 회사는 법적으로 정부의 힘을 나눠 갖기도 했다.[84]

스티븐 크래스너에 따르면 국제법상의 주권, 베스트팔렌 조약에 의한 주권, 국내 주권, 독립적 주권, 이렇게 네 가지 주권이 있다.[85] '새로운' 주권이 첫 번째와 네 번째 정의에 초점을 맞추고 있다면, 우리는 세 번째 정의에 더 집중하려 한다.[86]

그러나 미국에서의 주권 상황을 제대로 이해하려면 더 많은 설명이 필요하다. 코크 경의 관할권은 궁극적으로 국가가 아니라 자신이 관할하던 영토에 국한되어 있었다. 이후 아메리카 정착민들은 봉건 영토에 국한돼 있던 주권의 개념을 해당 지역에서 살고 있는 사람들에게 적용했다.

공화국 설립 과정에서 이 주권 개념은 논쟁을 불러일으켰다.[87] 고든 우드의 연구에 의하면, 초기 헌법을 구상하던 반(反)연방주의자들은 각 주의 주권과 이를 통합 지배하는 연방헌법의 '공존'이라는 개념을 비웃으며 받아들이지 않았다. 반연방주의자들이 보기에 헌법에 명시된 주권에 대한 조항은 각 주의 독자적인 주권을 빼앗으려는 시도였다.[88] 우드에 따르면 제임스 윌슨은 주권이란 시민에게 속한 것이기에 한번도 나뉜 적이 없다고 주장하여 곤경에 처했다. 시민은 필요에 따라 국가와 3부에 필요한 만큼의 주권을 나누어 위임했다.[89] 헌법에 명시된 표현이 "우리의 각 주들은 We the States"에서 "우리 국민들은We the People"으로 바뀜으로써 드디어 윌슨의 주장이 승리를 거두었다.[90]

아크힐 아마르는 헌법이라 하더라도 국민이 승인하기 전에는 단지 사적인private 문서에 불과하다고 말한 바 있다.[91] 헌법도 10개 주가 더 많은 참가자들을 끌어들이기 위해 자기 권리를 "상당히 포괄적인" 의미에서 포기하는 과정을 거쳐 승인되었고[92] 그런 후에야 비로소 공문서가 되었다. 그리고 미국의 주권이라는 독특한 원칙이 정립되었다.

시민을 통해 주권의 정당성을 얻는 과정은 두 가지 의미에서 중요한 역할을 한다. 첫째, 공무집행자와 기관의 위치를 분명히 설정한다. 즉 시민이 주권의 주체이며 의회나 대통령은 이들을 위해 복무하는 것이다. 또 정치적 기구들은 헌법에 기반하여 직접, 혹은 간접적으로 주권 일부를 위임받아 역할을 수행한다.[93] 어떤 권력이든 그들의 소유물이 아니다. 이것이 바로 간접위임법 Subdelegation Act의 핵심이다.[94] 둘째, 일단 원칙과 기관의 상호관계가 명확해졌다면, 헌법은 그 원칙을 지키는 역할을 해야 한다. 따라서 의회나 대통령, 혹은 정부기관이 민간에 권력을 재위임할 경우, 헌법은 양자 사이에서 중재할 수 있다.

이렇게, 주권은 우리의 헌법을 위해 복무하는 힘이 될 수 있다. 주권에 연관된 권력의 위임은 항상 시민의 동의를 받아야 한다. 국가의 주권이 둘, 혹은 그 이상의 주체에 흩어져 있을 경우 헌법이 명시하는 시민의 의무와 책임에 대한 명확한 답을 얻기 힘들어진다.

일단 주권이 어디에서 나오고 어떻게 작용하는지를 명확히 설명한다면, 또 시민과 정부기관이 자기 역할을 제대로 수행한다면 '주권 아웃소싱'이라는 말 자체가 어불성설이 될 것이다. 이는 복잡하거나 억지스러운 주장이 아니다. 이 책 앞부분에서 소개한 미국 정부기관의 조직도를 보라. 헌법이 최상위에 있다. 이는 바로 시민의 주권과 권익을 대변하는 헌법이 3부를 비롯한 여타 기관보다 상위에 있음을 상징하는 것이다. 시민에게서 나온 주권과 이를 수호하기 위해 성립된 헌법을 통해서만 정부기관은 자신의 위치와 역할을 제대로 이해하고 수행할 수 있다.

주권자로서 시민이라는 메타퍼는 문학적인 수사라 할 수 있다. 우리는 헌법과 관련해 각자의 입장에서 생각해볼 수 있는데, 여기서 누가 시민을 대표하는가라는 질문이 나올 수 있다. 자유의 여신상이 상징하듯, 시민은 헌법에 의해 권력을 위임하고, 동시에 그 권력이 민간에 위임될 수 있는 한계를 정하고 있다. 그래서 9장에서는 정부기관이 무엇을 지켜야 하는지를 다룬다. 이를 통해 이 책의 제목(원제 '주권 아웃소싱')이 헌법상 모순일 수밖에 없다는 점을 밝힌다.

2장 》》

주권 아웃소싱

Outsourcing Sovereignty

민간 계약자들을 활용해 정부 직무를 수행한 제2차 세계대전 직후부터 지금까지 이에 관한 우려가 끊이지 않았다. 우리는 아이젠하워 대통령의 선견지명을 되새길 필요가 있다. "정부 산하 각 기관에 당부드립니다. 우리는 그 결과를 생각하지 않는 (……) 군수산업에 의한 (……) 물결에 맞서 싸울 필요가 있다."[1] 연방정부는 연간 3810억 달러에 이르는 계약을 맺는다. 다른 말로 정부에서 사용할 수 있는 예산의 40퍼센트가 민간 회사들에 흘러들어간다는 말이다.[2] 그중에서도 군수산업과 관련된 지출이 큰 몫을 차지한다.

그러나 지난 10여 년 사이에 정부 권력이 민간에 넘어가는 양상은 크게 변했다.[3] 군수산업의 성장에 대해 아이젠하워 대통령이 경고했던 바를 우리는 기억해야 한다. 이들 계약자들은 단순히 군수물자를 공급하던 위치에서 한발 더 나아가 다양한 국제 환경에 적합한 군사 도발과 국경보안 전략까지도 제안한다.[4]

이번 장에서는 정부 권력이 민간 계약자들에게 넘어가는 상황을 설명한다. 경우에 따라 관점이나 해석이 첨예하게 맞서는가 하면 전통적으로 용인되는 사안도 있다. 또 주권의 주체가 바뀌는 것을 인지하지도 못하는 상황도 발견된다. 이런 차이가 있지만 전체적인 조망 없이 아웃소싱이 진행된다는 점을 공히 찾아볼 수 있다. 정부가 모든 일을 직접 추진할 수는 없기 때문에 민간 계약이 필요한 것은 사실이다. 1970년대 이후, 국가항공학교나 우주행정국, 에너지국 같은 기관들은 민간 계약을 통해 얼마나 다양한 일을 할 수 있는지를 증명해 보였다.[5] 사실 이런 기관들에 비해 정부 공무원들은 명패만 걸어놓았을 뿐 이렇다 할 능력을 발휘하지 못했다.[6]

베트남전쟁 이후 민간인 신분의 군인을 어떻게 활용할 것인가를 두고 논란이 일면서 민간 계약 문제가 부각되기 시작했다. 아이젠하워 대통령의 뜻은 민간이 생산한 군사 장비와 무기 시스템에 국가 공공정책이 좌우되는 상황을 경계하라는 것이었다. 그런데 오늘날 '공공'의 영역에서 다루어야 할 군 문제를 민간이 넘겨받는 실정이다. 의회의 정책 토론이나 중앙부처 기관들의 합의 없이도 펜타곤(혹은 국무부나 내무부)이 군대의 민영화를 추진할 수 있는가?

민영화의 대상과 범위에 관한 문제는 비단 군사 부문에만 국한되지 않는다. 각종 재난에 대응하는 공적 서비스 또한 급격히 민영화되는 추세다. 최근에는 허리케인 카트리나 사태를 통해 이런 추세가 두드러졌다. 9.11 사태가 발생하던 순간에도 국토보안부 같은 정부기관은 중요한 의무를 민간에 넘기고 있었다. 재난 구제, 국경 통제, 항만 경계는 빙산의 일각에 불과하다. 우리에게 익숙한 많은 기업들이 국가의 임무를 대신 수행하고 있지만 여전히 새로운 계약들이 곳곳에서 체결되고 있다. 전쟁과 천재지변, 안보 문제가 발생할 때마다 국가는 책임을 민간에 떠넘기느라 열심이다.

군수, 재난에 이어 대규모 민영화 작업은 교도소 및 경찰의 임무와 관련되어 있다. 특히나 전통적으로 공공 분야로 받아들여졌기에 민간 계약자들을 끌어들이면 피부로 느끼는 안정감도 위협을 받을 것이다.[7] 주정부들은 자체 입법 과정을 통해 민간 계약자들의 활동을 용인한다. 이 업체들은 경쟁 입찰을 통과하고, 정부에서 제시한 세부 조항을 준수하며, 정부의 감시와 감독을 받아야한다. 그러나 아무리 철저한 기준을 통과했다 하더라도 민간 사업자와 공적인 해결책을 제시하는 정부의 대응은 서로 다를 수밖에 없다.

네 번째 민영화 영역은 여타 민간 계약과는 다르게 정부의 다양한 기관들이 직접 수행하는 고유 업무와 관련이 있다. 정부기관은 결정 사항 기록이나 연설문 준비, 문서 요약, 리뷰, 정책 '초안'의 상당 부분을 민간 계약자에게 제공받는다. 그중 일부는 그래도 괜찮겠지만, 특별히 정부가 수행해야 할 역할이 있음을 명심해야 한다. 공공기관이 수행해야 할 업무와 책임까지 민간에 넘어가면서 정부를 움직이는 '보이지 않는 손'에 대한 두려움은 커져만 간다.

이처럼 사람들에게 덜 알려진 아웃소싱은 정부의 덩치 줄이기와 함께 확산돼왔다. 정부 규모를 줄이는 대신 외부에서 대안을 찾으려 하면 정책 결정의 진실성과 유효성을 훼손할 개연성이 있다. 물론 정책 결정 과정에 대한 제도적 문제를 불러일으킬 수도 있다.

이 또한 아웃소싱이 일으키는 여러 문제 중 하나에 불과하며 실제로 숱한 문제들이 산적해 있다.[8] 주권 아웃소싱을 반대하는 데 충분한 근거 자료가 될 수 있는 사례를 제시함으로써 현재 진행 중인 정부의 아웃소싱 움직임에 시비를 걸려는 게 아니다.[9] 오히려 적절한 '조정'을 통해 정부가 놓치고 있는 방향타를 다시 잡을 수 있도록 도우려는 것이다.

민간 군인의 등장

공공의 방위를 담당한다.

－미합중국 헌법 서문[10]

솔직히 말하면, 나는 정부가 모든 전쟁에서 손을 떼고 민간산업 선에서 해결하도록
내버려두어야 한다고 생각한다.

－육군 소령 마일로 마인더바인더, 《캐치-22》[11]

'용병'은 미국 독립전쟁 당시 아메리카 민병대가 대항해야 했던
조지 3세의 헤센 용병을 떠올리게 해 한때 경멸의 대상이었다.[12]
그러나 오늘날 용병들은 편을 바꿨다. 미국은 세계 각지로 용병을
파견하고 있으며, '민간 군private army'의 활용은 새로운 개념으로
자리 잡고 있다. 이것이 정녕 미국을 위한 일일까? 이번 장에서는
다양한 문헌 연구를 통해,[13] 이 질문에 답해보려 한다.

1. 새로운 용병: 블랙워터와 친구들

'민간 군인'이란 불과 10여 년 전까지만 하더라도 낯선 말이었다.[14] 하지만 현재 민간 군인 시장 규모는 1000억 달러에 이르며 앞으로 계속 커질 전망이다.[15] 관련 기업들은 상당한 전문 기술을 가지고 있으며 공개된 거래를 통해 서비스를 제공한다.[16] 블랙워터 사의 웹사이트에는 이런 문구가 자랑스럽게 적혀 있다. "저희 회사는 21세기의 안전과 평화를 위해 가장 적합하게 훈련된 전문 인력을 운용해 자유와 민주주의 수호에 최선을 다하고 있습니다."[17]

민간 군인을 제공하는 회사보다는 유엔의 사명에 적합한 문구인 듯하다. 그러나 블랙워터 사가 고객과 협상을 진행하기 전에 상대가 민주주의를 수호하고 '평화적인' 방법을 고수하려 애쓰는지 살피는 것 같지는 않다. 블랙워터 사의 가장 큰 고객은 다름 아닌 미국 정부다.[18] 이라크전쟁 당시 미국 정부를 대신하여 폴 브레머를 호위했고, 카트리나 사태 직후에는 FEMA를 대신하여 뉴올리언스의 치안을 담당했던 기업이 바로 블랙워터였다.[19] 블랙워터는 훌륭한 네트워크를 구축한다. 광범위한 로비를 벌이는 이라크사설군사업체협의회PSCAI 회원사이기도 하다. 이 협회는 마흔 개가 넘는 회원사를 거느리고 있으며 이라크 정부와 긴밀한 관계를 유지한다.[20] 이제부터 민간 군인의 세계를 함께 여행해보자.

이라크에서 활동하고 있는 핼리버튼 같은 민간 기업은 대개 비슷한 역할을 수행한다. 비효율적이라는 비판을 받고는 있지만 군사 보안 및 지원 서비스가 주요한 역할이다(이런 활동 자체가 문제를 일으키는 요인이기도 하다).[21] 켈로그, 브라운 앤드 루트Brown & Root의 경우 몇 년 전부터 국방부를 지원하는 역할을 수행해왔다.[22] 일각에서는 핼리버튼과 계열사들이 이라크전쟁 당시 막대한 수익을 냈다고 주장한다. 크리스찬 밀러에 의하면 핼리버튼은 이라크에서 전체 수주량의 50퍼센트, 금액으로는 220억 달러를 챙겼으며 이는 시가총액의 4분의 1에 해당한다.[23] 그들은 자신들에게 주어진 역할을 충분히 감당해냈다.

이라크에서 전쟁이 시작되었을 때 현지에서 군사 활동이 불가능했던 미국방부는 핼리버튼 사를 통해 모든 군사 지원과 서비스를 충당했다. 민간 기업이 전쟁 준비라는 '거대한 업무'를 감당할 능력을 가지고 있었던 것이다. 군대가 높은 비용을 들여 최상의 상태를 항상 유지하고 있을 필요가 없다는 말에는 일리가 있다. 그러나 같은 비용을 들이더라도 민간 계약은 비군사적 (지원) 서비스에만 국한할 수는 없을까. 블랙워터, M.P.R.I., CACI를 비롯한 다양한 정부 계약자들은 서로 다른 군사 임무를 수행한다. 요인호위, 시민사회 주요인사 보호(예를 들어 폴 브레머), 심지어 포로 심문까지 실로 다양한 업무를 수행하지만 기존 군사 업무와 크게 다르진 않다. 한 가지 확실한 차이는, 그들은 선제공격을 할 수 없다는 것이다. 최근 국제평화전략협의회International Peace Operations Association, IPOA가 하원에서 증언한 바에 따르면 그들은 오직 공격 준비 과정만을 도왔다.[24] 물론 이라크에서 공격이냐, 방어냐를 구분하는 것은 무의미하다. 총탄이 빗발치는 전장에서 방어 임무만을 수행한다는 것은 말도 안 되는 소리다.[25] 민간 군인이 전장에 들어가도록 허가한다는 말은 사실상 전투를 수행하라는 명령이다. 따라서 이라크에 배치된 민간 군인들 또한 전투 수행 임무를 받았다고 볼 수 있다. 그 수도 2만이 넘었는데, 이는 이라크 주둔 부대 중 두 번째로 큰 규모로 영국군이나 나머지 '자발적 연합군'을 모두 합친 것보다 많은 병력이었다.[26] 또한 미 육군 정규군 전력의 15퍼센트에 해당하는 규모다.[27]

국방부는 민간 계약자들이 전장에서 지켜야 할 수칙을 만들었다.[28] 현장 지휘관들은 민간 계약자들의 활용에 각별한 주의를 기울였지만, 명령체계 및 통제를 감안해 정규군을 더 많이 동원했다.[29] 그러나 전장에 있는 한 현장 지휘관은 전투 수행에 관한 전권을 행사할 수 있어서 경우에 따라 민간 군인을 작전에 투입하기도 했다. 이런 방식으로 아부그라이브에서 계약자들이 포로 심문에 개입한 것이다. 시모어 허시의 보고에 따르면 CACI 인터내셔널이라는 회사는 고문 행위를 돕는 것은 물론이고 직접 실행했다.[30] CACI에서는 이후 관련자들을 징계했지만 CACI 웹사이트에는 아무런 정보도 게시되지 않았다.

심문과 관련해 민간 계약자들은 번역 서비스를 제공할 수는 있다.[31] 그러나 무력을 사용하는 순간 공공기관의 영역을 침범하게 된다.[32] 아부그라이브에서 민간 계약자들에게 허용해선 안 될 역할을 맡긴 군 관계자 중 일부는 기소되었다. 그러나 이후 민간 계약자들 가운데 상당수가 불법 활동을 하고도 처벌을 받지 않았다. 전장에서 과연 책임감을 갖고 민간 계약자를 이용할 수 있을지 의문이다.

고문 외에도 특정 시설 보호, 폴 브레머나 이라크 총리 같은 요인 호위 임무를 수행할 때도 전투에 돌입할 수 있다. 한 걸음 더 나아가 민간 계약자들은 허가되지 않은 군사 행동을 유발하기도 한다. 팔루자에서 호위작전을 수행하던 중 교전으로 사지가 절단된 블랙워터 소속 군인 네 사람을[33] 상기한다면 군 당국은 이들의 활동 영역을 재고해야 할 것이다. 잔인한 전투가 끝난 이후에도 해병대는 도시의 치안을 책임질 의무가 있다.[34]

이들 계약자들은 '전투'에 대한 국방부의 제한 사항을 명백히 위반했다.[35] 마사 미노가 지적하듯이, "지금처럼 민간 업체에 군사 활동을 계속 의지한다면, 국익은 물론 민주주의 가치마저 훼손될 위기"에서 벗어날 수 없을 것이다.[36] 일단 전투 현장에 투입된 민간 군인들이 원래 목적에만 부합하는 활동을 하도록 통제하기란 사실상 불가능하다.

2. 민간 군인이라는 딜레마

왜 전쟁터에 있는 계약자들을 가장 먼저 언급했는가? 몇 가지 이유가 있다. 첫째, 이라크 같은 곳에서는 도대체 어디가 전장인지 분명하지 않다. 전장의 경계란 모호할 수밖에 없다고 생각해 민간 계약자들의 활동을 제한한다면 그들이 설 자리는 없을 것이다. 둘째, 미군은 인력 확보에 어려움을 겪고 있으며 필요한 인원을 적기에 충원하지 못한다. 오늘날 인구 대비 군인 비율은 0.5퍼센트에도 못 미치는데 이는 제2차 세계대전 이후 가장 낮은 수치다.[37] 제2차 세계대전 이후 베트남전쟁이 끝날 때까지 유지되던 상비군은 더 이상 존재하지 않는다.[38] 지원병제로의 전환으로 병사의 수와 비용 측면에서 상당한 대가를 치르게 되었다.[39] 이제 군도

최첨단 기술에 익숙해져야 하며 값비싼 장비를 운용하는 부대 유지 비용도 증가 일로에 있다. 이라크전쟁처럼 장기간의 충돌이 발생하면 일손은 달릴 수밖에 없다.[40] 위험 부담이 높은 일일수록 기꺼이 참전하려는 병사의 수는 더더욱 줄어든다.[41] 현재 이라크 주둔 병사의 반 이상은 지원병이 아니라 차출된 주방위군National Guard 이다. 이제 진정한 의미의 지원병은 사라졌다. 주방위군 병력은 국가가 전쟁에 임할 경우 대통령의 소환령을 받아 달려오도록 계약을 맺은 사람들이기 때문에 법적으로는 불만이 있을 수 없다. 그러나 계약을 했다 하더라도 이라크에 두 번, 세 번 다녀와야 한다면 이를 어떻게 받아들일까? 징병제를 도입하지 않는다면[42] 주방위군의 참전 부담은 경감되기는커녕 날이 갈수록 가중될 수밖에 없으며, 동시에 점점 더 많은 군 임무가 아웃소싱으로 수행될 것이다.

국방부도 시민의 손으로 군사 임무를 수행하는 방안을 적극 연구하고 있다. 민간 계약으로 인력을 수급하는 것도 방법이지만, 아웃소싱이 유일한 해결책일까? 국방부는 RAND(American Research and Development Corporation, 미국의 정치, 행정, 사회, 군사 등 다양한 분야를 연구하는 민간 연구기관―옮긴이)를 통해 언제, 얼마나 아웃소싱을 할 수 있는지, 혹은 '시민의 손'에 군사 임무를 맡길 수 있을지를 연구한다.[43] RAND는 두 가지 질문을 안고 연구를 진행한다. 첫째, 어떤 (군사적) 일이 '순수한 군사 업무'거나 '본질적인 정부의 역할'로 분류되는가? 둘째, 어떤 일이 계약에 의해 위임될 수 있는가? RAND는 이 두 질문에 의거하여 업무를 나누고 예산을 분석한다.[44] 첫 번째 단계에서 군사 업무가 정부 역할인지,

아니면 군대 혹은 시민의 역할인지를 결정하고 다음 단계에서는 각자의 역할 분배에 따른 비용을 계산한다.

'순수하게 군사적'인 업무는 군 명령체계와 통제구조와 관련된 것이고, '본질적인 정부의 역할'은 "법적으로 강제성을 띠거나 폭력이 수반되는 일체의 활동"을 말한다.[45] 이런 업무에서는 민간 계약자들이 배제된다. 민간 계약은 폭력이 개입되지 않으면서 비용 절감에 도움이 되는 업무에 한하여 진행되는 것이다.

RAND의 양분법은 법적으로 아무런 문제가 없다. 하지만 현실과는 괴리가 있다. 예를 들어 요인 호위나 심문 같은 역할은 "폭력을 동반할 수 있기 때문에 법적으로 문제가 될 소지가 있다". 민간 계약자들은 RAND가 제시하는 가이드라인에 비추어 해당 업무를 담당할 수 없지만, 블랙워터는 웹사이트를 통해 이를 자랑스럽게 홍보한다.[46] 원칙과 현실의 차이가 확인되는 부분이다. 그 결과 이라크에서는 원칙이 보기 좋게 깨져버렸다. 미국 정부는 처음부터 민간 계약자 없이는 수행할 수 없는 규모의 작전을 세워두었고, 민간 계약자들은 없어서는 안 될 존재가 되었다. 이제 그들은 미군은 물론이고 심지어 이라크 당국과 직접 협상을 벌이기도 한다.[47]

야전 지휘관은 전투에 관한 한 모든 통제권을 행사해야 한다. 그의 휘하에 있는 계약자도 적시에 필요한 과업을 수행하도록 명령을 받는데,[48] 지휘관이 RAND가 신중하게 제시한 군사적인 역할, 본질상 정부의 역할, 혹은 계약자가 수행해도 괜찮은 역할을 구분하여 지시할 수는 없다. 특히나 긴급한 상황에서는 더 말할 나위도 없다.[49] 물론 국방부는 이를 부인하고 싶을 것이다.

국방부는 딜레마에 빠졌다. 전장에서 야전 지휘관이 주어진 매뉴얼에 따라 계약자들에게 신중하게 과업을 맡기고 있다는 광고를 하려다가,[50] 오히려 민간 계약자들에게 부적절한 임무를 부여한 사실만 드러낸 꼴이 되어버렸다. 만약 국방부가 민간 계약자들에게서 군사 임무를 거둬들이려 한다면, 그들을 죄다 '전투현장'에서 철수시켜야 할 것이다. RAND도 이런 상황을 모르는 것은 아니다. 내부 보고서에 따르면 '틀에 박힌 법적 제한'과 관계없이 계약자들이 전투에 투입되는 상황을 이미 잘 알고 있다.[51] 정책 결정자로서는 법적인 지침이 무시되는 현 상황을 끝까지 안고 갈 수만은 없다는 데 문제가 있다. 어떻게든 모두 납득할 수 있는 정부 차원의 대책을 수립해야 한다. 이런 견지에서 이라크 계약자들의 역할은 사소한 예에 지나지 않는다. 국방부가 해결책을 가지고 있는 것 같지는 않다. 야전 지휘관도 민간 계약자들을 전투에 투입하는 게 달갑지만은 않을 것이다.[52] 다만 여기저기에서 전투는 벌어지는데 펜타곤 정책 결정자들이 정해둔 제한을 따라야 하고 인적 자원이 고갈되는 형편이라 선택의 폭이 너무 좁은 것이다.

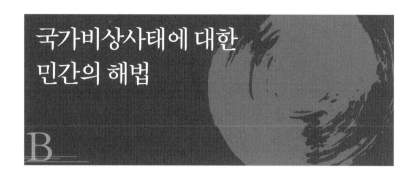

국가비상사태에 대한
민간의 해법

B

브라우니, 도대체 당신이 하는 일이 뭡니까?

−G. W. 부시 대통령[53]

앞서 언급한 군사적 상황에서는 '순수하게 군사적'인 문제든, 정부의 고유한 기능이든 외부 계약으로 해결책을 모색할 수밖에 없다.[54] 민간 계약자의 전투 행위는 정부와 계약자 사이에서 발생할 수 있는 가장 역동적인 상황이지만 나는 전투에만 국한해 아웃소싱을 논하지는 않겠다. 대중에게 잘 알려지지는 않았지만 민간의 움직임이 공공정책 결정을 좌우하는 상황은 여러 부문에서 발생한다.

자연재해 또한 정부가 고유 기능을 외부로 떠넘기는 아웃소싱을 유발한다. 국토보안부 같은 기관들은 국가안보를 수호하기 위해 의회의 동의를 거쳐 설립되었다.[55] 이런 기관이 생길 때마다 관련 인력들은 자신들에게 주어진 임무에 적응하는 시간이 필요하다. 해당 조직의 수장은 전문적인 능력보다 정치적인 리더십을 요구받는데, 이럴 경우 기관 경쟁력은 떨어질 수밖에 없다. 이런 상황에서 민간 기관과 계약을 맺어 그들을 활용하기 시작하면 아웃소싱 체제가 자리를 잡는 것이다.

1. 허리케인 카트리나와 무능한 관료

허리케인 카트리나가 미국을 뒤흔들었을 때, 관련 정부기관들은 전에 없는 시험에 맞닥뜨렸다. 많은 기관이 시험에서 낙방했다.[56] 이유는 세 가지로, 부적절한 사전 대책, 위기 대처 능력 부재, 전문성을 갖춘 인력 부족 등이었다.[57] 정부기관이 서로 경쟁하는 상황에 더해 아메리카 적십자사 같은 비영리기구들과의 협력 실패로 정부의 결함은 더욱 부각되었다.[58] 구호물품이나 서비스를 제공할 업체들과는 향후에 정확히 어떤 역할을 부여할지 고민해 보지도 않고 계약을 맺었다. 경찰의 활동이 불가능했던 뉴올리언스 거리의 치안은 블랙워터 사에 맡겼다.[59] 주지사였던 캐슬린 블랑코는 루이지애나 복구를 위해 아무 일도 못 하는 관리들을 대신해 제임스 리 위트를 기용했다.

카트리나가 닥쳤을 때, 중앙정부는 물론이고 주정부도 아무 대책을 마련하지 못했다. 재해복구를 위해 민간 사업자들은 물론이고 군에 도움을 요청하기 바빴다. 미시시피와 루이지애나 복구에 가장 큰 노력을 기울인 조직은 바로 주방위군이었다.[60] 중앙정부 차원의 복구 활동도 대부분 군을 활용한 것이었다. 그럼에도 불구하고 카트리나 사태가 종결되자 부시 대통령이 다음과 같이 선언했다는 사실을 주목할 필요가 있다. "무엇보다 연방정부의 힘 있는 대응과 군의 포괄적인 역할이 요구되던 위기 상황에서 우리는 이제 안정을 찾았습니다. 이는 가장 필요한 순간에 총체적인 안보 능력을 발휘한 우리 정부기관들이 거둔 승리입니다." [61]

대통령의 소견은 우리의 군대가 죄다 이라크에 가 있는 동안 어떻게 이런 업적을 달성했는지 의문을 불러일으키는 동시에, 럼스펠드 국방장관이 대통령에게 반기를 든 빌미를 제공하기도 했다. [62] 대통령의 발언을 살펴보면, 자연재해 구호활동을 위해서 FEMA나 주정부 관리들, 심지어 주방위군보다 군의 개입이 적절했다는 인상을 받는다. 더구나 이라크전쟁으로 인해 대부분의 카트리나 '구호작전'을 외부 계약자들이 진행했다는 사실을 대통령은 애써 외면했다. [63] 또 대통령은 재난 구호 활동을 국토보안부와 FEMA 같은 주무 기관에서 주도했어야 한다는 사실도 간과했다.

대통령의 메시지에는 또한 카트리나가 일어나던 당시 루이지애나 주방위군을 연방 차원에서 활용하려다가 주지사 블랑코와 격렬하게 충돌한 상황도 반영되어 있다. [64] 초기 대응에 무관심했던 대통령은 복구에 최선을 다하는 모습을 보여줌으로써 실추된 이미지를 떨쳐보려 했다. 그러나 이미 이라크에서 심각한 인력난을 겪고 있는 군에 자연재해 복구까지 요구하는 대통령의 결정은 납득하기 힘들었다. 과연 피해복구를 할 수 있을지도 의심스러웠지만 이런 조치는 군의 인력난을 가중시킬 뿐이다.

연방 차원에서 볼 때 피해복구에는 해안경비대의 활동이 도움이 되었다. 해안경비대는 뉴올리언스 지방에서 수천의 인명과 재산을 구해내고 효율적인 활동으로 많은 칭찬을 받았다.[65] 해안경비대는 국토보안부 산하 조직으로 활동하며 '군'에 속해 있지는 않다. 경비대는 각 주정부 및 지역 기관과 연계·협력하는데, 작전을 주도할 수는 없지만 뉴올리언스의 지형과 특징을 잘 파악하고 있는 인력들로 구성된 주방위군만큼이나 많은 역할을 해냈다.[66]

카트리나가 닥쳤을 때 국토보안부와 FEMA, 그리고 조직의 수장들이 자기 역할을 제대로 해내지 못한 점은 변명의 여지가 없다. 재난이 시작된 지 24시간이 지나도록 체르토프는 구호를 요청하지 않았고, FEMA 수장이었던 마이클 브라운은 언론에 조금이라도 좋은 이미지를 비치는 데 급급했다.[67] 민간 계약자들의 도움을 받아 지난번 허리케인 대비 훈련을 지휘했던 FEMA는 진부한 관료주의적 자세로 일관했다.[68] 두 기관의 리더십은 부적절했다. 체르토프(똑똑하고 재능 있는 전직 판사였다)는 카트리나의 속도를 따르지 못했고, 브라운은 카트리나의 속도를 읽지도 못했다. 그러나 리더십 때문에 이들 기관이 실패했다는 얘기는 아니다. 카트리나가 들이닥치기 몇 년 전까지만 해도 능력 있는 전문가 제임스 리 위트가 FEMA를 이끌고 있었다.[69] 국토보안부 또한 의회와 대중에게 호된 질타와 제재를 받은 이후 자체 능력을 향상시키고 있었다.[70]

민영화와 아웃소싱은 문제와 해결책이라는 양날을 가지고 있다. FEMA는 구호에 필요한 물건과 서비스를 조달하는 수많은 계약을 체결했다(예를 들어 집이 파손된 사람들에게 필요한 이동 주택을 조달했다). 경쟁 입찰을 통해 필요한 외부 역량을 조달하는 것은 오랫동안 이용해온 적절한 방법이다. 관련 업체들이 재난 지역을 따라 난립하는 것은 자연스러운 현상이다.[71] 적절히 활용만 한다면 이들 업체들은 큰 도움이 될 수 있다. 폭풍이나 지진을 비롯한 국가적인 재난이 닥쳤을 때는 이를 감당할 만한 '큰 힘'이 필요하며 군과 마찬가지로 재난 구호기관들도 도움이 된다. 많은 직원과 자원봉사자를 거느린 적십자사 역시 잘 활용하면 효과적인 구호에 도움이 될 것이다. 이라크전쟁의 현장에서 지휘관들이 민간 계약자들을 전투 임무에 활용했듯이, 카트리나가 휩쓸고 간 현장에서도 연방정부 및 주정부는 정부의 고유 임무를 더 잘 수행해야 했다. 블랑코 주지사는 폭풍이 정점에 달한 순간 제임스 리 위트를 기용해 구호활동을 지휘하도록 했다.[72]

연방 기관들이 카트리나를 통해 다음과 같은 교훈을 얻었다면 향후 재난에는 좀더 잘 대응할 수 있을 것이다. 첫째, 준비되지 않고 경험 없는 관료는 재난 구호 현장을 절대로 지휘할 수 없다. 둘째, 정치적인 이유로 지명된 리더는 전문성이 요구되는 순간에 적절한 역할을 수행할 수 없다. 셋째, 헌신적인 관료가 없다면 정부 기관도 재난에 성공적으로 대응할 수 없다(FEMA의 최고 요원들은 기구가 재조정될 때 모두 FEMA를 떠났다[73]). 넷째, 아웃소싱을 통해서는 상황을 전체적으로 통제하고 질서를 잡을 수 없다. 재난이나 테러에 대비하고 계획을 수립하는 일은 정부의 핵심 기능에 속한다. 또한 정부에는 이런 일을 제대로 수행해낼 수 있는 관료들이 필요하다.

2. 민간 계약자가 책임지는 국가안보

국토보안부는 다방면으로 중대한 임무를 수행한다. 자연재해는 우리 사회가 맞닥뜨리는 숱한 위험 가운데 하나에 불과하다.[74] 국가안보와 관련된 위협들은 모두 국토보안부 소관이다. 그러나 자연재해의 경우 테러와 달리 예상 가능하기에 더 많은 책임이 요구되며, 민간에도 비슷한 역할을 하는 기관이 있어서 다른 재난과는 구분된다.[75] 민간 보험사의 예를 들어보자. 정부와 계약을 체결한 홍수방재보험사는 허리케인 피해가 예상되는 지역의 인명 피해를 최소화하기 위해 최선을 다할 것이다.[76] 따라서 국토보안부는 재난 극복에서 민간 계약자들의 다양한 역할을 기대할 수 있다. 어떤 역할을 요청하고 범위는 어디까지로 할지 결정하면 되는데, 이것이 바로 리처드 포스너가 "강 건너 불구경하는 접근법"이라고 부르는 재난 대응책이다.[77] 의회와 국토보안부의 역할은 상당히 복잡하지만, 그들이 활용할 수 있는 수단과 도구는 분명히 있다.

자연재해에 비해 테러리스트의 공격은 상당히 통제하기 어려운 재난이다. (허리케인에 비해[78]) 분명한 경고를 내리기란 사실상 불가능하며, 대응 계획도 쉽게 세울 수 없다.[79] 또 수많은 기관과 관계자가 동시에 개입되기 때문에 문제를 다루는 방식도 매우 복잡해진다. 물론 관련자 모두가 국가안보를 위해 최선을 다하겠지만,[80] 너무 많은 변수(정보, 목표의 변화, 시간 문제)가 끼어들어 해결책 수립을 더욱 곤란하게 만든다. 이렇게 복잡한 환경에서는 오히려 민간이 창의적인 해결책을 제시하곤 한다. 우리의 국경안보 이슈가 바로 그런 경우다.

국경안보를 위한 계약

The Secure Border Initiative[SBI]는 국토보안부가 수행하는 멕시코 국경 경비 강화를 위해 부시 정부 시절 출범한 기구다.[81] SBI의 핵심은 SBInet으로, "하이테크 장비를 구입해 국경을 순찰하던 방식"을 벗어나 통합 테크놀로지 시스템을 구축하려는 것이다.[82] 따라서 국토보안부는 SBI를 다음과 같이 설명한다. "이 프로그램의 목표는 국토보안에 활용되는 각 부문의 기능을 결합해 최대한 시너지 효과를 내기 위해 테크놀로지, 군사시설, 인력구조, 방어 플랫폼 등을 통합 관리하는 것이다. SBInet은 여러 주에 분산된 시스템과 전통적인 안보 기구들을 통합 관리하는 최적의 국경 경비 시스템을 갖출 것이다."[83] 국토보안부 부장관 마이클 잭슨은 입찰 기업들에 해당 프로그램을 이렇게 설명했다. "물건을 파는 사람은 그 구조에 대해 생각만 하고 있겠지요. 하지만 직접 제작하는 이들은 물건을 실제로 설명할 수 있습니다. 우리는 여러분이 이 프로젝트를 어떻게 완성할 수 있을지 함께 고민해주기를 바랍니다."[84] 경쟁적인 시장 상황을 잘 파악하고 있었던 정부는 민간 기업의 창의성과 서비스를 활용해 새로운 수단을 찾아내려 했던 것이다.

결국 보잉, 록히드 마틴, 노드럽 그루만, 레이시언(이들 모두 미국 최고의 기술을 보유한 회사들로 특히 방위산업과 관련한 정부 프로젝트를 운영하는 회사들이었다)과 에릭슨 사가 입찰에 참가했다.[85] 제안사들의 입찰 가격은 만만치 않았다. 록히드 마틴의 경우 "기존 국경 순찰 시스템을 훨씬 강력하게 재편성하여 각 주의 경찰 시스템과 연계하는 방안을 내놓았다".[86] 이미 방위산업에 뛰어든 거대 기업들은 하나같이 프로젝트에 참가하려 했다. 부시 대통령은 SBInet 구축 비용으로 2006년에만 약 1억 달러를 승인했다. 그러나 전문가들은 적게 잡아도 향후 3~6년간 20억 달러가 더 들 것으로 내다보고 있다.[87]

공적 통제의 위기

국토보안부가 제안한 국경 경비 통합 시스템의 민영화 작업은 국토보안부의 관리감독 및 통제 역량에 대한 의문을 불러일으켰다. 입찰 기업은 국경 통제 전반에 관한 감독 업무를 수행할 것이다. 순찰자를 배치하고, 순찰자들의 무기를 감독하며, 불법 이민자를 관리할 것이다.[88] 현재의 기준으로 본다면 낙찰 기업이 수행할 역할의 상당 부분은 정부 고유의 임무에 속한다.[89]

이 프로그램이 완성되면 도대체 어떤 결과가 초래될지 정부는 알지도 못 한다고 비판하는 사람들도 있다.[90] 국토보안부 내부는 물론 의회에서도 국토보안부가 감독의 역할을 고수할 것이며, 컨설턴트 사 제안을 일일이 따를 필요는 없다는 견해가 나왔다.[91] 그러나 국토보안부에 의하면, 컨설턴트 사는 SBI를 평가할 수 있는 가장 적절한 위치에 있으며, 급격히 진보하는 기술 변화에 대응하기 위해서도 꼭 필요한 존재이다.[92]

SBI 프로젝트에 민간 사업자를 끌어들임으로써 결국 복잡한 문제가 생겨났다. 그중 하나는 민간 계약자가 이 거대한 프로젝트를 끌고 갈 역량이 있는가를 둘러싼 의구심이다. 입찰 경쟁에서 보잉, 에릭슨, 노드럽 그루만 팀은 L-3 커뮤니케이션 사와 동점을 얻었다. L-3 커뮤니케이션 사는 정부의 L-3 행정 서비스를 수주했던 회사로 "느슨한 정부 통제로 인해 부적절한 카메라 구입과 설치" 문제를 포함한 회계 문제를 일으킨 전례가 있다.[93] L-3 행정 서비스 프로그램은 2004년 종결되어, 잠시 다른 프로그램이 그 자리를 차지했지만, SBInet은 두 프로그램을 대체하기 위해 설계되었다.[94] 이 프로그램의 또 다른 난점은 국경 경비에 필요한 기술 요소들을 하나의 체계로 통합 관리할 수 있어야 한다는 점이었다. 국경을 들고 나는 모든 데이터를 자동으로 수집하기 위한 US-VISIT 프로그램의 경우 100억 달러를 들여 사업에 착수한 지 벌써 오랜 시간이 지났지만 아직 테스트조차 못 한다.[95] 그러나 이는 작은 사안이어서, 이라크전쟁을 둘러싼 문제와 달리 경쟁 입찰이 순조롭게 진행되기만 한다면 해결될 수 있을 것이다.[96]

보다 크고 심각한 문제는(이 책 전반에 걸쳐 지적할 텐데) 민간 기업이 시행하는 광범위한 정부 사업의 결과를 누가 관리하고 통제하며 보증할 수 있느냐 하는 점이다. 이미 언급했듯이 프로그램을 관리하는 계약자는 국경 순찰에 필요한 인력 배치는 물론, 불법 이민자를 붙잡을 경우 처리하는 절차까지 직접 담당할 것이다.[97] 국토보안부는 계약자에게 넘겨줄 역할 가운데 정부 영역에 속하는 업무가 상당하다는 사실을 알고 있어야 하지만 해당 업무가 적절한 절차를 통해 위임되고 있는지 검토조차 해본 적이 없다. 대량 계약을 통해 아웃소싱이 진행되면 정부 기능 또한 넘어갈 수밖에 없기 때문에 해당 기관은 책임을 지고 그런 개연성을 차단해야 한다.[98] 특히 카트리나 사태 이후 리더십에 문제가 있다는 평판을 얻고 있는 국토보안부의 경우 계약 과정에서 더더욱 주의를 기울여야 한다. 더군다나 군사적인 측면에서 정부 역할이 민간에 위임될 경우 RAND가 제시한 기준에 따라 계약 활용 및 제한 여부를

최대한 면밀히 따져야 하는 것이다.[99]

국토보안부는 설립된 지 얼마 안 된 기관이다. 기관의 간부들은 서로 다른 배경을 가지고 있으며 다양한 상황에 대처하기에는 아직 경험이 부족하다. 따라서 정부 기능을 외부에 위임할 때는 조심스러우면서도 창의적인 리더십을 발휘해야 한다. 하지만 '회전문'이라도 밀고 있는 양 중요한 문제가 계속 반복되고 있다.

3. 국가안보 주식회사

국토보안부 최고 간부들 중 상당수는 카트리나가 닥치기 전에 수입이 괜찮은 직장으로 이미 자리를 옮겼다. 향후 정부가 계약을 추진할 가능성이 있는 회사로 나간 이들도 적지 않다.[100] 리더십의 안정성보다 더 중요한 문제는 지나친 인력 이동이다. 예를 들어 최초의 수장이었던 톰 리지가 사비 테크놀로지 사의 주식을 가지고 있었다는 말도 있다. SBInet 프로젝트에 입찰했던 록히드 마틴 사는 사비를 통째로 사들였다.[101] 리지가 정말 주식을 보유했다면 입찰과정을 신뢰하기 어렵다. 이전 동료들이 개입된 로비도 문제지만,[102] 현직 간부들도 곧 돈벌이에 나설 참이라 문제는 점점 심각해진다. 국토보안부의 전 감사장이었던 클라크 어빈은 이런 도덕불감증에 대해 다음과 같이 말했다.

사람은 누구나 생계를 꾸릴 권리가 있다. 그러나 조금 전까지만 하더라도 내가 직접 평가하던 기업으로 자리를 옮겨 입찰

에 참여하는 것은 지나치다. 이는 마치 근친상간을 저지르는 것이나 다름없다.[103]

근친상간은 아니더라도 정부로서는 상당히 불쾌한 일이다. 최근에 만들어진 기관이라 적절한 인력이 갖추어지지도 않았는데 조직의 최고 리더들이 민간 기업으로 옮겨가기 바쁘다?[104] 기관의 역할을 다하지 못한 책임은 누가 질 것인가? 민간 계약자들의 적절한 역할에 대해서 아무도 고민하지 않는다. 또 해당 기관에서 주요한 직책을 수행하던 자가 계약자로 변신하면 아웃소싱의 범위가 확대될 수밖에 없다. 외부 계약자들에게는 더없이 좋은 인력 수급처일 수 있겠다.[105] 그러나 공공의 권위를 민간 기업에 넘겨준다고 해서 정부 사업에 대한 신뢰가 깊어지는 것은 아니다. 사실, 체니 부통령이 핼리버튼과 연계되었다는 이유로 행정부의 신뢰도는 크게 손상되었으며,[106] 국토보안부는 지나친 아웃소싱으로 인해 비난만 키웠다.

민간 교도소, 민간 경찰의 출현

이제 정부가 추진하는 아웃소싱은 전례 없이 확대되었으며 많은 논쟁을 불러일으켰다.[107] 아웃소싱을 통한 서비스의 품질이 그리 만족스럽지 않은데도 불구하고 그 범위는 나날이 넓어지고 있다. 민간 교도소와 민간 경찰도 마찬가지다. 아무런 비판 없이 넘겨줄 일이 아닌데도[108] 민간이 운영하는 교도소와 경찰은 어느새 '공공 안보'를 책임지는 대안으로 등극하는 중이다. 민영화의 또 다른 국면을 따라가다 보면, 군사, 자연재해, 국가안보와 관련해 민영화를 바라보는 새로운 시각을 얻을 수 있다.[109]

민간 경찰이 연방정부, 각 주정부, 지역의 경찰보다 많은 데 반해,[110] 전체 교도소 시장에서 민간이 운영하는 교도소는 상대적으로 적은 비중을 차지한다(전체 수감자의 약 5퍼센트를 수용한다).[111] 이는 안보 문제에 대한 공공 및 민간의 해결책을 상호 비교할 수 있는 중요한 자료다.

1. 누가 정부 통제를 받는가

민간 경찰과 민간 교도소는 여러 면에서 서로 성격이 다르다. 민간 경찰은 대부분 정부와 계약을 맺고 있지 않다.[112] 이들은 민간의 재산이나 생명 보호를 위해 민간에 의해 고용된다. 반면 민간 교도소는 정부와 직접 계약을 맺어 사법 시스템에 의해 유죄판결을 받은 이들을 구금할 수 있는 권한을 위임받는다.

계약을 통해 정부와 확실히 연계되지 않은 계약자들은 각 주의 법령이 규제하는 바에도 크게 구애받지 않는다. 즉 민간 교도소의 경우에는 법령의 적용을 받지만[113] 사설 경호업체의 경우 정부와 계약을 맺은 경우가 아니라면 이에 구애받지 않고 활동한다.[114] 주의 법령은 사설 교도소가 갖추어야 할 사항들을 엄격히 규제하고 있지만 편의점에서 근무하는 안전요원의 경우 제재할 근거가 없다.[115] 이런 차이점은 상당히 중요하다. 공적인 일, 예를 들면 경찰이 해야 할 일을 민간 계약자가 수행하다 부상을 입는다 해도 정부의 보상을 기대할 수 없다. 반면, 민간 교도소의 경우 정부는 책임질 의무가 있다.[116]

민간 교도소의 위치에서 우리는 몇 가지 중요한 점을 발견할 수 있다. 이라크에 주둔한 민간 군인(예를 들면 블랙워터에 고용된)들은 군법으로 다스릴 수 없다. 대신 치외법권 지역의 군사행위에 관한 법률Military Extraterritorial Jurisdiction Act, MEJA[117]은 준수해야 하며, 이라크 법정에서 이들을 다룰 가능성도 있다.[118] 그러나 카트리나가 휩쓸고 간 뉴올리언스의 거리를 누비는 블랙워터 군인들은 민간 군인으로 봐야 하는가, 아니면 정부 경찰로 봐야 하는가?[119] 그들은 민간 사업자의 안전을 위해 활동하는 것이 아니며, 지방정부 혹은 FEMA와 계약을 맺었기 때문에 주의 법령으로 다스릴 수 있다.[120] 1983년에 개정된 수정헌법 제4조 예외 원칙에 의거하여 주 법령을 준수해야 하는 것이다.[121] 정부와 계약을 맺고 길거리 치안을 담당(교도소 운영도 마찬가지다)하는 민간 계약자는 공적 통제에 따라야만 한다.

2. 교도소 운영 계약

계약에 따라 정부와 민간 파트너의 관계는 전혀 다른 성질을 띠게 된다. 국토보안부와 계약을 맺어 국경 경비를 담당하는 민간 군인 등의 개방형 계약 사례와 민간 교도소가 정부와 맺은 계약은 전혀 성질이 다르다. 물론 아웃소싱 자체가 논란의 여지가 있지만,[122] 민간 교도소의 경우 계약 조건과 의무의 범위를 정함으로써 용이하게 관리할 수 있다.

민간 교도소의 공적 책임
정부와 민간 사업자가 맺는 교도소 계약은 대개 이미 확립된 관례와 규칙에 입각해 체결된다.[123] 계약을 맺기 전에 제안 요청서 RFPs를 통해 입찰 가능성이 있는 경쟁업체들에 사전 정보를 제공하고 공개 입찰을 진행한다.

CCA Corrections Corporation of America는 전국 예순세개 교도소에서 6만 9000명을 수감하는데 이 숫자는 미국 전체 민간 교도소 수용 인원의 50퍼센트 이상에 해당한다. 그러니까 미국 최대의 민간 교도소 제공자이다.[124] 블랙워터 사와 마찬가지로[125] 이 회사도 웹사이트를 이용해 상품을 홍보하고 외부와 소통한다. CCA는 정부의 구체적이고 세밀한 요구와 기대 조건을 잘 알고 있다.[126] 유사한 업무를 수행하는 공공시설들은 서로를 벤치마킹하면서 견제하고,[127] 공공기관은 이들이 소홀히 하는 업무는 없는지 감찰한다.

이런 환경에서는, 입찰도 없고 단속도 없는 이라크의 경우와는 달리 책임감 있는 입찰과 계약이 진행될 수 있다. 그러나 민간 교도소에 대해 존 도나휴는 "전체적이고 효과적인 감독을 하기란 대단히 어렵다"고 평가하고 있으며,[128] 샤론 돌로비치는 이들을 제대로 감찰할 수가 없다고 말한다.[129] 하지만 정부가 감시할 뿐 아니라 그 결과가 미래의 사업에 영향을 미친다는 사실은 중요한 의미가 있다. 민간 교도소들은 스스로 ACA American Correctional Association 같은 평가기관을 선정하여 처벌 시설의 기준을 수립·평가한다. 민간의 평가 시스템을 회의적으로 보는 이들도 있으나, 일부 공립 교도소가 충족하지 못하는 ACA의 평가 기준을 모든 민간 교도소는 충족한다.[130]

법원이 지휘하여 감독하기도 한다. 리처드슨 맥나이트 사건[131] 이후 민간 교도소는 죄수를 수용할 때 섹션 1983법 Section 1983 Action

에 따라야 한다.[132] 이 법령이 이상적인 감독 메커니즘을 보장하는 것은 아니지만,[133] 민간 교도소의 관리들을 견제하는 데는 효과적이다. 섹션 1983법 위반으로 법정에 설 경우 교도소로서는 많은 변호사 비용을 지불해야 하고 다음 계약 체결에 불이익을 받을지도 모르기 때문에 공립 교도소보다 정부 감독에 훨씬 민감할 수밖에 없다.[134]

민간 교도소에 대한 오랜 불신

늘 효율성을 염두에 두고 운영하는 민간 교도소들은 정부의 통제를 좋아하지 않는다. 교도관은 상황에 따라 완력을 사용해야 할 때도 있다. 교도소는 보안을 위해 민간 경비 병력을 운용해야 하지만, 이는 민간 계약자에게 양도할 수 없는 정부의 고유 권한이기도 하다.[135] 정부와 민간 교도소 운영 계약 규정에 의해, 민간 교도소에서 교도관이 관리하는 경비 병력은 자발적으로 운영되는 이라크의 민간 병력에 비해 정부 통제를 훨씬 많이 받는다.[136] 계약에 따라 연방정부와 주정부는 민간 교도소 요원이 수감자에게 불필요한 지시를 내리거나 무력을 행사하는 경우를 없애거나 줄이도록 명령할 수 있는 권한이 있다.[137] 이런 조건에서라면 당연히 군인을 공급하는 회사들보다는 민간 교도소가 더 안정된 정부 업무 위임기관이 될 수 있을 것이다.

샤론 돌로비치는 민간 교도소가 수감자들에게 완벽한 환경을 제공하지는 못 할 것이라고 주장한다.[138] 수감자의 인권을 보장하는 안전장치가 필요하고 이를 위해서는 공적 차원에서 처벌 시스템을 관리해야 한다는 것이다.[139] 예를 들어, 민간 교도소 수감자

중에서 가석방 대상자가 될 만한 자격이 있는 사람을 적절히 인지하는 역할이 있겠다. 가석방 결정은 교도소 운영자금, 즉 이윤과 연계되어 있어서 기업에만 맡겨둘 경우 적절히 판단하기 어려울 수 있다.[140] 공립 교도소는 민간 교도소와 달리 경제적인 면에서 상대적으로 덜 민감하다. 분명한 사실은 죄수가 늘고 있어 교도소 사업은 성장한다는 것이다.

부적절한 자금 운용 문제는 항상 제기되었고, 민간 교도소는 경제적인 면뿐만 아니라 여러 위험 요소가 있어서 법령에 따라 처벌할 수 있는 기관들을 시장 논리에만 맡겨둘 수는 없는 노릇이다. 그렇다고 모든 민간 교도소 운영 기업들과 계약을 끊을 수도 없다. 다만 정부 관리를 통해 부작용을 최소화할 수 있다. 또 민간 교도소를 감찰하면서 배운 것을 정부에서 운영하는 교도소에 적용하는 부수적인 효과를 거둘 수도 있다. 정부든 민간이든 독점으로 얻을 수 있는 것은 적다. 정부의 적절한 통제와 감시가 동반된 경쟁을 통해 유익을 꾀해야 할 것이다.

3. 범죄자 인도와 민간 교도소

죄수를 잡아서 투옥하거나 심문하기 위해 제3국으로 넘기는 범죄자 인도가 이라크전쟁 이후 논쟁의 씨앗이 되고 있다. 국제법은 죄수의 제3국 이송이나 고문당할 개연성이 있는 나라로의 인도를 금한다.[141] 스웨덴,[142] 캐나다[143]를 포함한 몇몇 국가들은 이를 여전히 지키지 않고 있다. 미국도 효율성을 이유로 국제법 이행에 미

온적이다.[144] "미국에 거처를 마련해주거나, 미국이 운영하는 외국 시설에 죄수를 수감하기 위해서는 일손과 비용이 많이 들기 때문에 이를 보완하기 위한 수단으로 죄수를 이송한다."[145]

미국의 자기 정당화 방법은 흥미롭다. 테러 용의자들을 수감하고 있는 비밀 감옥들이 민간 감옥 체제로 돌아간다면, 이 감옥들의 일반적인 계약 사항들도 민간 감옥과 같지 않을까? 관타나모 Guantanamo가 테러리스트들을 수용하는 공영 교도소라면, 효율성을 높이기 위한 대체수단인 민간 교도소는 수감자들을 도대체 어떻게 관리하고 있을까?

이런 질문은 범죄자 이송 과정에서 벌어질 인권침해 문제를 제기하고,[146] 계약 내용이나 감옥의 무력 사용을 제한하는 장치가 얼마나 중요한지를 새삼 생각하게 한다. 미국 교도소 수감자들에 대한 처우를 규제하는 섹션 1983법이 있지만, 테러리즘과 관련된 죄수의 경우 외국인은 물론이고 미국 시민[147]이라고 할지라도 적용되지 않는다.

이처럼 공공의 의무를 민간의 손(같은 목적으로 외국 정부에 넘기는 것도 마찬가지로)에 넘길 경우 효율성은 확보할 수 있을지라도 책임은 누구의 손에서도 찾을 수 없을 것이다. 범죄자 인도와 관련해 미국 본토와 다른 환경에 놓인 민간 교도소의 역할을 살펴봄으로써 공적인 통제의 필요성을 다시 확인할 수 있다.

분석 업무 아웃소싱

공공행정의 보이지 않는 손

외교정책은 보이지 않는 손이 아니라, 대통령이 결정한다.

−스티븐 J. 해들리[148]

대통령이 아닌 다른 누군가가 정책을 만들고 있지는 않나 하는 두려움은 비단 부시 행정부에서만 느끼는 것은 아니다. 스티븐 해들리가 말한 "보이지 않는 손"은 아이젠하워 행정부 당시 만들어진 표현이다. 물론 그 목적은 지금과 달랐다. 아이젠하워 시절에는 대통령이 원하는 일을 다른 이들이 하게 만드는 능력을 칭찬하는 말이었다.[149] 바로 아이젠하워의 리더십에 경의를 표하는 은유였던 것이다.

　부시 대통령의 경우, 해들리는 보이지 않는 손이라는 표현을 부정적인 의미로 사용한다. 부통령 혹은 이름조차 알기 어려운 컨설턴트가 정책을 세워 실행하고 있다는 비난인 것이다. 부시는 아예

"손을 놓고" 있고[150] 다른 이들이 정책 결정을 내리는 상황이라 많은 이들이 불안할 수밖에 없다. 행정부 관료(특히 체니 부통령과 해들리)들은 전에 없이 다양한 방면의 결정 사항들을 대통령에게 전해 주지만, 결국 결정은 대통령이 내린다.[151]

보이지 않는 손이라는 비유는 또한 컨설턴트의 역할을 설명해 준다. 그들은 모호한 계약을 맺어 조언과 분석을 제공한다. 대통령뿐 아니라 많은 정부 관료들이 중대한 정책 사안에 대한 조언을 이들 컨설턴트에게 얻는다. 정부 조직은 축소되고, 축소된 정부 조직의 관료들을 지원할 만반의 준비를 갖춘 컨설팅 계약사들은 늘어가는 상황에서 이러한 컨설턴트의 활용은 정부의 모험을 부추기고 있다.

앞서 소개한 아웃소싱 사례들은 정부의 공권력 및 권위와 관련이 있다.[152] 이제부터는 더욱 교묘한 영역을 소개한다. 계약자들은 (정부 '고유의' 영역이건 아니건) 정부로부터 어떤 역할을 직접, 정확히, 요구받지도 않는다. 그러나 도움을 줌으로써 정책 결정에 관여한다. 계약자들을 통해 모든 결정을 내릴 만반의 준비를 갖춘 상태라면, 그 사안에 대해 다른 결정을 내리기란 사실상 불가능하다. 정부 관료가 그저 계약자의 추천장에 도장이나 찍고 있다면, 도대체 정부의 기능이 존재한다고 할 수나 있는 것일까?

1. 정책 결정마저 넘겨선 안 된다

정부의 정책 결정 과정을 이해하는 것이야말로 공공 업무의 핵심이다. 우리는 정부 관료들이 현명하고도 순조롭게 의사결정을 하기 바란다. 그러나 하나의 결정을 내리기 위해서는 수많은 과정을 충족해야 하고 무엇보다 면밀한 분석을 거쳐야 한다.

좋은 의사결정은 신중한 분석 끝에 이루어지며, 이를 위해서는 다양한 관점의 변용, 관점의 변화에 따른 깊은 심의가 필요하다. 성숙하고 '잘 여문' 의사결정이란 특정 사안에 대한 역사적 상황을 적절히 고려할 때에만 가능하다. 부시 대통령이 전쟁을 시작하기 전에 시야를 넓혀 다양한 조언을 받아들여 마음을 바꾸거나 새로운 관점, 혹은 다른 방향들을 도출했으면 어땠을까. 마치 논쟁을 시작하기도 전에 자신의 의지를 굳힌 판사가 애초의 의지를 최종 판결까지 끌고 가는 상황처럼 때에 따라서는 면밀한 조사를 실시했다 해도 결정권자의 초기 결정 자체가 오류일 경우 재앙을 맞을 수 있다.

일반인들로서는 정책을 결정하는 이들이 충분한 논의와 판단을 거쳤는지를 알 수 없다. 법정이 판결 과정의 정당성을 옹호하기 위해 "소송 절차의 합법성 추정 원칙presumption of regularity" [153]에 의존하듯, 판단을 내리기 위한 면밀한 조사에는 언제나 한계가 있다. 그럼에도 불구하고 모든 판사나 행정가는 자신이 올바른 판단을 내리기 위해 충분히 분석했는지 그렇지 않았는지를 알고 있다. 판사의 예를 들면, 법률 사무원[154]이 관련 법령을 검토하고 기본 견해를 정리해주지만, 결국 최종 판결을 내리는 사람은 판사 자신이다. 법률 사무원들은 공무원이지 판사가 고용한 사람이 아니다. 그러나 판사는 이들 이외에도 다양한 사람들과 견해를 나누고 학술적인 글을 읽는다. 이를 통해 판결문을 쓰는 것이다.

모든 정부 관료가 모든 결정 사항에 대해 판사가 판결을 내리기까지 들이는 노력을 기울일 수는 없다. 그러나 적어도 관료들 본인이 직접 결정을 내리기는 해야 할 게 아닌가. 정부의 고유 업무와 기능들을 신중히 판단해야 하는 이유가 바로 여기에 있다.[155] 무엇을 신중히 결정해야 하는가에 대한 기준은 여전히 정의하기 힘들지만 최소한 민간이 결정해서는 안 되는 영역(예컨대 군대의 배치나 국가안보)이 있음을 명심해야 한다.

민간 컨설턴트 집단은 유용한 자원으로 활용할 수 있다. 다양한 싱크탱크를 활용하여 더 나은 해결책을 강구할 수도 있다. RAND는 오랫동안 그런 역할을 수행해왔다.[156] 그러나 정책 결정에서 국민의 신임을 받고 있는 정부 관료들은 싱크탱크의 역할을 조언 정도로 제한해야 한다. RAND 같은 연구기관의 분석과 조사는 정책 결정 과정에서 신중히 재단하고 취사선택해야 한다.

비즈니스가 목적인 민간 컨설턴트들의 견해는 정부가 감당해야 할 역할과 정확히 일치할 수 없다. 유명한 컨설팅 회사인 맥킨지는 고객과 함께 일할지언정, 그들을 위해 일하지는 않는다고 말한다.[157] 컨설턴트가 정책 결정권자를 지도하거나, 아예 그 자리를 차고앉기라도 할 것 같다. 영업 전략으로 따지자면 손색이 없다. 실제로 맥킨지의 많은 파트너들이 다른 회사의 CEO가 되기도 한다. 그러나 정부기관이 이런 흐름을 따를 수는 없다. 정부의 행정 관료들은 복잡한 의사결정 구조 속에서 폭넓은 의사결정 구성인자들을 파악해야 한다. 데이터 수집과 분석은 물론이고 정치적인 계산까지 염두에 두어야 한다. 맥킨지가 데이터 분석에 능하다 할지라도 정치적 의사결정에는 약할 수 있다. 그런 면에서 민간 분야의 의사결정은 공공 차원의 의사결정에 비해 상대적으로 쉽다.

그래서 공공 분야 의사결정은 오랫동안 골칫거리로 남아 있다. 1962년, 벨 보고서Bell Report[158]로 알려진 케네디 대통령 내각의 내부 보고서에는 군사 연구 및 무기 개발과 관련된 민간 계약에 대해 이렇게 기록돼 있다. "공공과 민간 사이에 오랫동안 존재하던 경계를 모호하게 만드는 계기가 될 것이다."[159] 보고서의 결론은 이렇다. "정책 결정과 관련된 부분은 온전히 정부 관료, 즉 분명한 책임을 지는 대통령, 의회가 내려야만 한다."[160] 이 보고서는 정부가 아닌 제3자의 분석과 결정에 기대려는 유혹의 결과를 명백히 경고한다. 이것이 바로 댄 구트먼이 설명했듯,[161] 정책 결정은 끝까지 정부의 고유한 기능으로 남아 있어야 하는 이유다.

2. 민간에 넘긴 정책 결정 사례들

벨 보고서의 내용이 항상 반영되지는 않았다. 1989년, 상원의원이었던 데이비드 프라이어는 당시 에너지국 통제관 보우서를 의회에 소환해 폐기물 처리와 관련된 민간 계약에 대해 질의했다.[162] 당시 상원의원의 질문에 대해 통제관의 대답은 시종 불투명했다. 하급 관리도 "어느 정도 재량권degree of discretion"을 가지기 때문에 통제관으로서 아주 상세한 사항까지는 기억하지 못한다 하더라도 에너지국의 근본 입장이 관철되는 결정 사안은 알고 있어야 하는데도 그러지 못한 모습이었다.[163]

이보다 훨씬 심각한 사례도 많다. 수퍼펀드 프로그램을 운용했던 환경보호청의 경우, 모든 결정권을 외부로 위임할 만반의 준비를 갖추고 있었던 것 같다. 찰스 굿셀은 당시 상황을 이렇게 기록한다. "민간 계약업체 직원들이 프로그램의 규정 초안을 작성하고, 합의 사항을 기록하여 보고서를 작성했으며, 하원의 요구에 응대하는 것은 물론 다른 계약기관 인사, 교육, 평가, 연간 보고서 작성까지 도맡았다."[164] 굿셀의 설명에 따르면 환경보호청은 해당 프로그램과 관련된 책임과 결정권을 모두 민간에 양도하기로 작정한 듯하다.

환경보호청은 예산 운영과 관련된 규정 초안의 작성 및 기타 기록을 민간 계약자에게 맡겨야만 했을까? 다시 말해, 환경보호청은 사업의 초안과 궁극의 목표 달성까지도 계약을 통해 민간에 맡길 수 있다고 생각했던 것일까?[165] 정부 사업의 근간에 해당하는 업무를 계약을 통해 모두 떠맡겨버리면 정부기관의 역할이랄 게 남아 있을 수 있을까. 결정을 내리기 전에 발생할 문제를 미리 감안하는 것이 정책 결정의 핵심이라면, 이는 결코 민간으로 위임해선 안 될 일이다. 정책과 관련된 합리적인 의사결정은 정부 고유의 기능인 것이다.

일부 기관들은 민간 계약을 통해 발생할 문제를 예상하여 그 범위를 적절히 제한한다. 교통부의 경우 민간 계약자의 역할을 분명히 제한해두었다. 교통부 내부에서 처리할 수 없는 분석 업무나 급히 처리해야 할 일만 계약을 맺어 위임하는 것이다. 일반적인 상황에서 컨설턴트들의 일은 기관이 '합리적으로 결정하는가'를 평가하는 데 그친다. 그러나 교통부에서는 역할이 분명하지 못한 경우 분석 기능조차 맡기지 않는다. 또한 정책과 관련해서는 민간 계약자의 어떠한 제안도 받아들이지 않는다.[166] 물론 모든 정부기관이 교통부처럼 엄격한 기준을 적용하고 있지는 않다. 한번 느슨해진 기준으로 자신들의 핵심 역할까지 계약자에게 넘겨버리고 싶은 유혹을 끊기란 쉽지 않을 것이다.

　이러한 권한 위임은 끝도 없이 일어나고 있다. 4장에서 다루겠지만, 그렇다고 법정에서 정부부처의 행정 양태를 따지기도 어렵다. 3권분립과 간섭이라는 문제가 따르기 때문이다. 정부의 덩치를 줄이기 위해서, 혹은 정치적인 이유로 정부의 분석 기능을 점차 민간으로 넘기고 있는 정부는 우리가 알고 있는 것 이상으로 많은 문제를 안고 있다. 정확한 업무 범위를 정하지 않는 컨설팅 계약은 행정부 전체를 통틀어 수천 건에 이른다.[167] 계약 자체는 잘못이 아니다. 옳은 정책 결정을 위해서는 다양한 분석 보고서와 평가서, 독립적인 견해들을 적절히 참고할 필요가 있다. 그러나 정부 관료가 외부의 조언에 도장만 찍어대서야 되겠는가. 관료가 적고 같이 일할 동료가 없는 작은 정부를 돕는 민간의 동업자들은 꼬인 문제를 더욱 풀기 어렵게 만들 뿐만 아니라 민간이 꾸리는 정부라는 아주 낯선 문제를 던지고 있다.[168]

3장 >>>

사례연구

교통안보에 대한 정부와 민간의 접근법

Outsourcing Sovereignty

지금까지 민간에 역할을 위임할 수 없도록 의회가 제한하는 업무나 관료가 직접 수행해야 하는 일임에도 불구하고 민간 계약자가 대신 수행하는 상황을 살펴보았다. 이제는 공공의 영역이 아예 사라진 것같이 보인다. 그러나 오히려 반대 양상이 나타나고 있는 분야도 있다. 이번 장에서는 교통안보에 대한 정부와 민간의 해법을 좀더 자세히 살펴보겠다.

개요
교통안보

미국의 국경을 넘나드는 교통은 미국 국가안보의 핵심 영역 가운데 하나다. 9.11 사태는 미국의 항공보안 시스템이 얼마나 취약한지를 극명히 보여준 충격적인 사건이었다. 아직 대참사가 벌어진 적은 없다지만, 항만보안에도 지속적으로 문제가 제기되고 있다.[1] 공항과 항만 부문은 직접적인 이해관계가 있는 시설물 소유주 등이 오랜 세월 민간 경비업체와 손을 잡고 보안을 유지해왔다.

물론 국가안보는 교통안보를 포괄하는 넓은 개념으로, 이를 달성하기 위해 사안에 따라 정부 관료 및 민간 계약자들의 활용을 두고 다양한 노력을 기울여왔다. 예를 들어 군사 기능[2]을 민간 보안업체에 넘길 때는 핵심 안보 기능을 어느 정도까지 위임할 수 있는지를 논의해왔다. 교통안보 기능의 민영화에서도 비슷한 문제가 제기된다.

공항보안의 민영화에 대해서는 유럽과 미국의 차이점이 자주 언급된다. 왜냐하면 유럽에서는 주로 공항보안을 민간이 맡는 반면, 9.11 이후 미국에서는 공항보안은 당연히 정부가 주도해야 한다고 생각하기 때문이다. 테러리스트들이 버젓이 항공기에 탑승하여 이를 대량 학살 도구로 활용한 충격적인 사태를 겪은 미국에서는 어느 때보다 공항보안 시스템에 대한 관심이 높아졌다. 당시 보안 시스템은 민간항공사가 고용한 경비업체가 맡았고, 미연방항공관리국Federal Aviation Administration, FAA에서 관리하고 있었다.[3] 민항사들은 비용 절감을 위해 보안 시스템의 질을 낮추던 추세였다.[4] 그런 환경에서는 당연히 공항보안이라는 핵심 목적이 달성될 수 없다.[5]

의회는 결국 교통안전국TSA[6]을 신설하고 공항보안을 "공영화"[7] 하기로 결정했다.[8] 이는 국민들의 염려와, 민영화의 이점을 넘어서는 정부의 고유한 책임에 대한 기대를 반영한 것이다.[9] TSA를 신설하고 공항보안 공영화를 결정한 의회의 결의는 안보에 관한 정부 차원에서(국토보안부를 통해) 관할하겠다는 의지의 표현이었다.[10]

미국의 공항보안과 항만보안을 비교해보면 흥미로운 차이점을 발견할 수 있다. 항만보안은 정부와 민간의 통제가 중첩되어 있다. 많은 항만은 사유지로서 민간 보안업체가 경비를 담당하고 있지만, 해안경비대가 그들과 함께 보안 책임을 분담한다. 항만보안에는 정치적인 측면도 개입된다. 두바이 기업의 항만 운영과 관련된 논쟁은 안보 및 해외 정책과 관련하여 여러 문제를 불러일으킨 바 있다.

항공보안에 대한 미 정부의 역할

9.11 테러가 발생하기 전까지 공항을 이용하는 승객 및 수하물 관리는 티켓 발매, 항공기 운항, 승무원, 공항 관리 등과 함께 항공사의 서비스 영역으로 분류되어 항공사가 해당 역할을 맡았다. FAA는 전체적인 감독을 맡았다.[11] 그러나 항공사들은 비행이나 항공기 유지에 들이는 노력만큼 보안에 투자하지는 않았다. 대신 민간 보안업체들에 이 업무를 위임했다.[12] 당연히 최저가에 서비스를 제공하겠다는 입찰업체와 계약을 맺게 마련이었다. 결국 충분히 훈련된 보안요원들이 배치되지 못했고, 언어 문제는 물론이고 아예 자격이 없는 사람들(때로는 중범죄자도 포함되었다)까지 현장에 배치되었다.[13] 교통부 감사팀에서는 2001년까지 수년 동안,

부적절한 보안업체의 활용 사례를 적발했다.[14] 이뿐만 아니라, 9.11 사태가 발생한 후 며칠 되지도 않아 댈러스 공항에서는 칼을 소지한 승객 열두 명 가운데 일곱 명이나 검색대를 통과한 일도 있었다.[15]

이는 9.11 이후 의회가 공항의 보안 강화 필요성을 절감한 계기가 되었다. 상원의원 존 매케인과 프리츠 홀링스는 연방 차원에서 통제하는 공항보안 예산을 신청했고 이는 만장일치로 통과되었다.[16] 여기에는 공항 검색 요원의 임무 수행 기준을 확립하고 새로이 훈련시키는 데 필요한 예산, 그리고 공항보안을 위한 체크포인트 확립에 필요한 법적 장치를 구축하는 데 필요한 예산까지 포함되어 있었다.[17] 상원에서 이 법안이 의결되고 얼마 지나지 않아 부시 대통령은 연방정부의 역할을 제한하는 방향으로 백악관 예산을 배정했다.[18] 이는 공항의 수하물 및 승객 검색을 담당할 연방요원을 배치하기 위한 예산이었으나, 다시 민간의 손에 남을 수밖에 없는 상황이 되었다.[19] 그러나 공항보안을 연방 차원에서 책임져야 한다는 의회의 주장이 너무나 강력하여[20] 결국 대통령의 민영화 의지는 상당 부분 좌절되고 말았다.

1. 공항보안은 정부의 손에

2001년 11월 19일, 의회와 대통령은 항공 및 교통보안에 관한 법률[ATSA][21]을 통과시켰다. 그리하여 교통부 산하에 교통안전국이 신설되어 항공보안 책임을 부여받았다.[22] 교통안전국은 개설 1년

이내에 미국 내 모든 공항의 안전을 연방 차원에서 관리할 수 있는 체계를 수립해야 했다. 보안을 위해 고용된 사람들은 모두 영어를 말하고 쓸 수 있어야 하고, 미국 시민이어야 하며,[23] 범죄 기록이 없고, 고졸 이상의 학력을 가져야 했다.[24] 또한 공항보안을 위해 40시간의 실내 교육과 60시간의 현장교육을 의무화했다.[25] 한편, 전국 공항 가운데 다섯 개를 선정하여 민간 보안업체의 능력을 평가하도록 했다.[26] 거기에 더해, 2004년 11월 19일 이후에는 (공항검색 외주 프로그램의 일환으로) 다시 공항보안을 민간업체에 맡길 수도 있다.[27]

공항보안을 위한 요원들의 배치와 권한의 변화를 면밀히 관찰하면 최근 벌어지는 정부 기능의 민영화의 일면을 엿볼 수 있다. 민주 공화 양 진영 모두 공항 안전요원들의 지위를 변경해야 한다는 점에는 동의하나 그 범위를 두고 논쟁을 벌이는 중이다. 민주당은 모든 요원을 연방정부에서 고용해야 한다고 주장한다.[28] 반면 공화당은 비용을 이유로 일부만 정부에서 관리해야 한다고 맞선다.[29] 백악관은 불필요한 관료제의 확장을 피하려 한다.[30] 지금까지 그래왔듯 민영화를 선호하는 부시 행정부의 성향과,[31] 정부에서 고용한 인력들은 일단 뭉치면 민주당을 지지한다는 공화당의 믿음을 고려하면,[32] 그들이 공항 안전요원을 모두 연방정부에서 고용하는 데 반대하는 것은 놀라운 일이 아니다.

결국 의회는 민주당의 견해를 수용하여 정부 고용 예산을 승인했고, 다른 국경지역과 마찬가지로 공항도 연방 요원들이 순찰하도록 했다. 모두 6만 명이 넘는 인력이 신규 채용되었다.[33] 물론, 모든 민간 보안업체들이 자기 역할을 다하지 못한 것은 아니지만,[34] 이로써 의회와 국민은 정부가 공항보안을 책임져야 한다는 데 합의했다. 공항보안도 정부가 책임져야 하는 공적 영역의 일부임을 의회가 인정한 것이다.

그 결과는 흥미롭다. 연방 요원들이 민간업체 요원들과 다른 점이라면, 서약을 하고, 배지를 차고, 체포하거나 구속할 수 있는 권한을 가졌다는 것이다.[35] 교통안전국 조사관들은 배지도 차지 않고 구속할 권한도 없지만, 공무를 집행하는 연방 요원으로서 제복을 입고 있다. 그들이 받는 임금은 국고가 아닌 공항을 이용하는 승객들이 지불하는 비용으로 충당되지만,[36] 이런 조치를 통해 대중은 정부의 의지를 확인하게 된다. 안전요원들의 지위 변화는 정부 서비스의 민영화에 대한 미국 정부의 의지 변화를 시사한다. 그뿐만 아니라 다른 국가들에도 폭넓은 공공 해결책을 모색하는 계기를 제공했다.[37]

2. 정부 고용의 가치: 충실도와 신뢰도

정부에서 직접 공항 안전요원을 배치한 이유는 민간 계약업체들의 역량을 믿지 못한 탓이다. 거기에 더해, 로이 블런트 하원의원은 민간 보안업체 직원들이 공항 검색 작업을 수행할 때의 업무충실도[38]에 의구심을 표했다. 범법 행위를 한 적이 없고 교육을 충분히 받은 사람만을 고용하도록 법으로 정한 이유는 검색 작업의 신뢰도를 높이기 위해서고, 미국 시민으로 국한한 이유는 충실한 임무수행을 확보하기 위해서였다. 그러나 우리 사회에서 충실도를 정확히 측정하기란 여간 어려운 일이 아니다. 잘못하면 1950년대식 '충성 맹세'처럼 표현의 자유를 침해하거나,[39] 반대로 근본주의적 관점으로[40] 충성심이 효과적인 임무수행의 핵심인 양 오해할 수도 있다. 클리퍼드 로스키의 주장처럼[41] 어쩌면 충성심이란 군대에나 어울리는 개념일지도 모른다. 공공부문에 충성도가 높은 요원을 배치하려 하지만, 반드시 미국 시민이 그런 충성심을 가지고 있으리라는 보장은 없다. 충성심과 미국 시민이라는 자격은 별개 문제다. 공공부문 종사자들에게 충성심이 꼭 필요하다면, 미국 군인들에게도 똑같은 기준을 적용해야 하지 않겠는가?[42] 이라크에서 복무중인 미군 가운데는 미국 시민이 되기를 희망하는 이들(미국 국적이 아닌 군인들)도 적지 않다.

그렇다면, 교통안전국이 지휘 감독하는 환경에서는 충성도와 신뢰도가 보장되는가?[43] 이미 민영화의 물결이 휩쓸고 있는 교도소 감독관, 군 병력과 마찬가지로 교통안전국 인력들도 상당 부분 민간에서 지원받고 있는 실정이다.[44]

부시 대통령은 "이제 교통안보를 위한 정부의 새로운 노력에 따라 처음으로 공항보안를 국가가 직접 책임지게 되었다"라고 공식 발표했다.[45] 이는 정부 규모를 줄이고 아웃소싱을 확대하려는 부시 대통령의 의지에 반하는 내용이다. 그러나 미국 내 여행자의 안전을 도모하고 항공보안을 공고히 하기 위해서는 꼭 필요한 조처였다. 의혹을 품다 못해 두려움을 느끼기까지 하는 여행자들을 위해 정부 차원의 노력이 필요하다는 것을 민간 계약자들조차 인정한다. 의회와 대통령이 승인하고 연방정부가 진행하는 안보 프로그램이 비록 장기 효과를 기대하기에는 미흡하고 궁극적인 해결책은 못 될지라도 지금 당장은 안정을 찾는 데 도움이 되기 때문이다.

그러나 정부 차원의 대응으로 전환하는 사실 자체가 실제로 도움이 되는 것은 아니다. 새로 고용된 사람들은 적절한 훈련을 받아야 하고 이들을 관리 감독하는 체계도 수립해야 한다. 이론적으로 따지면, 민간 인력들이라 하더라도 잘 통제만 된다면 정부가 직접 고용한 관리들만큼이나 훌륭히 역할을 수행할 수 있다.[46] 따라서 지금과 다른 결정을 내릴 수도 있었다. 전체 인력을 정부가 채용하는 대신 기존 인력을 훈련시키고 부적절한 부분을 보완할 수 있는 방안을 고민할 수도 있었다. 세심하게 연구를 진행한다면, 공항보안이 '정부의 고유한 역할'에 속하는지, 아니면 '민간에 해결책을 위임'할 수 있는 영역인지를 물을 수도 있을 것이다.[47] 예산관리국이 A-76 조항을 근거로 국토보안부와 교통안전국의 인력 확보 과정을 살피지 않는다면, 의회라도 이것이 정부가 발 벗고 나설 일인지 아니면 계약을 맺어 민간에 위임할 수 있는 일인지를 따져 물을 수 있는 문제다.[48] 그래서 좀더 깊이 고민한다면 공항보안이라는 목적을 달성하기 위해 두 가지 역할을 분리할 수 있다. 즉 공항을 이용하는 대중을 만나고 검색하는 역할만 계약을 통해 외부에 위임할 수 있으며, 보안요원들을 감독·관리하는 일은 정부 서비스 영역에 남겨두어야 한다.[49]

제복을 입은 조사자들을 공항에 배정하는 것만으로 문제를 해결할 수는 없다. 정부의 권위를 등에 업은 조사관들은 대중의 불안감을 잠재우고 이 프로그램의 궁극적인 목적을 달성해야 한다. 이를 위해서는 요원 개인의 차원을 초월하여 안보를 총괄하는 정부의 역할을 충분히 분석해야 할 것이다. 권위와 책임감이라는 상징은 어떤 민간 사업자에도 위임할 수 없기 때문이다.

　권위와 책임감이라는 상징의 가치는 아무리 강조해도 지나치지 않다.[50] 객관적인 증거로 판단컨대 민간의 영역을 배제할 수는 없다. 제복을 입은 공항 조사관들은 정부의 얼굴이다. 5년 후, 입술 연고와 면도크림, 세면용품들을 빼앗기기에 지친 공항 이용자들이 제복에 전혀 신뢰를 보내지 못하는 상황이 오지 않도록 그들은 긍정적인 변화를 끌어낼 책임이 있다. 비록 그 일 자체는 정부 주권과 별반 관계가 없다 하더라도, 민간의 책임에서 정부의 책임으로 전환한 것만으로도 정부는 대가를 지불한다.

유럽의 공항보안 민영화

공항보안 비용을 두고 미국에서 논란이 한창인 가운데, 민간회사를 통한 요원 배치를 주장하는 공화당이 유럽 국가들의 공항보안 민영화를 언급하고 나섰다.[51] 이는 곧 격렬한 논쟁으로 이어졌다. 유럽 국가들은 미국에 비해 정부 고용 인력이 많기 때문에,[52] 이에 대해 연구해볼 가치가 있다.

1. 유럽의 민영화

유럽이야말로 정부 기능이 상당히 빠른 속도로 민영화되고 있다. 많은 유럽 정부들이 공항보안에는 손을 놓고 있다. 유럽연합 EU에서는 공항보안을 정부가 담당할지, 아니면 민간에 맡길지를 국가나 각 주에서 결정한다. 그럼에도 불구하고 EU의 역할은 여전히 중요한데, 누가 공항보안을 직접 책임지는가에 관계없이, 누구든 지켜야 하는 보안 수준에 관한 공통의 기준을 마련하기 때문이다.[53] 민간 보안업체라 할지라도 공동 통제 아래에서 기준에 부합하는 결정을 내린다면 보안 인력을 고용할 수 있다.

EU의 기준은 공항보안에 사용되는 장비, 요원의 이력과 요구사항, 공항의 안전 확보를 위한 내부 기준 등을 포괄한다.[54] 민간이든 정부든 어느 쪽이 공항보안을 확충해야 하는지에 대해서는 따로 규정하지 않고 있다. 그러나 일부 국가에서는 공항 이용자 및 수하물 검색 권한을 민간에 이미 위임했다. 독일의 경우, '기능의 민영화'를 법적으로 받아들여 정부 역할을 민간이 대신할 수 있는 길을 열어놓았다.[55]

그렇다고 민영화를 전적으로 지향하는 것은 아니다. 독일은 법에 의해 다음과 같은 제한을 두고 있다. (a) 정부 관리의 감독 아래서만 민영화할 수 있다. (b) 행정 절차상 희생되는 사람이 없어야 한다. (c) 인사상의 변동을 초래하는 결정은 반드시 정부 관료만이 내릴 수 있다.[56]

이런 보호 장치는 공항보안에 대한 정부의 감독이 반영된 것이다. 유럽의 공항이 민간의 힘을 빌려 보안을 유지하는 상황은 미국의 환경에 비추어도 충분히 납득할 만하다. 그러나 유럽은 필요하면 언제든 EU나 회원국들이 '공적'인 개입을 할 수 있는 준비를 갖추고 있다. 미국에서는 예산관리국 A-76 조항이 추구하는 바를 더욱 원칙적으로 수용하고 있다.[57] 이러한 유럽의 경험은 바로 앨프리드 아만 교수가 주장한 "국가를 초월한 공적 영역"[58]의 성장을 반영하는 것으로 궁극적으로는 정부의 역할에 힘을 실어준다. 누구도 책임을 지지 않으려 드는 "민주주의의 약점"[59]이 생길 위험도 있지만, EU나 독일 같은 회원국들은 요원들의 책임감에 관련해서도 충분히 대비해놓은 듯하다. 독일은 정부 단위의 감사를 정기적으로 실시하고 있지만, 이외에도 비밀리에 공항보안을 담당한 기관들이 충분히 제 역할을 다하고 있는지 감시를 소홀히 하지 않고 있다.[60] 추측건대, 계약서에 명시된 의무 사항과 경쟁 입찰 또한 그들의 역할을 감독하는 데 도움이 될 것이다.

2. 이동의 권리와 민영화 확산

유럽 국가들이 공항보안을 민간 사업자에게 맡기고 있지만 근본적인 이유는 미국과 상당히 다르다. EU의 경우, 우리가 미합중국의 각 주를 넘나드는 자유시장 창출을 위해 오래전에 노력했듯이, 현재 회원국들의 자본과 노동력이 국경을 초월해 원활히 흘러가는 환경을 만들기 위해 최선을 다한다.[61]

다양한 직종의 노동 경쟁력을 확보하기 위해 EU는 자국민에게만 고용 기회를 허락하는 직종의 확대를 엄격히 제한한다. 예를 들어 독일에서 교사가 되려면 독일 국민이어야 한다면, 독일 시민권이 없는 사람은 교사가 될 수 없다. 이러한 배타적 고용 문제는 회원국 간의 원활한 노동력 흐름을 저해하는 요인이 된다. 이에 EU

는 시민권에 관계없이 자유로운 노동력 확보를 위한 원칙을 확립했다. 로마협정[62]에 따르면, EU의 기본 정신은 자유로운 인신의 이동을 통해 발현된다. 자국 시민권을 가진 사람만 고용할 수 있는 직종은 해당 국가의 "공적인 서비스"[63]를 담당하는 공무원에 한하도록 한다. "국가를 위한 충성심이 반드시 필요한" 업종을 제외하면, 비록 "공공 영역"이라고 할지라도 자국민만을 고용하기는 힘들어진다.[64] 이 경우 중등학교 지도교사나 공항 안전요원 등은 굳이 국가에 대한 충성심이 필수인 직종에서 제외되는 것이다. 공항 보안을 "정부에서 담당해야 할 영역"에 포함하지 않는 이유 또한 같은 맥락에서 볼 수 있을 것이다.

EU 회원국들이 자국민뿐 아니라 외국인도 공항의 보안요원으로 고용해야 한다면, 정부로서는 이 문제를 민간 계약을 통해 해결하는 방법을 선택할 수 있다. 미국의 경우 공공부문 고용에서 출신주에 따른 자격제한을 둘 이유가 없는데, 사실 연방정부는 ATSA의 권고에 따라 직장에서 미국 시민권을 부여할 수도 있다.[65] 유럽의 자유로운 인신 이동과 비교하자면, 미국의 원칙은 수정헌법 제1조를 통해 확인된다.[66] 즉 미국 각 주가 미국 '시민'에 한하여 공공 고용을 허락한다는 말은, 출신 주에 관계없이 자유롭게 여행할 수 있다는 측면에서는 EU의 국가 간 여행권과 다를 것이 없다는 말이다.

유럽에서는 회원국 간의 연합과 민영화라는 두 원칙이 공공 문제의 해결책으로 자리를 잡아가고 있다. 미국에서는 공항의 보안 요원들을 상징적으로 전원 공공에서 채용해 배치하기로 했다. 유럽과 미국의 사례를 통해 공항보안을 위한 인력 배치와 방법은 목적에 따른 선택의 문제라는 사실을 확인할 수 있다. 동시에 어느 선 이상에 이르면 공공 차원의 관리가 필수라는 점도 확인할 수 있다. 물론 그 선을 어디에 그어야 하는가, 라고 묻는다면 정부의 고유 기능에 관한 논의로 돌아갈 수밖에 없다.

안보라는 공공재와
정부의 책임

미국은 공영화 업무 영역을 따로 정의하기보다 민간에 양도할 수 없는 역할을 구분해 정부가 직접 관할하고 있으며, 이는 유럽의 경우도 마찬가지다. 정부 공무원들은 '본질적으로 정부의 기능'에 속하는 역할을 수행하면서, 관련 업무가 민간의 손으로 넘어가는 것을 차단한다. 이미 논의한 바 있는[67] A-76 조항에 의거해 공공과 민간의 업무가 나뉜다 해도, 실제로 적용하는 단계에 이르면 어려움에 부딪히게 마련이다. EU 헌법[68]도 실제 적용 단계에 이르면 모호함의 문제를 피해 갈 수 없다.

그럼에도 불구하고, 이들은 아웃소싱 과정에서 여전히 제 역할을 한다. 교통안전국은 공공보안 업무를 외부에 맡길 때 A-76 조항에 따라 경쟁 입찰에 부쳐야 하고, 이 과정에서 업체의 보안 절차와 적용 결과를 충분히 숙고해야 한다. 민간요원들이 담당할 일이 혹시 정부 고유의 영역을 침범하지나 않는지 살펴야 하고, 시장논리에 맡겨두어도 되는 것인지도 당국이 직접 결정해야 한다. 교통안전국과 계약을 맺는 민간 업체는 정부 고유의 업무를 다룰 경우 이에 대해 논의할 수 있고 경쟁 입찰을 통해 다른 업체보다 비교우위에 있음을 입증할 수 있다.[69] 이 가설이 실제로 작동된다면, 정부 당국자들도 이런 절차의 타당성을 쉽게 부인할 수 없을 것이다.

첫째, 안보는 정부가 감당해야 할 역할이라고 할 수 있을까? 군사 활동을 바탕으로 한 민간 보안업체가 활동하고 있듯이,[70] 정부는 수사나 치안 업무도 계약을 통해 민간에 위임할 수 있다.[71] 여기서 한 걸음 더 나아가 보자. 위임의 정도나 수준은 미묘한 문제다. 승객이나 수하물 검사는 제한된 역할이며 적절한 감독만 받는다면 굳이 정부에서 직접 관할해야 할 필요가 없다.[72] 유럽에서는 실제로 이런 기준을 적용한다. 또한 의회는 공무원이 맡던 수사 기능을 외부로 넘김으로써 교통안전국을 상당 부분 민영화한다.[73] 따라서, 수사와 관련된 업무를 모두 정부의 고유 기능으로 보기에는 무리가 있다.[74]

그런데 정부가 담당하는 감독과 통제 기능을 수사 기능과 함께 통째로 민간에 위임하는 것은 완전히 다른 차원의 문제다. 현행 법률에 의하면, 국토보안부 차관은 안보에 관한 한 전체적인 통제 기능을 수행해야 한다.[75] 또 해당 과제에 대해 임의재량권을 부여받았기 때문에, 이는 정부의 고유한 업무에 속하며 외부에 위임할

수 없다. A-76 조항 같은 법적 장치는 물론이고 헌법의 원리도 이를 지지한다.[76]

업무를 총괄하여 관리하는 권한과 의무는 정부의 고유 기능을 평가하는 가늠자 역할을 한다. 조사하는 업무 자체는 충분히 위임할 수 있는 일이지만, 피조사자를 억류하거나 진행 상황을 적절히 판단하는 일은 정부의 영역으로 남는다.[77] EU의 원칙이 좋은 선례가 될 것이다. 회원국들은 민간계약을 통해 조사관 및 보안요원을 배치한다. 하지만 그들에 대한 훈련, 감독은 철저히 공무원들이 담당한다. 미국도 그런 방향으로 나아갈 것이다. 사실 ATSA도 같은 입장을 견지한다. 국토보안부 차관은 전국 5개 공항의 보안을 맡고 있는 민간 업체들이 법으로 정한 책임을 다하고 있는지 감독해야 할 책임이 있다.[78] 다른 공항의 보안 업무를 민간에 넘길 수 있는지 여부는 공공과 민간의 책임 범위를 어떻게 나누느냐에 달려 있지만, 전체적인 책임과 권한이 여전히 정부의 손에 남아 있다는 사실은 변함이 없을 것이다.

공항보안을 단순히 사고파는 문제로만 생각한다면,[79] 누가 더 싼값에 강력한 보안 서비스를 제공할 수 있는가, 오로지 이 문제만 신경 쓰면 될 일이다. 하지만 우리는 보안 서비스를 제공하는 기업들에 대한 통제와 감시에 대해서도 고려해야 한다. 실제로 민간 업체들을 충분히 통제·모니터링 할 수 있다면 누가 가장 싼값에 가장 안전한 안보 서비스를 제공하는지를 자연스럽게 파악할 수 있다. 최근 연구를 보면 민간 조사관의 자격을 평가할 수 있는 기준이 충분히 제공되지 않고 있다.[80] 단순히 민간 기관이라고 해서 정부기관에 비해 효율성이 높다고 생각할 수는 없으며, 정부의 통제 기능에 대한 명확한 기준 없이 보안 서비스를 민간에 위임해서도 안 된다. 공항보안을 위해 고용된 인력을 적절히 교육하고 관리하는 역할은 정부의 몫으로 남겨두어야 한다. 미국과 유럽 정부가 공히 조사관들을 채용하고 교육하는 과정에 개입하는 이유가 바로 여기에 있다. 외부에 위임하기 전에 관리자의 역할을 적절히 정의하는 일조차 어려울 수 있다. 역할 정의가 어려우면 어려울수록 계약을 통한 위임도 어려워진다.

교통안전국이 발족되던 당시 의회는 이 기관의 감독권을 국토보안부에 쥐여주었다. 감독권을 효과적으로 수행할 수 있는가 여부와 별도로[81] 누가 기관의 활동에 관한 책임을 져야 하느냐의 문제는 의문의 여지가 없다. 비용이 적게 든다면 공항보안 업무를 외주로 유지해야 한다는 윌리엄슨 교수의 견해[82]는 기관을 어떻게 조직해야 하는가를 고민하는 데 도움이 될 것이다.[83] 정부라는 조직은 일반적인 민간 조직과 달리 계약에 의해 책임 한계를 설정할 수 없는 독특한 구조를 가지고 있다. 헌법도 정부의 궁극적인 권한을 누구에게도 위임하지 못하게 한다.[84]

공항 조사관들의 임무를 민간에 넘길 수 있다고 할 때, 공적 의무와 관련한 명령 체계는 과연 어느 선까지 (정부의 책임을 훼손시키지 않는 범위에서) 위임할 수 있을까? 이 문제와 관련한 답은 존 도나휴의 이론에서 살펴볼 수 있다. 그는 윌리엄슨 교수의 비용 효과이론을 발전시켜 효율성과 공공 통제력이라는 관점에서 답을 찾으려 했다.[85] 도나휴에 따르면, 최선의 방안은 정부가 관련 업무에 대한 책임을 가장 명확히 질 수 있는 조직(정부든 민간이든 관계없이)을 구성하는 것이다.[86] 그는 공공정책 결정에서 효율성보다 책임감에 더 높은 우선순위를 매겨야 한다고 주장한다.[87] 즉 절차 및 통제와 관련해 명확한 책임 범위를 정해두어야만 업무 효율성도 확보할 수 있다는 것이다.[88] 따라서 도나휴가 제기하는 책임이라는 요소가 빠진 민영화는 어떤 점에서 효율성이 있다 하더라도 그 효율성 자체가 의심스러울 것이다. 그의 결론대로라면 정부 책임이라는 요소를 대신할 효율성은 사실상 존재하지 않는다.

안보란 무엇보다 보편적인 공공재이기에,[89] 민영화 또한 이를 인식하고 유지하는 한에서만 진행해야 한다. 공항보안의 경우 정부 관리가 수행할 수 있는 다양한 역할과 기능을 심도 있게 분석할 필요가 있다. 물리적으로 공항 이용객들과 수하물을 검색하는 일(유럽에서는 민영화되어 있으나 미국에서는 그렇지 않다)은 핵심 논의 대상이 아니다.

책임과 효율성 문제의 핵심은 조사관들의 물리적인 기능을 계약에 의해 민간에 넘길 수 있느냐가 아니라, 조사 기능이 적절한 관리 시스템 아래서 수행되고 있느냐이다. 민간의 임무 범위가 계약에 의해 명확히 정해지기만 한다면,[90] 또 계약 준수를 정부가 적절히 통제할 수만 있다면, 민간 계약을 통한 공항보안이 오히려 효과적일 수도 있다. 미국에서는 ATSA가 이를 이미 확인해주었다. 오래지 않아 공항 조사 업무의 상당 부분은 계약을 통해 민간에 위임되고 정부는 이를 총괄할 것으로 보이지만(국토보안부는 정부 책임을 분명히 정의할 것이다[91]), 공적인 책임 영역을 완전히 없애버릴 수는 없다.

이라크의 군사적 상황이 극단적으로 보여주듯이[92] 대부분의 정부기관이 처한 상황과는 달리, 공항보안만은 정부가 직접 대부분의 역할을 맡는 쪽으로 나아가고 있다. 민영화의 거대한 물결이 밀어닥치는 와중에도 국토안보만은 정부가 책임 있게 수행해야 한다는 대중의 요구에 따라 해당 영역이 정부 고유의 몫으로 남겨지는 것이다. 그러나 교통안보라는 거대한 영역 중에서 왜 유독 공항보안 영역에서만 민영화 논쟁이 격화되었던 것일까? 우리 모두가 짐작하듯, 9·11 사태라는 엄청난 충격이 우리의 이목을 사로잡았기 때문이다. 만약 항구에서 비슷한 재난이 터졌다면 민영화 논쟁은 항공보안보다 항만보안 영역에서 더 격렬하게 일어났을지도 모른다.

항만보안을 둘러싼 역학관계

항만보안은 국토보안부가 끌어안고 있는 짐이다. 9·11 사태 이후 안보와 관련해 부적절한 정부 통제와 관리 문제는 여기저기서 발견되고 있지만[93] 극히 일부만이 보완된 실정이다. 포장된 컨테이너는 충분한 검색을 거치지도 않고 국내외를 들락거리며 전국의 수많은 화물 적재소로 운반된다.[94] 해외 화물을 담당하고 있는 CSI Container Security Initiative도 그 많은 창고들을 다 검색하기란 불가능하다.[95] 이런 환경에서는 공공 혹은 민간 어느 쪽이든 해결책을 찾기 어려워 보인다.

미국 해안경비대와 국경보안을 책임지고 있는 국토보안부가 항만으로 운반되는 화물 검색의 책임을 진다. 하지만 실제로 드나드

는 화물을 통제하는 측은 각 항만 경영자(민간 소유주)이다. 경영자
가 직접 항만의 설비와 보안요원들에 대한 인사권을 행사하기 때
문이다. 공항보안의 경우도 실제로 보안을 담당하는 요원들 다수
가 민간업체에 고용되어 있다. 앞서도 논의했듯이, 민간이 안보
일선에 있다는 사실 자체가 안보 약화를 의미하는 것은 아니다.
공항의 사례를 통해 충분히 살펴보았듯, 적절히 통제하기만 한다
면, 민간 계약자들도 항만을 드나드는 승객과 화물에 대해 필요한
수준의 조사를 할 수 있을 것이다. 물론 '적절한 통제'를 정의하기
란 쉽지 않다. 국토보안부는 (교통안전국과 함께) 항만보안을 확립
할 수 있도록 확실한 통제장치를 마련해야 한다. 이를 위해서는
해안경비대와 항만을 이용하는 고객들의 지원이 필요하다. 한편
으로는 각 항만 소유주들의 개인 소유권이라는 문제가 걸려 있다.
바로 이 소유권을 둘러싸고 공공의 역할에 대한 논쟁이 일어나는
것이다.

1. 두바이 포츠 월드의 항구 매입 논란

  공공과 민간의 소유권이 복합적으로 얽힌 공항과 달리,[96] 대부
분의 항구는 민간이 소유하거나 관리한다. 아랍에미레이트연합의
한 국유회사인 두바이 포츠 월드Dubai Ports World, DP World가 뉴욕과
뉴저지에서 영국 기업이 소유한 항구 몇 곳을 매입하려 함에 따라
그런 차이가 중대한 문제로 떠올랐다.[97] 오랫동안 인식되지 못했
던 항만보안 문제가 표면으로 떠오른 순간이었다.

미국의 외국인투자위원회는 항구 매각이 국가안보 문제를 악화시키지 않는다는 결론을 내렸고, 부시 대통령도 거래를 승인했다.[98] 항구의 소유주가 누구든 미 해안경비대는 항만의 안보와 통제에 만전을 기할 것이라고 대통령이 강조했지만 비판의 목소리는 점차 커져만 갔다. 여론의 악화를 의식한 상하 양원은 결국 매각에 강한 거부감을 표했다.[99] 아랍에미레이트연합과 테러 집단과의 연루 의혹, 특히 오사마 빈 라덴과의 연계설은 꼬리에 꼬리를 물었다.[100] 이런 상황에도 불구하고 행정부는 국경안보를 가벼이 여기는 언행을 일삼았다. 미국 항구 매각 문제와 더불어 걸프 지역에 있는 아랍에미레이트연합 소유의 항구로 미군이 접근했을 때 우려하는 목소리는 더 높아졌다.[101]

DP World가 미국 항구를 매입함으로써 어떤 안보문제가 발생하는지 명확하게 지적하는 사람은 없었다.[102] 아마도 국가 자산의 대외 매각이라는 측면이 정치적인 반대를 불러왔다고 보는 쪽이 옳을 것이다. 의회는 결국 DP World의 거래 방식에 대해 제재를 가했다.[103] 이후 DP World는 미국 내 소유지를 A.I.G.에 매각했고 갈등은 사라졌다.[104] 지금까지도 DP World를 둘러싼 논쟁이 어떤 교훈을 남겼는지는 명확하지 않다. 민간 소유의 항구가 문제였다는 것은 확실하지만, 오직 중동 국가의 민간 소유만을 문제 삼아야 할까? 만약 민간 소유 전반에 문제를 제기했다면 해결책을 찾기는 더욱 어려울 것이다. 정부는 모든 항만의 설비를 소유하고 통제할 여력이 없다. 결국 민간과 정부가 책임을 공유하는 파트너십 구축만이 항만보안 문제의 해결책으로 남을 것이다.[105]

2. 정부 통제의 현주소

DP World의 미국 항구 매입 시도를 통해 근본적이고 방대한 문제가 드러났다. 실제로 항만을 장악한 이들은 아랍 테러리스트나 해안경비대가 아닌 화물을 직접 다루는 미국인 항만 노동자들이었다.[106] 이들은 국가안보를 위해서 일하는 교통안전국 공무원들과 달리, DP World를 대신해 일한다. 항만 물류량과 이를 관리하는 노동자에 비해 정부의 통제인력은 턱없이 부족하다. 국토보안부는 25만 명이나 되는 항만 노동자들에게 향후 18개월에 걸쳐 출입증을 부여하기로 했지만, 이 카드들은 얼마든지 악용될 수 있다.[107] 또 잘 활용된다 치더라도, 출입증만으로 노동자들을 충분히 통제할 수 있을지는 여전히 의문이다.[108]

해안경비대의 존재는 공포를 경감시키는 데 도움이 되지만, 항만보안의 책임 소재는 공항보안에 비해 그리 명확하지 않다. 아랍에미레이트연합 업체가 항구를 매입한 일로 관심을 불러 일으켰을 뿐,[109] DP World가 논란을 일으키기 전에도 항만보안에는 전반적으로 문제의 소지가 있었다. 우리의 항만을 장악하고 있는 민간업체의 노동자들을 적절히 감독하고 통제할 수 있는 정부 권위가 부재한 상황이다. 이에 대해 국토보안부는 총괄 책임을 져야 한다. 국가 전체를 보호하기 위한 탄탄한 안보 틀을 구축하기 위해서는 공공 및 민간이 힘을 합쳐야 한다.

국가안보는 공공의 가치를 보존하기 위한 정부와 민간의 노력을 통해 달성할 수 있다. 운송 시스템에서 안정적인 안보 전략을 확립하기 위해서는 정부가 전 과정을 주도하면서 때로는 계약을 맺어 민간에 특정 기능을 위임하는 방식을 도입할 필요가 있다.[110] 특히 항만보안의 경우 공항보안보다 민관의 협력이 중요하다. 공항보안과 마찬가지로 미국 정부는 항만보안을 위한 민간과 정부의 역할을 구분한다.

그러나 어떤 식으로 바뀌든 중요한 변수는 바로 책임이다. 통제권이 정부의 손에 남아 있다면, 국가안보는 아직도 달성 가능한 목표다. 이를 명확히 하기 위한 법적·제도적 장치를 마련해야 할 것이다. 국토보안부가 포괄적인 안보 책임을 지고는 있지만, 법적으로 완전한 권한을 행사할 수 있도록 제반 사항을 보완할 필요가 있다.

현실적으로 공공기관이 통제하는 상황이든 아니든, 우리는 경영상의 문제를 안고 있다. 만약 공공기관이 적절히 규제할 수 있을 정도로 권위를 갖고 있다면 법적인 통제 기능이 실제로 작동되고 있어야 한다. 그러나 관련 정부기관들은 자신들의 의무를 적절히 수행하고 있을까? 카트리나가 닥쳤을 때 안절부절못했던 국토보안부의 명백한 실패가 재현될 수도 있다.[111] DP World를 통해 논쟁의 대상이 된 항만보안이 카트리나 사태와 같은 쓰라린 경험을 반복하지 않기 위해서는 정부 권위와 통제가 굳건히 정립되어야 한다.

민영화를 둘러싼 현재 상황은 처음 논쟁의 탁자에 오르던 때에 비해 덜 극단적이다. 민주적인 절차에 따르면 결국 우리의 안보 노력은 성공을 거둘 수 있을 것이다. 공항보안을 공영화하기로 의회가 결정한 이후 정부 주도로 진행되던 민영화의 거대한 물결로 인한 공포는 어느 정도 가라앉았다. 이는 공공 서비스의 가치가 선언적으로 반영된 사건이었다. 정부가 직접 담당하는 일들 가운데 일부는 제복이나 국가에 대한 충성 서약이 필요 없을 수도 있겠지만, 테러리즘에 대비하여 안전을 보장하는 일은 정부가 직접 관할해야 하는 핵심 사안임을 의회가 인정한 것이다. 항만이든 공항이든, 이러한 기본 인식을 무시한다면 우리는 국가안보의 틀을 온전히 유지할 수 없을 것이다.

4장

공공과 민간의 구분

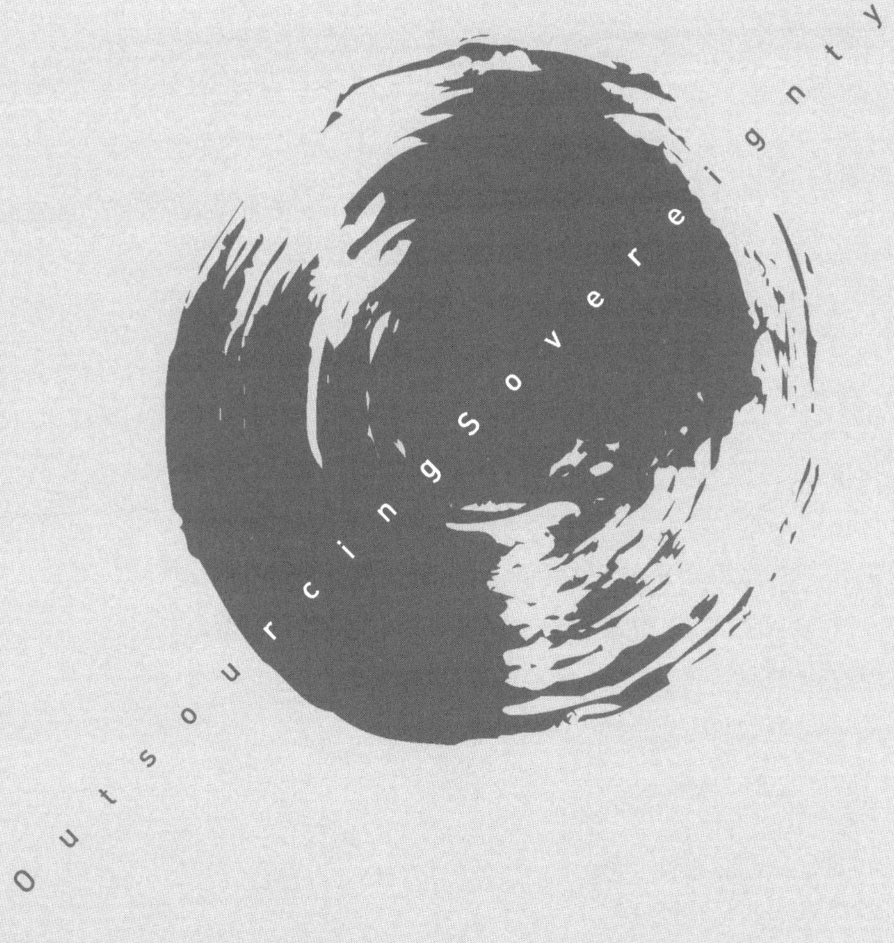
OutsourcingSovereignty

●

공법에는 형법과 행정법의 다양한 갈래가 있으며 이는 민법과는 구분된다. 그러나 이러한 구분이 법의 체계화를 위한 기초 작업에서 유의미한 차이가 있다는 뜻은 아니다.

—한스 켈젠[1]

법이 질투심 많은 여인 같다면, 공공과 민간은 마치 애정이 사라진 지 오래된 배우자 같아서 같이 살 수도 없고, 그렇다고 헤어질 수도 없는 관계다. 이런 딜레마는 한번도 해결된 적이 없고, 어떻게든 정리해보려 했던 모든 노력은 실패로 돌아갔다. 로널드 모는 "법을 제정했던 이들은 정부와 민간이 항상 분리되어 있기를 바랐으며, 법학 이론에서도 이 둘은 서로 다른 연구 분야"임을 기억해야 한다고 강조했다.[2] 사실상 이런 차이야말로 민주 사회가 성장해 나가는 데 꼭 필요한 개인주의를 풍성하게 하는 데 필수적인 공간을 제공한다. 사회와 헤게모니가 지나치게 강조될 때 파시즘의 악령이 득세했다는 역사적 교훈을 잊지 말아야 할 것이다.[3] 영국의 공법학자 디시는 헌법이란 법과 국가라는 민주주의의 두 주체 사이의 간극을 유지하는 조정자라고 했다.[4]

공공과 민간의 구분과 민주정치에 대한 논의는 민영화라는 문제를 둘러싸고 진행될 수밖에 없다. 2장에서 논의한 정부 계약(민간 군인의 사례 등)이 문제시되는 이유는 민간의 역할이 공공의 권위를 침해했거나 공공의 책임을 흐려놓았기 때문이다. 혹은 둘 다일 수도 있다. 3장 공항보안의 '공영화' 사례를 통해 우리는 양자를 적절히 구분하는 경계선이 여전히 명확지 않다는 사실을 확인할 수 있었다. 이제 정부의 적절한 역할을 더 논의하기 전에 공공과 민간의 구분이 어떤 역사적 과정을 거쳐 오늘에 이르렀는지 알아보자.

공공과 민간 구분의 역사

A

미국 법과 사회에서 '공공', '민간'이라는 단어는 흔히 쓰인다. 사회 일반의 관념에 따르면, 이 말은 정치적인 책임의 문제와 닿아 있다. 예를 들어 시민사회의 성장을 위해 공공 연설과 사적 대화는 구분해야 한다는 주장이 있다.[5] 시민사회가 성장해야 논쟁의 여지가 있는 정치적 아이디어나 견해도 자유롭게 표출할 수 있다. 닐 스멜서는 "공과 사를 구분함으로써 정치 전략을 수립할 수 있다"고 말했다.[6] 이런 구분은 수세기 동안 공공의 권위를 판가름하는 기준이 되기도 했다. 마이클 타가트는 공공과 민간의 구분이야말로 "자유주의의 뿌리"라고 주장했다.[7] 자유주의는 우리의 사회질서를 지탱하는 원동력일 뿐 아니라, 헌법 뒤에 숨겨진 힘의 원천이다.

공공과 민간의 구분을 둘러싼 움직임은 정치적 흐름을 결정짓는 요인으로 작용하기도 한다. 법적인 정부의 활동에 대해 '공공'이라는 이름을 붙인 것은 유스티니아누스 시대로 거슬러 올라간다.[8] 로마법에 기원을 둔 유럽 법체계에 따르면, 공법은 상당 부분 한 국가의 시민이 지켜야 할 의무를 규정한다.[9] 영미법은 이런 유럽 법체계에 많은 빚을 지고 있지만, 공법에 대한 개념은 충분히 발달시키지 못했다.[10] 그러나 19세기 이후에는 "공익"이라는 표현을 통해 자유민주주의 국가의 정부 역할을 정의하기 시작했다. "공익과 공공의 편리, 공적 필요"를 충족시킨다는 명목으로 정부 부처는 힘을 키우게 되었으나,[11] 이는 다분히 아전인수격 주장이어서 논쟁의 대상이 되기도 했다. 이후 애덤 스미스를 필두로 한 고전적 자유주의자들은 개인의 이익 극대화가 공익을 위한 최선의 길이라고 믿게 된다.[12]

뉴딜 시기 초기에는 공익 논쟁이 극에 달하지만, 결국 공익을 앞세운 국가기관의 중요성이 더욱 부각되었다.[13] 이후 루스벨트의 공익을 앞세우는 정부에 대한 반작용은 레이건 대통령 시기를 지나면서 정점에 이른다.[14] 레이건 정신은 아직도 살아 있어서 오늘날의 반규제 및 민영화 움직임에 힘을 더한다. 현 정권은 "오너십 소사이어티"라는 기치를 내걸고 기존 공공질서에 도전하고 있다. 이는 지금까지 이어져온 뉴딜 프로그램이 끝나가고 있다는 사실을 의미한다.[15]

탈규제를 동반한 민영화 물결은 공익의 개념 또한 바꾸어놓는다. 정책 결정권을 하나 둘 민간의 손으로 넘겨주면, 캐스 선스타인이 이른 바 "규제의 패러독스"를 없애기 위해 탈규제화가 점점 더 속도를 낸다.[16] 그렇다고 탈규제로 공공과 민간의 구분선 자체가 없어지는 것은 아니다.[17]

유스티니아누스 법전[18] 이후 역사가 증명하듯, 공공과 민간의 구분선은 시간에 따라 이동해왔을지언정[19] 한번도 사라진 적이 없다. 공법은 정부와 불가분의 관계에 있다. 민법은 전통적으로 계약이나 재산권 등 개인 간의 관계를 규제하는 보통법common law을 기반으로 한다.[20] 그러나 '민간'이라는 개념이 '공공'이라는 개념만큼 명백한 의미를 지니고 있지는 않다. 모든 법과 이를 강제하는 힘이 공공 영역에 속한다면, 모든 법적 레짐(Regime, 사회체제나 통치 방식, 혹은 현 정부 등 총체적 정치권력(시스템)을 말한다—옮긴이) 또한 본질적으로는 공적인 체계로 볼 수 있다.[21] 실제로 개인 간의 관계도 종종 정부의 규제를 받는다.[22]

자유나 소유에 대한 정의를 변경하는 헌법이나 법률 개정이 있을 때마다 사람들은 새로운 공공과 민간의 구분에 금방 적용했다. 예를 들면, 개인의 이익을 보호하기 위해 국가의 법적 기능을 제한하기 위해 자유라는 개념을 이용하기도 한다.[23] 수정헌법 제1조가 새로 적용될 때마다 정부의 역할은 확장되기도 제한되기도 했다.[24] 미국의 '심의민주주의deliberative democracy'[25]가 확산됨에 따라 개인과 공공의 분리라는 개념은 약화되는 대신 모든 분야에서 이익집단과 정치 집단들이 내놓는 의제, 법적 해석의 중요성이 날로 커져가고 있다.

정부가 공권력를 민간에 위임할 때, 즉 정부의 법적 권한을 민영화할 때, 공익에 미치는 영향을 정확히 가늠하기는 힘들다.[26] 정도의 문제겠지만, 어떤 경우 '민영화'는 정부의 역할을 완전히 배제하는 것을 의미한다. 그러나 대개는 권력이 민간에 위임되는 과정이거나, 통제권과 책임은 여전히 정부에 남은 상태에서 일부 권한만 민간에 위임된 경우가 많기 때문에 칼로 무 베듯 민영화가 '되었다, 되지 않았다'라고 말하기가 힘들다. 예를 들어, "자율규제의 의무enforced self-regulation"라는 용어는 정부의 통제를 받는 자율을 의미한다.[27] 이처럼 법적 정의는 공공과 민간의 간극을 유지하는 데 도움이 된다.

절차의 공정함과 이를 규정하는 법적 장치는 자유국가의 기본 틀을 구성한다. 스튜어트 햄프셔는 절차야말로 자유국가는 물론이고 인간 본성의 기본 토대라고 말했다.[28] 정부의 권한을 민간의 손에 위임하는 것은 단순한 변화의 결정이 아니다. 이는 잠재적인 주권 위임의 문제이다. 그러므로 개인 차원의 공정함은 물론이거니와 정치적 책임도 충분히 고려해서 진행해야 한다. 결국, 공공과 민간을 둘러싼 토론은 다시금 우리의 헌법정신을 고찰하게 한다.

공공과 개인 그리고 헌법

공공과 민간(혹은 사회와 개인)의 구분은 보통법의 양 갈래를 명확히 할 뿐 아니라 입헌 전통 확립의 기초가 된다. 영국 명예혁명의 정신을 체계화하여 헌법의 기초를 마련하는 데 큰 역할을 했던[29] 존 로크에게 개인의 자유를 보장하는 자연법은 상당히 중요한 개념이었다.[30] 공공과 개인은 각자의 영역을 확장하면서 자유민주주의 국가의 핵심 주체로 성장했다.[31] 로크와 그의 추종자들[32](우리의 헌법 초안을 포함한다)이야말로 자유민주주의를 확산시킴으로써 공공의 중요성을 드높이는 이론적 기반을 다져놓았다고 볼 수 있다.

헌법에서 사용되는 '공공'과 '개인'이라는 단어는 다양한 의미를 지닌다.[33] 그러나 1장에서도 살펴보았듯이 자유주의 이론과 헌법은 모두 주권이 국민People에게서 나온다는 사실을 인정한다. 정치적 주권의 주체가 확정되면, 국가의 세 기관은 주권의 원천이 되는 것이 아니라, 해당 권한을 위임받아 나름의 역할을 하게 된다. 이때도 주권은 여전히 시민의 권리를 지닌 국민에게 남는다.[34] 이때 공법은 헌법에 의해, 또 자신의 관리 기능에 의해 스스로 정당화된다.[35]

1. 수정헌법 제5조 '공적 활용'에 관하여

보상에 관한 항목이 추가된 수정헌법 제5조에 따르면,[36] 공공과 민간의 구분의 핵심은 민간 소유권에 대한 공공의 인정과 정부의 임의 징발(혹은 '공유화')을 제한하는 데 있다. '공적인 목적'이라는 명목으로 함부로 민간 소유물을 획득하는 행위를 정당화하지 못하도록 구분선을 긋고 양자를 분리해놓은 것이다. 이 조항에 의하면 적어도 이론적으로는 정부가 민간 소유를 함부로 공유화할 수 없다. 정부가 아닌 제3자에게 소유를 이전해야 할 경우에는 공익을 위해 불가피한 경우임을 확실히 알리고 그에 따른 보상을 해주어야 한다.

그러나 이런 개념 정립에도 불구하고, 관련 조항에 대한 권위 있는 법적 해석은 아직 나오지 못한 상태다.[37] 연방대법원은 공공의 개념에 대해 절대적인 가이드라인을 제시하기보다 각 주의 해석에 맡겨왔다.[38] 최근 논의를 일부 살펴보자. 웨인 카운티County of Wayne v. Hathcock 판례를 살펴보면,[39] 미시간 주 대법원은 민간 소유물을 주정부가 관할하지 않고 다른 민간에 이전하는 방식으로 민간 소유의 공공 활용을 제한한다.[40] 민간 소유의 강제 공공 활용을 제한한 판례를 통해 미시간 주 대법원은 공공과 민간의 명백한 구분을 유지했을 뿐만 아니라, 소유 구분 개념에 입각하여 공공기관의 민영화 개연성도 제한한다.[41] 그렇다고 다른 모든 주의 법원들도 같은 해석을 하고 있는 것은 아니다. 뉴 런던 켈로 Kelo v. City of New London 판례에서[42] 코네티컷 대법원은 경제개발을 목적으로 공유 자산을 민간 개발자에게 이전하는 것을 허용함으로써 공공과 민간의 구분을 사실상 인정하지 않았다.[43] 이처럼 연방대법원은 최근까지 서로 다른 두 견해를 때에 따라 수용해왔다. 공공 활용에 관한 다양한 판례들을 분석해볼 때, 스튜어드 스터크의 지적처럼 연방대법원은 각 주 법원이 어떤 해석을 하든지 연방주의에 입각해 그들의 견해를 존중하는 듯하다.[44] 그러나 최근에는 공적 활용에 대한 연방주의적 접근법에 도전하는 판결들이 늘어나고 있다.

켈로에서는 친연방주의 성향의 판사가 줄어들고 있다. 그들은 '공적 활용'[45]에 대한 기존의 모호한 입장을 철회하고 공공과 민간의 경계를 분명히 할 수 있는 길을 모색하기 시작했다. 스피븐 판사의 판결문을 살펴보면 켈로의 지배적인 법정 분위기를 읽을 수 있는데 그는 '공적 목적'이라는 모호한 개념 대신 '공적 활용'이라는 분명한 용어를 사용한다. 마치 행정법이 '공익, 공공의 편리와 필요'라는 모호한 기준을 내세워 경제개발 목적 등 필요에 따라 현재 진행 중인 사업을 정당화하듯이, '공적 목적' 역시 그럴 수 있기 때문이다.[46]

오코너 판사는 통렬한 어조로 '공적 활용'이 헌법 정신에 위배된다는 점을 강조했다.[47] 오코너는 "공공과 민간 소유의 경계를 허물려는" 모든 노력에 대해 단호한 법적 조처를 취해야 한다고 주장했다. 토머스 판사는 공적 활용에 대한 개념을 정의하는 일에서 시작하여 선을 더욱 분명히 긋고 있다.[48] 그는 '활용use'이란 "정부의 소유권과 통제"라고 정의하고 있는 헌법의 다른 부분을 인용했다.[49]

일련의 흐름은 의회의 이목을 끌었고, 아마도 빠른 시일 내에 공적 활용을 넘어서는 고전적 의미에서의 소유 관련 법안이 상정될 수도 있다.[50] 법정의 이런 분위기가 얼마나 오랫동안 지속될지는 모르지만, 어쨌든 공공과 민간을 가로지르는 구분선이 또다시 드러날 것이다. 공적 활용에 따른 민간에 대한 보상 조항은 이미 살펴본 것처럼 로크가 주창했던 정부의 역할 제한 사상과 맥을 같이 한다.[51] 켈로 판사들은 공적 활용에 대한 의미를 더욱 명확히 규정함으로써 공공과 민간에 대한 역사적인 구분선이 오늘날에도 유의미하다는 사실을 밝혔다. 그러나 현재의 연방주의 중심의 접근법을 완전히 뒤엎을 수 있을 정도는 아니다. 구체적인 사례를 통해 '공익Public Interest'에 대한 논의가 어떻게 진행되는지 좀 더 살펴보자.

2. '공익을 위한' 규제의 역할

공공과 민간의 구분은 종종 19세기 자본주의의 급격한 부상과 함께 언급된다. 정부 인가를 받아 오랫동안 독점적 지위를 유지하면서 시장에 절대적인 영향력을 행사하던 공공 기업(기관)에 민간 회사들이 도전하기 시작했다.[52] 연방대법원은 이들 기업의 영리추구를 인정했다.[53] 법인이라는 조직 형태는 아무래도 자본 확보에 유리했다. 리처드 엡스타인의 설명대로 법인 사업체는 "회사와 주주의 이익을 위해 존재하며, 이들을 제외한 만인을 대상으로 자본을 늘려나가며, 이를 위해 심지어는 불법 행위도 서슴지 않는다".[54] 따라서 보통법만으로는 제어하기 힘든 민간 기업을 다스리기 위해 공법이 발전하게 되었다.

공법은 지나치게 확대된 민간의 힘에 제재를 가한다. '공익을 위한' 공공의 역할이란 바로 이처럼 거대해진 민간의 힘을 규제하는 정부의 역할을 말한다. 일리노이 주에서 뮨Munn 사건에 대한 판결[55]이 진행되던 당시 법정은 '공익'의 개념을 명확히 하기 위해 영국 보통법[56]까지 거슬러 올라갔다. 당시 언급된 영국 보통법은 초기 민간 운수업자들이 독점적 지위를 갖지 못하도록 규제하고 있었다.[57] 판결을 통해 정부는 정당한 법 절차와 조항(Due Process: 행정부 혹은 사법부의 법적 절차를 진행하는 과정에서 개인의 권리가 침해되지 않도록 규제하는 미국 법 조항—옮긴이)을 지키면서도 민간에 대한 통제권을 회복할 수 있게 되었다. 그러나 운수산업의 규제와 국영화로 인해 경제적인 부작용이 초래되기도 했다.[58]

경제적인 힘을 행사하는 주체들의 권력 남용을 규제하는 조치의 뿌리는 깊다. 로크너와 뉴욕 주Lochner v. New York[59]가 대립했을 당시, '공익을 위한다'는 개념에 입각한 정부 규제가 강한 도전을 받던 시기에도 뮨의 국영화를 지지하는 이론적 토대는 살아남을 수 있었다.[60] 만약 이 개념이 무너진다면 법은 단지 계약의 자유[61], 즉 민간(개인)의 이익만을 보호되게 되는데, 로크너는 바로 이 로크의 사상에 기반한 자유주의적 가치를 내세우고 있었던 것이다. 로크의 자유주의는 개인주의와 경제적 자유를 전제한다.[62] 이후 이 재판은 홈스 판사가 이끄는 법정으로 넘어가는데,[63] 홈스는 로크너의 로크 해석을 수용하지 않았다. 다른 한편, 법정은 문이 주장하던 "공익을 위한" 국영사업 독점권도 더 이상 인정하지 않았다.[64] 호르위츠 교수의 주장처럼, 공익을 위한다는 정부의 노력이 인정받지 못한 상황은 개인과 공공의 영역을 밝히려는 법적 현실주의자들의 실패를 의미할 수도 있다.[65] 공공을 위한다는 개념에 입각한 역사적인 흐름이 일단 끊기면, 공익 개념은 한때는 공정한 시장을 도왔을지 몰라도 나중에는 정부 규제를 위한 법적 허구로 전락한다.[66] 오늘날 우리가 규제 절차에 더 주목하는 이유도 공익이라는 개념 자체가 이전만큼 확실한 규제의 근거로 작동할 수 없기 때문일 것이다.[67]

민간 기업을 실제로 통제하면, 민간 기업들은 행정부와 구성원들에게 불만을 돌리게 된다. 잭슨과 그랜트 행정부[68]는 공익을 위한다는 명목으로 정부 규제를 강화하다가 소수의 개인이 이익을 독점하는 부작용을 낳았고 곧 관련 정책들이 규제 절차의 효율성만 갉아먹는다는 비난이 쏟아졌다. 공익을 위한 규제 조치를 확보하기 위해서 정부는 모든 사람이 동의할 수 있는 방법을 모색해야한다. 그러지 못하면 공적 서비스를 위해 필요한 힘을 확보할 수없다.[69] 국가 공무원들의 내부 개혁도 공익을 실현할 수 있는 적법한 정치적 절차를 확보하는 행위로 볼 수 있다.[70] 즉 전문적인 관리를 통해 통제 주체와 책임 소재를 분명히 함으로써 기존 법체계로 충족하지 못했던 부족분을 메워가는 과정이라 하겠다.[71] 모든 행정절차가 법에 따라 합리적으로 진행되면, 규제는 공익에 기여하는 한 가지 방안이 될 수 있을 것이다.

'공익을 위한' 규제 이론의 관점에서 볼 때, 행정 공무원 편제[72]와 법의 역할은 상당한 연관성이 있다. 전문성을 갖춘 행정당국이 합법 절차로 무장한다면, 규제는 공익에 공정함을, 공정함에 투명성을, 여기에 더해 책임감까지 부여할 것이다. 이 모든 힘이 합쳐져야 비로소 합리적인 공적 통제를 시작할 수 있다. '공익을 위함'이라는 모호한 개념 정의는 이성과 합리적 절차로 무장한 법체계와 연계된다.[73] 전문적인 행정 서비스로 절차에 남아 있던 불합리한 정치적 요소를 제거할 수 있다. 우리 사회는 너무나 다원화돼 있어 모두가 공감할 만한 결론을 쉽게 도출하긴 어렵지만, 절차적 정의에 대해서만은 동의를 끌어낼 수 있을 것이다. 스튜어트 햄프셔의 주장처럼, 모두가 동의하는 사회정의는 이제 더 이상 기대하기 힘들겠지만, 모두가 동의하는 절차적 정의가 구현된 사회의 문이 이제 막 열리고 있다.[74]

3. 공공의 기능과 절차의 제한

정부 독점이라는 의심의 눈길과 로크너 법정[75]의 제약을 벗어던진 공익은 다시 날개를 펴기 시작했다. 뉴딜 기간에 이르면, 이전에는 아무런 제약 없이 활동하던 다양한 산업의 민간 기업들이 정부의 통제 아래로 들어온다.[76] 활력을 얻은 정부기관들은 민간 영역과 새로운 관계를 구축했고, 제1기 루스벨트 행정부는 창의적인 사업들로 정부 서비스를 확대해 나갔다.[77] 루스벨트 제2기에 이르러 정부는 기관(때로는 미국증권거래위원회처럼 새로 출범한 독자적 기관도 포함된다)과 국영기업을 더 많이 활용하기 시작했다.[78] 테네시밸리 사업 등에서 알 수 있듯이 정부도 민간 기업과 마찬가지로 "명확한 기준 yardstick" [79]에 입각하여 대규모 경쟁 사업에 뛰어들었다.[80] 그러나 규제권을 가진 정부가 정당한 경쟁을 할 수 있느냐는 정치적 질문을 피할 수 없었고, 결국 정부는 이런 사업 행위가 지속될 수 없다는 사실을 스스로 증명하게 된다. 정부의 지나친 개입과 자만이 결국 민영화의 물결을 앞당기는 계기가 된 것이다.

뉴딜 정책의 지나친 규제로 법 적용의 절차적 정의를 요구하는 목소리가 터져나왔다. 민간은 정부가 규제를 통해 자유민주주의 국가의 기본 전제를 위태롭게 할지도 모른다고 두려워했다.[81] 뉴딜 정책의 규제책에 갇힌 보수주의자들은 자기네 입지를 유지하기 위한 수단을 강구했고,[82] 결국 규제 절차를 제어하기 위한 행정 절차에 관한 법률 APA[83]이 등장하게 된다. APA는 중앙정부의 행정이 진행될 때 절차상의 정의를 실현하기 위한 수단으로 자리 잡는다.[84]

'공공의 기능'이라는 이름하에 몇몇 민간 활동이 정부의 통제 아래로 들어가기도 했다. 스미스와 올라이트 Smith v. Allwright[85], 마시 Marsh v. Alabama[86] 판결을 통해 살펴볼 수 있듯이 연방대법원은 컴퍼니 타운을 민간이 독점하도록 승인하여 '정부의 역할'을 민간이 수행하게 함으로써 정부의 영역을 확장했다.[87] 뮨 사례와 마찬가지로 유력한 민간 사업자를 내세워 그들이 공익에 복무하도록 한 것이다. 민간 사업자들은 이 과정에서 독점적인 힘을 행사하여 적절한 규제 절차가 정당성을 획득했고, 정부는 이를 통해 헌법 제14조에 명시된 정부 역할의 한계를 넘어서게 되었다.[88] 민간의 힘과 적법절차의 결합으로 법정은 더 폭넓은 공적 책임과 통제권을 얻었다.

시간이 지나면서 공적 기능 자체에 의존한 호소는 힘을 잃어갔다. 규제를 넘어서는 민간 권력의 득세는 여전히 우려할 만하지만,[89] 법정은 단순히 공적 기능에만 호소하는 행위는 외면할 수밖에 없게 된 것이다.[90]

'공적 기능'과 '공익' 개념은 정의 자체의 약점으로 충분한 힘을 발휘하기 힘들었고, 법정 또한 법적인 힘을 얻는 데 큰 도움을 줄 수 없었다. '공적 활용'이라는 개념은 역사의 한 장면을 장식하고 사라져갔다.[91] 그러나 다른 이름의 같은 고민은 아직 사라지지 않았으며 앞으로도 그러할 것이다. 또 민간과 공공 영역에 대한 법적인 해석의 요구는 우리의 정치적 유산으로 여전히 남아 있을 것이다.

4. 정부 활동과 절차적 정의

정부 활동과 절차적 정의의 교차점을 잘 보여주는 두 판례가 있다. 바로 잭슨과 메트로폴리탄 에디슨 사Jackson v. Metropolitan Edison Co. 사례(메트로폴리탄 에디슨은 퍼스트에너지의 자회사로 전력이라는 공공재 성격의 서비스를 제공하면서 펜실베이니아 공공시설위원회와 마찰을 빚었다—옮긴이)[92]와 크래프트Memphis Light, Gas & Water division v. Craft 사례(한 가정의 전기, 가스, 수도세를 위탁사업자 두 곳이 각각 따로 청구하여 물의를 빚었던 사건—옮긴이)다.[93] 두 사건 모두 공익사업과 연계돼 있었으며(민간과 공공 기관이 부딪힌 사건이다) 상대적으로 적은 자산이 관련된 소송이었다. 잭슨 건의 경우 민간 자산이 자연독점과 마찬가지로 규제에 묶여 있었고, 일반적으로 정부가 나서서 해결해야 할 문제임에도 불구하고 법정은 정부의 대응 방식에 문제 제기를 하지 않았다.[94] 랜퀴스트 대법원장은 새로운 소송을 야기할 수 있는 이 사건에서 정부의 역할을 가급적 언급하지 않으려 했다.[95]

크래프트 건은 성격이 조금 다르다. 정부 자산과 관련된 사건이었기에 정부가 행동에 나서야 했고, 법원은 부분적이나마 "정부가 나서야 한다"는 사실을 인정했다.[96] 그러나 스티븐스 판사는 이에 대해 부당하다는 견해를 표명했다. 그는 반론을 통해, 오히려 법원이 적법절차의 의미를 "시시하게" 만들었다고 주장했다.[97] 법원의 결정과 이에 동조[98]하는 움직임은 기존의 적법절차 요구를 상당히 편협하게 해석한 결과이다. 잭슨 판결에서 안타까운 대목은 절차적 정의 개념이 정부의 소극적 행위를 오히려 정당화하는 데까지 이르렀다는 것이다. 크래프트 판결을 둘러싼 논의도 결국은 같은 문제를 안고 있다. 결과적으로 잭슨 판결은 민간에 위탁된 공적 활동을 적법절차에 따라 진행하는 데 큰 장애물로 작용하게 되었는데, 바로 이 점이 우리가 주목해야 할 대목이다.

법원이 정부 기능을 정의하는 절차를 직접 언급하지 않으려 한 것은 충분히 이해할 수 있다. 윙양성Wong Yang Sung v. McGrath 사건과[99] 골드버그Goldberg v. Kelly 사건[100]에서 법원은 정부에 맞서기도 했지만 잭슨 사건에 이르러서는 마침내 그런 역할을 포기했다. 정부의 역할에 대한 새로운 정의를 제시하는 등 다양한 방법으로 법원은 직접적인 언급을 회피했고, 절차적 정의에 대한 기존 관념은 더 이상 법적인 효력을 발휘하지 못하게 되었다. 그러나 민영화와 관련하여 법원은 다른 선택을 했다. 정부 활동에 필요한 절차적 정의 요구와는 전혀 관계 없는, 민간 계약에 관한 법 적용이 독립성을 획득한 시점이었다. 공공과 민간의 구분에서 민영화의 구체적인 정체가 드디어 수면으로 떠오르기 시작한 것이다.

새로운 절차적 정의와 민영화

새로운 자산과 관련된 절차적 정의란 무엇일까? 리처드 피어스는 앞으로 절차적 정의란 "첫째 연구의 과정, 둘째 민간으로 이관돼선 안 되는 기술을 가진 인력의 정부 고용", 이렇게 단 두 유형에서만 유의미할 것으로 내다보았다.[101] 헌법 제1조에 함축된 의미(학문의 경우) 혹은 정부 고용이라는 독점적 특성 때문에 본질적으로 이 두 범주는 절차적 정의를 무시할 수 없을 것이다. 그러나 여전히 피어스의 예견에는 어딘가 불길한 면이 있다. 즉 주정부든 연방정부든 관계없이 특별히 영역을 구분할 수 없을 법한 수많은 공적 임무들이 절차적 정의의 통제에서 벗어날 개연성이 크다는 말이다.[102]

그러나 법원이 이를 지지하고 나서는 이유는 따로 있다.[103] 윌리엄 반 알스타인이 이미 오래전에 제안했고,[104] 최근에 샤피로와 레비가 주장했듯이[105] 정부 행정이 제멋대로 돌아가는 사태를 절차적 정의를 통해 방지해야 한다. 직접적인 정부의 행위이든, 민간을 통한 행위이든 관계없이 이는 지켜야 하는 조건이다.[106]

피어스가 절차적 정의를 고려할 때 바라보는 세계가 완전히 절망적인 상황은 아니다. 왜냐하면 '민간'이 자신의 권리를 위해서라도 절차적 정의를 무시할 수는 없으며,[107] 8장을 통해 좀더 살펴보겠지만 계약에서 절차적 정의에 대한 요구는 비단 정부뿐 아니라 민간에도 요구되기 때문이다. 주디스 레스닉 교수의 제안처럼 거래에서 공정한 절차적 정의를 필수 요소로 만들 수 있다.[108] 이는 정부 행정이 돌이킬 수 없는 지경에 이르지 않도록 하는 안전장치 역할을 할 것이다.

1. 절차적 정의의 대안

민간 활동에 적절히 적용할 수 있는, 절차적 정의를 이론화하는 작업은 아직 초기 단계에 머물러 있지만,[109] 연방이나 각 주의 법체계 아래서는 대안적인 절차적 요건들이 속속 만들어지고 있다. 복지정책의 예를 들면, 골드버그의 소년소녀 가장 지원 프로그램의 경우 정부가 직접 나서서 지원금을 나눠주는 대신 민간이 개입하는 절차를 통해 진행되고 있다.[110] 지원금을 받는 과정에서 신청자들은 불쾌한 경험을 할 수도 있지만,[111] 각 주의 법률은 해당 절차를 의무화한다. 캘리포니아 주를 포함한 몇몇 주에서는 병원, 클럽, 각종 협회같이 민간이 운영하는 독점 사업에서 반드시 공정한 절차를 갖추도록 규정해두었다.[112] 독점 사업을 절차적 정의와 연계하여 민영화에 정당성을 부여함으로써 과거 뮨 사건에 대한 대법원 판결이 다시금 파장을 불러왔다.[113]

이러한 추세로 보아 향후 다각적인 측면에서 절차에 대한 관심이 생겨날 듯하다. 절차적 정의 개념이 진화함에 따라 예전과 달리 강압적인 정부 활동은 점차 사라지고 있다. 법정에서도 행정 절차와 관련한 사건의 숫자는 점차 줄고 있으며,[114] 이는 절차적 정의의 대안 모델이 점차 안착하고 있음을 보여주는 실증적 요소다. 그러나 민영화로 인한 문제는 여기서 그치지 않는다. 정부 기능이 민간으로 넘어갈수록 관련 기능을 이관하는 과정에서 양자가 부담해야 하는 절차의 부담도 늘어난다. 이를 해결하기 위해서는 정부의 절차적 정의를 대신할 만한 방법을 민간이 강구하거나 아니면 정부가 세밀한 부분까지 책임져야 한다.[115] 이렇게 충분히 조정되지 못한 문제를 해결하기 위해서는 결국 민간이 따라야 할 절차적 정의를 어느 정도 규제할 수밖에 없다.

길리안 교수는 정부가 민영화를 주도할 수 있도록 "민영화를 위한 지침"을 만들자고 제안한다.[116] 이 지침은 정부가 전통적인 활동 영역보다는 민영화 과정에 더 집중할 것을 요구한다. 민영화 과정에서 길리안의 고민은 "정부의 힘을 민간에 넘기면서도 헌법이 규제하는 책임을 어떻게 유지할 것인가"에 있다.[117] 정부를 대신하는 민간 의료 및 간호 서비스처럼 정부 업무를 대신하는 민간 계약자들은 시민에게 상당히 고압적인 태도를 보일 수 있기 때문이다. 바로 이런 점 때문에 헌법이 규정하는 책임을 정부 계약자들이 감당하도록 하는 장치를 마련해야 한다.

2. 민간 계약자의 책임

2장을 통해 살펴본 바와 같이 정부 기능을 계약을 통해 민간으로 이관하는 과정에서 다양한 문제가 발생한다. 예를 들어 이라크의 포로수용소(아부그라이브)를 맡아 운영하는 기관이 수용자를 심문하면서 불법적인 학대 행위를 저질렀을 경우 피해자가 소송을 제기할 수 있다. 그러나 해당 기관은 정부의 직접 통제 아래 불법 행위를 저지른 게 아니어서 기존의 절차적 정의로는 책임 추궁을 할 수 없다.[118] 이런 경우 원고는 해당 기관이 체결한 계약에 의해 대안적인 절차적 정의에 의존하는 수밖에 없다.[119]

그러나 신체적 위해나 소유와 관련된 문제 외에도 민간 계약자들은 다양한 문제와 연루되게 마련이다. 예를 들어 FEMA와 계약을 맺고 자연재해 예방 업무를 수행하는 민간 계약자가 적절한 역할을 수행하지 못하거나, 환경보호청과 계약을 맺은 업체가 기본 직무를 다하지 못하는 경우다. 많은 경우 절차적 정의에 의해서도 민간 계약자들의 책임을 충분히 밝히기 힘들다.[120] 이런 경우 '절차'는 다른 의미를 지닌다. 바로 책임을 지는 민간이 계약상의 의무를 충실히 수행했는지를 대중이 알 수 있도록 하는 것이다. 국가의 주권이 "국민"에게서 나올지라도 법률상 그런 권리가 국민에게 주어진 것은 아니다.

법률 용어로 명확히 말하자면, 이는 정부 활동의 투명성을 강제하는 '정보자유법Freedom of Information Act, FOIA'에 해당한다고 볼 수 있다.[121] 이미 연방대법원은 정보자유법에 관해 다음과 같이 선언한 바 있다. "정보자유법의 기본 목적은 정부 활동을 국민에게 투명하게 보여줌으로써 민주 사회의 핵심 기능을 지키고 정부 관련자들의 책임 있는 행동을 촉구함으로써 부패를 방지하는 데 있다."[122] 2001년 이후 이 법률은, 여전히 실정법으로서 효력을 발휘해야 하지만, 정부의 기밀 유지 명분에 밀려 힘을 쓰지 못하고 있다.[123]

많은 경우 정부가 보유한(혹은 정부에 의한) 정보가 정부 일을 대신하는 민간 계약자들의 정보에 미치지 못한다. 정보자유법의 적용이 힘들어진 지금, 민간 기관의 활동을 파악하기란 점점 더 어려워진 듯하다. 9·11 사태 발생 이후 정보자유법이 지켜내려 했던 정부의 투명성과 책임은 점점 더 달성하기 어려운 목표가 되고 말았다.[124]

5 장

헌법에 입각한 통치

Outsourcing Sovereignty

●

모든 책임은 내가 진다.

−해리 S. 트루먼[1]

우리의 체계화된 헌법은 하나부터 열까지 정부의 역할, 더 정확히
표현하자면 블레어 판사가 최근에 말했듯이, 민주주의를 표방하
는 정부의 역할에 대한 규정이다.[2] '국민'이 자신의 주권이라는 권
력을 모조리 정부기관에 위임해버렸다는 오해는 헌법이 민주정부
에 무엇을 기대하는지 모를 때나 생길 것이다. 헌법은 바로 그런
오해를 불식시키기 위해 제정되었다. 또한 트루먼 대통령 같은 인
물들은 그 의미를 잘 알고 있었다.

  국가의 정치권력이 한 곳에 집중되지 않고 분리되어 있는 이유
도 민주정치를 보장하는 동시에 권력기관이 각자의 역할과 의무
를 다하도록 하기 위해서다. 통치와 관련된 의무조항은 헌법 제2

조 이하에 상당 부분 명시돼 있다.[3] 이에 따라 국가의 최상위 권한과 군 최고통수권은 국민에게 있다.[4] 다른 항목들은 행정부의 통제권에 대한 규정들이다. 물론 대통령이라 할지라도 단독으로 행동할 수는 없으며 헌법이 정한 각 분야 대리자를 통해 일할 수 있다.[5]

헌법 제2조에 의거, 그들은 "미합중국 공무원"으로 불리며, 대통령을 대신해 국가의 공적인 임무를 수행한다. 대통령은 "각 부처에 서면을 통한 견해"를 제시하여 이들을 통제할 수 있는 권한을 가진다.[6] 또 "법률이 충실히 시행되도록 보살펴야 하는" 헌법상의 의무를 진다.[7] 이것이 대통령이 의회와 국민 앞에서 지키기로 맹세한 내용의 기본 골격이다. 대통령은 헌법이 정한 바 최고의 의무를 수행하는 사람이다.[8] 대통령은 공무원들에게 임무를 부여할 수 있지만 민간인에 대해서는 그런 권한을 가지지 못한다.

미국 헌법에 민간에 대한 권한 위임과 관련된 조항Marque and Reprisal Clause이 전혀 없는 것은 아니지만 관련 조항의 해석에는 논의의 여지가 있다.[9] 이 조항은 한때 '민간 나포선'의 활용을 정당화하기 위해 인용되었다. 그러나 이는 해당 조항의 의미를 크게 제한하는 해석이었기에 의회의 동의(Art. I, Section 8)가 필요했고, 의회는 각 주에서 이의를 제기하지 못하도록(Act. I, Section 10) 조치했다. 앤드루 잭슨 행정부[10] 이후 민간 나포선들은 일관된 정책을 따랐으나 관련 조항이 이란–콘트라 사건 수사와 연계되어 다시 수면에 떠오른다.[11] 대통령이 단독으로 정부의 역할을 민간에 넘길 수는 없으며 이를 위해서는 반드시 의회의 승인을 거쳐야만 한다. 오늘날의 "민간 나포선"인 민간 계약자에게 정부의 의무를 위임할 때에도 의회는 여전히 같은 역할을 수행한다.

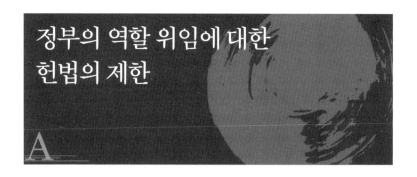

정부의 역할 위임에 대한 헌법의 제한

대통령은 임명권을 규정하는 법률에 따라 공무원을 임명할 수 있다. 의회는 공무원 임명에 조언하고 이를 승인한다. 임명권과 관련된 법률은 수평적 보호기제(대통령은 의회에 종속돼 있지 않고 독립적이다)와 함께 수직적 보호기제(두 정치기구 모두 민간 행위자에게 권력을 빼앗기지 않도록 "보호"받는다)를 함께 제공한다.[12] 전자에 따라 의회는 주요한 정부 인사의 임면권을 가질 수 없으며, 따라서 의회의 횡포를 방지할 수 있다.[13] 후자는 국가에 대한 맹세의 의무가 없는 기관에 대한 권력 위임을 방지하도록 돕는다. 물론 권력분립에 관한 논쟁이 아직 끝나지 않았지만,[14] 이는 논점에서 벗어난 문제다.

만약 대통령이 국가 공무원[15]이 수행하던 임무를 계약을 통해 민간에 위임할 경우 기존의 수직적 권력분립 구도가 흐트러질 것이다. 미국 공무원들은 법률로 지정한 "중대한 권한을 수행"한다.[16] 이런 기능을 민간의 손에 위임한다면 법률의 권위를 훼손할 개연성이 생긴다. 예를 들어, 대통령이 군 장교를 임명할 경우, 임명된 장교는 법률이 정한 바 군인으로서의 의무를 진다.[17] 이제부터 그는 군의 통제에 따라 행동해야 하며 자신의 의무를 사적인 계약을 통해 타인에게 넘길 수 없다. 따라서 이라크전쟁에 뛰어들어 불법적인 포로 심문에 가담하거나 군사작전을 수행한 민간 인력들도 의회의 승인을 얻지 않은 한 정부 권력을 강탈한 것과 다름이 없다. 미국 헌법에 따르면 '민간 군인'[18]이라는 말 자체가 모순이며 정부의 권한을 대신하는 민간 자체가 존재할 수 없다.

그러나 비군사적인 문제로 들어가면, 수평적인 국가 권위의 위임은 명확히 정의하기 힘들다. 법률자문위원회가 제시하는 정부 권력의 수평적/수직적 문제에 관한 대표적 판례들(예를 들어 Northern Pipeline and Schechter Poultry)은 따지고 보면 모두 '수직적'인 사례로 볼 수 있으며, 실제로 민간 계약에는 적용하기 힘들다.[19] 왜냐하면 둘 다 정부의 권위를 대통령이 민간에 위임한 측면을 발견하기 힘든 사건이었기 때문이다. 그런데도 두 사례가 수평적/수직적 권력 위임 사례로 언급되었는데 이는 아마도 다음 이유 때문일 것이다. 첫째, 정부가 민간의 손에 정부 역할을 위임한 사례가 없었기 때문에. 둘째, 그러한 위임을 정부 권력 내에서의 이동으로 여겼기 때문에. 셋째, 가장 그럴 법한 이유인데, 전례 없는 일인지라 법적 절차를 진행하는 데도 제한적이었기 때문에.[20]

민간에 국가권력 위임은 불가능하다는 이론은 정부기관에 관한 법률에서 나온다. 스토리 판사에 따르면, "외부에 위임된 정부 권위는 더 이상 정부의 권위가 아니다".[21] 헌법상의 정의에 따르면 대통령 또한 국민에게 권력을 위임받았기 때문에 (대통령의 임명권을 넘어서는) 추가 권력의 위임은 헌법이 제한하는 대통령의 권한을 넘어서는 것이다. 8장에서는 정부기관의 운영 비용에 관련된 이론을 통해 이런 원칙의 준수가 경제적으로도 얼마나 중요한지를 살펴볼 것이다.

공중을 위해 공적 책임을 져야 한다는 원칙을 지키려면 법적 장치들이 필요하다. 이에 대통령의 고유 권한인 임명권과 해임권을 의회가 쉽게 침해하지 못하도록 "의회권력 제한the antiaggrandizement의 원칙"[22]이 확립되었다. 또 헌법 제2조에 정해진 국가 공무원의 역할이 의회의 승인 없이는 외부로 위임될 수 없도록 방지antidevolution하는 원칙이 함께 수립됨으로써 공적 임무가 훼손되지 않게 했다.

민영화가 강력히 추진되고 있는 요즘이야말로 이 원칙들이 힘을 발휘할 시점이다. 대통령은 전례 없는 전투병 민영화를 추진하고 있으며,[23] 이는 의회조차 한번도 경험한 적이 없는 상황이다.[24] 의회의 승인 없이 대통령이 자기 권한을 단독으로 실행하는 행위는 법으로 금지되어 있다.[25] 각종 사업에서 민간 계약자들을 활용하는 것도 마찬가지로 많은 문제를 안고 있다.

민영화 과정 자체를 밀실에서 밀어붙일 경우 문제는 더욱 악화된다. 정보자유법은 무시되고, 민주주의 통치 질서가 훼손된다.[26] 민간 계약자를 비밀리에 선정하고 정부의 고유한 역할을 위임하는 가장 중요한 이유는 바로 보안을 유지하기 위해서였다. 의회의 결정을 따르지 않았던 레이건 행정부의 이란-콘트라 사건이 바로 그런 예이다. 결국 우리는 니카라과에서 큰 소요가 벌어지는 장면을 목도한 바 있다. 해리 트루먼이 상당한 우려를 표명할 만한 일이다.[27]

위임 방지의 원칙은 대통령의 임명권을 보호하는 동시에 정책 결정과 관련한 권한을 민간에 넘기지 못하도록 방지하는 역할을 한다. 근본 목적은 의회와 국민의 손에 있는 민주적 책임을 보존하는 것이다. 한편으로는 대통령이 민간 계약자를 통해 통제 불가능한 권력을 행사하지 못하도록 차단하는 측면도 있다.

수직적 제한에 관한 선례가 없는 것 자체는 놀라운 일이 아니다. 그러나 연관이 있는 이론 및 사례를 통해 공적 권력의 민간 위임을 경계할 수 있는 토대는 갖추어져 있다.

1. 권력의 민간 위임에 대한 절차적 제한

카터 석탄회사Carter v. Carter Coal[28] 사건(카터 석탄회사의 사주인 카터가 최저 임금제, 최대 노동시간 규제 등에 반발해 자신의 회사를 상대로 소송을 제기한 사건으로, 미 연방법원이 노동 착취 문제를 사적 자치의 문제로 인식하고 있다는 사실이 화제가 되었다—옮긴이)을 살펴보자. 연탄보호법Bituminous Coal Conservation Act[29]에 따르면 탄광 운영자와 노동조합이 선출한 관할 지역 임원진은 아무런 공적 협의도 거치지 않고 모든 탄광 노동자들의 임금을 책정할 수 있었다. 법원은 이 특별한 민간 의사결정권에 대하여 비정상적인 정부 권한 위임이나 절차적 문제가 있다는 점을 인정하지 않았다. 주권 비위임의 원칙은 적용하지 못한다 할지라도,[30] 절차상의 문제는 제기될 법한 사건이었다. 법원은 공익을 대변하는 목소리를 전혀 내지 못했고 마땅히 비난을 받았다. 로렌스 트라이브는 이에 대해 "법원이 민간 대표들에 대한 판결에서 항상 적대적인 입장을 취했는데 이는 미국 헌법이 풀어야 할 숙제"라고 말한다.[31]

카터 석탄회사 사건은 민간의 문제라 하더라도 공적인 결정 절차가 필요하다는 사실을 보여주었다.[32] 물론 정부 권한을 민간에 위임하는 횡적 위임의 문제가 항상 카터 석탄회사 사건 같은 민간 결정권 문제와 결부되는 것은 아니다. 그러나 공적 행위자의 경우 대단한 결정권을 갖지 않았을지라도 공적인 관점에서 접근할 필요가 있다. 공적 결정권이 결부된 경우에는 '공공화publicize' 과정을 통해 대중이 투명하게 알 수 있도록 관련 절차를 마련해야 할 것이다.[33]

이 투명성의 원칙은 민간에 직무를 개방하는 문제에 관련된 법률에 반영되어 있다. FACA는 민간인이 정부 활동에 참여할 경우 투명성 확보를 위해 일종의 참가 기준을 마련했다.[34] 그러나 민간에서는 헌법의 정신에 위배되는 정부의 지배적 특권[35]을 핑계로 이마저도 피해 갈 수 있다. FACA, 카터 석탄회사 사건[36] 판결(브레이어 판사)을 통해 우리는 활발하게 작동하고 있는 민주적인 통치 체제의 일면을 엿볼 수 있다.[37]

2. 대통령의 공직자 임명권

헌법 제2조 2항(Appointments Clause: 대통령이 상원의 조언과 승인을 거쳐 고위 공직자를 임명할 수 있도록 하는 조항—옮긴이)은 민주주의를 지탱하는 최소한의 장치라고 할 수 있다. 이 조항은 정부에 대한 민간의 힘을 제한한다. 적법한 절차를 거쳐 정부 역할이 위임되었더라도 정부의 중요한 권위가 무분별하게 민간에 넘어가는 것을 예방하고, 이를 통해 이권과 관련된 분쟁을 줄일 수 있다. 그러나 적법절차의 원칙만으로는 이를 실현하기 힘들기에 위임을 제한하는 법적 장치가 추가로 요구된다. 대통령의 공직자 임명권 법규는 공무원이 정부의 일을 꾸려나가도록 규정한다. 이 법은 미국 각 부처의 수장에서 '말단'에 이르기까지 정부 사업이라는 "중차대한 권한"을 가진 공무원을 대상으로 한다.[38] 이때 공무원은 '고용인'과 대조되는 개념이다. 중요한 것은 단순히 그들의 역할이 상대적으로 큰가, 작은가의 문제가 아니다. 역할의 경중으로만 따지자면, 카트리나가 닥쳤을 당시 국가안보를 책임졌던 민간 군대나 국가 중요 정책을 자문하는 RAND의 구성원들도 관직법의 관할 대상이 되어야 할 것이다. 여기서 핵심은 그들이 얼마나 중요한 역할을 하고 있느냐의 문제라기보다, 그들이 공무원으로서 의무와 책임에 따라 행동하고 있느냐 아니면 고용인으로서 의무와 책임에 따라 행동하고 있느냐의 문제다.[39]

물론 이런 질문만으로 관직법의 대상을 구분하는 방법에도 논란은 있다. 버클리 법정은 공무원 지위에 대해, 정부의 항구적 고용이 약속되고 지속적인 의무를 지는 경우에 한한다는 기준을 추가로 제시했다.[40] 왜냐하면 버클리에도 선거관리위원회가 있으며, 그 구성원은 의심의 여지없이 세 기준 모두를 충족하고 있기 때문이다(물론 그들의 의무가 외부로 위임될 여지는 없다). 위의 기준들이 다른 기준으로 대치될 수 있는지 없는지가 문제다.

이 논의는 두 정권에서 서로 다른 결론에 이르렀다. 아버지 부시 행정부는 (법률자문국[OLC]을 통해) 퀴템 소송[qui tam actions][41]에 위헌 요소가 있다고 주장했다.[42] 관직법이 지지하는 유일한 요소를 해석하는 과정에서 OLC는 정부를 대변해 헌법의 권위를 실행하는 법적 행위자의 경우 정부 대변자 역할을 한다고 주장했다.[43]

이러한 해석은 곧바로 민간 계약을 정당화하는 방향으로 적용되었고 대통령 임명권과 관련된 헌법 조항을 위반하면서 정부 역할을 외부 계약자에게 넘기는 아웃소싱을 가속화했다. 결국 "중대한 권한"을 위임받은 민간 계약자들은 퀴템 소송 반대자들과 마찬가지로 불법 행위자가 되었다. 퀴템에 대한 고발자들이 결국 자신들의 뜻을 관철시키지 못했기에 민간 계약을 통해 정부의 중대한 권위를 위임받은 민간 계약자들도 오래 버틸 수는 없었다.[44] 퀴템 소송의 합법성 여부는 대법원도 명확한 결론을 내리지 못했다.[45] 그러면 민영화와 관련된 문제들의 결론은 누가 내리는 것일까? 아들 부시 행정부에 이르면 헌법이 제한하는 영역에서도 국가 역할이 민간에 위임된다. 아버지 부시 행정부 시절에는 OLC가 그래도 국가의 "중대한 권위"를 위임하는 일만은 조심스러운 입장을 취했다. 하지만 아들 부시 행정부는 적극적인 움직임을 보인다.

클린턴 행정부는 민영화 움직임에 대해 부시 부자와는 다른 입장을 보였다. 클린턴 대통령의 OLC는 이전 부시 OLC의 견해를 명백히 부정하고 버클리 법정의 해석처럼 헌법 제2조 2항에 대한 세 가지 기준을 수용했다.[46] 그리하여 자연히 퀴템 소송을 지지했으며, 민간에 대한 정부 권한의 위임에 반대했다. 아들 부시 행정부는 퀴템을 둘러싼 논의에는 큰 무게를 두지 않았다. 클린턴 행정부의 입장을 내놓고 반대하지 않는 이유는 퀴템 소송을 인정해서라기보다 독립 기관으로서 OLC의 지위에 의구심을 품은 탓으로 보인다.[47]

클린턴의 입장은 명백하다. 퀴템 소송 반대자들이 자신들의 주장을 정당화하기 위해 사용하는 유일한 기준 대신 버클리의 세 가지 기준으로 공무원을 정의한다. 그렇다고 민간 계약을 전면 부정하는 것은 아니었다. 법 조항도 전부터 민간 계약을 적절히 통제하고 있었다. 그러나 경쟁 입찰을 거치지 않고 정부 계약을 독식하는 사례가 늘고, 이들을 상대하는 국가 공무원의 수에는 한계가 있었기에[48] 다방면에서 비판이 일고 책임 소재도 불분명했다. 클린턴이 더 많은 민간 계약을 진행할수록 더 많은 비판의 목소리가 들려왔고 아이러니하게도 이런 환경 덕분에 정부는 민간 계약자에 대한 통제를 강화할 수 있었다.

아마 누군가는 중앙집권적인 정부[49]가 아웃소싱에 대하여 클린턴 행정부와는 다른 견해를 지지할 거라고 생각할 수도 있다. 그러나 공권력을 중앙에 집중하길 원하는 정부일수록 정책 결정과 관련된 정부 기능을 외부에 넘기기를 꺼린다. 만약 그 힘이 대통령에게 집중되어 있다면 의회 같은 국민의 대표체는 물론이고 민간 계약자에게 이를 위임하는 대신 자신이 결정권을 행사할 것이다. 사이 프라카시 교수는 퀴템 문제를 둘러싼 공방을 지켜보면서, 아버지 부시가 지지하는 하나의 기준보다 클린턴의 관점이 헌법의 본질적인 의미에 비추어 적절하다고 지적한다.[50] 만약 클린턴 정부의 대통령 임명권 관련 조항 해석이 옳다면 아들 부시는 반대 의견을 표명하기 힘들 것이다.

물론 클린턴의 견해가 옳건 그르건 아웃소싱이라는 거대한 조류를 막을 수는 없다. 공직자 임명권에 대한 왜곡된 해석으로 정부 기능을 과도하게 민간으로 위임하는 일은 더욱 속도를 내고 있다. 대통령(혹은 각 정부기관의 수장)이 할 수 있는 일이라고는 정부 공직자가 져야 할 의무를 계약을 통해 민간에 넘기는 것뿐인 듯하다.[51] 가장 낮은 직급도 '장교officer'라는 이름으로 불리는 군대에서는 이런 우려가 이미 현실이 되어 있다.[52] 위관급 장교에서 장성에 이르기까지 전투 현장 혹은 죄수에 대한 심문 현장에서 똑같이 중대한 국가적 권한을 행사한다.[53]

블랙워터나 CACI 인터내셔널 같은 기관이 국가의 업무를 위임받아 수행할 때, 국가 '공무원'의 위상은 분명히 타격을 받는다. 민간 계약이라는 환경에서 버클리[54]의 다른 두 기준을 충족하기 위해서는, 그러한 계약을 충분히 지속시키고 각자의 역할과 책임의 경계를 분명히 정의하는 장치들이 필요하다. RAND 같은 기관은 좋은 예지만, 그 기준들을 충족하려면 여전히 더 많은 노력을 기울여야 한다. 특히 군사 문제와 관련한 관직법 위반자들은 당연히 법적 책임을 피하기 어렵다.[55] 최고통수권자로서 대통령의 책임은, 특히 전시일 경우, 너무나 중차대하기 때문에 군사적으로 과도한 역할 위임은 반드시 법으로 다스려야 하는 문제다.

비군사 영역이라 할지라도 적절치 못한 공공 역할 위임에 대해서는 마찬가지로 법적인 제재를 가할 수밖에 없다. 의회와 예산관리국이 법적 권한을 갖고 이를 통제한다. 공무원의 역할을 단순히 중대한 국가 권한을 수행하는 데만 국한할 경우 국가의 책무가 상당 부분 민간에 넘어갈 것은 불문가지다. 이미 대통령이 아니더라도 정부기관 수장을 통해 국가 권력이 넘어간 사례가 많다. 국가기관을 돕는 민간 기구들은 정부의 정책수립에 깊이 관여해왔다. FEMA 공무원의 자문을 맡고 있거나 재난 시 구제를 담당하는 민간 계약자들, 혹은 허리케인 피해복구를 맡은 업자들이 그렇다. 이들은 해당 국가기관과 함께 상황에 대처하고 인력을 배치하며, 평가·요약·향후 계획을 위한 보고서를 제출한다.[56]

이러한 민간 계약자들은 중요한 공적 역할을 수행하고 있지만, 버클리 법정에서 규정한 바와 같은 지속적인 책임을 지진 않는다. 그들은 국가 공무원의 통제를 받아야 하는 대상이다. 민간 계약자들이 '정부' 역할을 수행한다 하더라도 공무원들이 통제한다는 이유로 여전히 국가가 관련 권한을 쥐고 있다고 말할 수 있을까? 중요한 민간 계약을 승인한 공무원은 여전히 해당 계약자에게 지휘권을 행사한다. 그러나 이것만으로 법적인 도전을 뿌리쳤다고 말할 수 있을까?

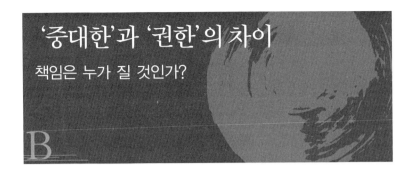

'중대한'과 '권한'의 차이

책임은 누가 질 것인가?

B

이제 '중대한 권한'에 대한 면밀한 분석을 실시할 차례다. 이미 살펴보았듯이 민간 계약자들도 충분히 '중대한' 일들을 하고 있지만, 이를 이행하는 데 필요한 '권한'도 갖고 있을까? 최종 권한이 여전히 국가 공직자 손에 있다면 결정권도 그러할 것이다. 그런데 민간 계약자들이 수행하는 업무와 관련해 미국 공직자들이 가진 결정권이라는 것이 단순히 도장 찍어주는 일 이상의 의미가 있을까? 허리케인 카트리나가 휩쓸고 간 후 FEMA의 행동을 돌이켜보자. 민간 컨설턴트들이 허리케인 대응 프로그램[57]을 고안하고 또다른 민간업체를 고용해 시설물을 구축하는 동안 연방정부 공무원들은 뒷짐을 지고 구경만 하고 있었다.

중대한 권한이란 무엇인지 좀 더 살펴보자.[58] 모건Morgan v. United States[59] 사건을 통해 우리는 결정권을 가진 사람은 경청해야만 한다는 사실을 알게 되었다. 즉 이 사건은 아무리 민간 계약자에 중요한 임무를 맡긴다 하더라도 최종 책임은 여전히 위임장에 서명한 공직자가 진다는 원칙을 알려준 것이다. 이 소송은 농무장관이었던 헨리 윌리스가 자신의 결정권을 다른 '고위' 공직자에게 위임하여 발생한 사건이었다.[60] 당시 윌리스는 스스로 위임한 결정권을 행사할 권한은 가지고 있었지만, 정책 결정의 권한은 가지고 있지 않았다. 결국 절차적 정의와 함께 대통령의 공직자 임명권과 관련해 논란이 일어났다. 부하 공직자에게 결정권을 위임한 것조차 문제라면 민간 위임의 결과가 어떨지는 불 보듯 뻔한 일이다.[61]

시간이 지나면서 조직을 통제하고 이끌 수 있는 사람만이 결정권을 지닐 수 있다는 개념도 힘을 잃게 된다.[62] 모건의 판례에서 법원은 농무부의 자체 결정 절차에 문제를 제기했다. 그러나 이는 권력분립 차원에서 보자면 법원의 지나친 개입이며 공직자들이 자신의 실제 경험에 비추어 내린 의사결정을 뒤흔든 사건이었다. 이전 판례들을 보면 법원은 오히려 공무원들이 (실수할 개연성 때문에) 결과에 연연하지 않고 공적 의무를 수행할 수 있도록 '소송절차의 합법성 추정' 원칙을 받아들였다.[63]

정부의 결정권이 일부 민간에 위임된다 할지라도 결정에 대한 책임의 원칙은 여전히 적용된다.[64] 또 국가기관과 공무원들은 민간의 결정을 기록하고 분석할 의무[65]가 있다. 비공식적인 의사결정에 대한 기록과 편집을 계약을 통해 민간에 맡기기도 한다. 그러나 결정의 근간이 되는 목표를 정하고 분석하는 역할까지 외부에 위임할 경우 중대한 결정권이 민간의 손으로 넘어가는 결과가 초래되고 만다.[66] 그럴 경우 최종 서명 권한이 공직자에게 남아 있다 하더라도 소송절차의 합법성 추정 원칙과 버클리의 헌법 해석은 이미 무너진 것이나 다름없다. 본질적인 정부 역할은 무슨 일이 있어도 지켜야 하는 것이다.

의회와 대통령이 헌법에 의거 공직자를 임명할 때는 책임감 있는 의사결정을 기대한다. 공직자는 자신이 맡은 자리에서 법적 의무를 다할 것을 약속한다. 법정은 그들에게 합리적인 의사결정과 결정 결과에 대한 분석을 요구한다.[67] 이는 공직자 자신의 책임이며, 어떤 계약으로도 타인에게 양도할 수 없는 공직자의 의무다.

선스타인에 의하면, 셰브론Chevron[68] 시기에는 정부기관의 결정에 대한 복종이 법으로 강요되었다.[69] 그뿐만 아니라 누군가 정치적인 이유로 판결에 굴복할 수밖에 없는 경우,[70] 합리적인 대응 자체를 포기[71]하는 사례가 많았다.[72] 당시에는 합리적으로 상황을 판단하려는 시도 자체가 순진한 생각이었을 것이다. 그러나 설사 그런 환경이더라도 합리적인 의사결정에 대한 요구를 포기할 수는 없었다. 법정은 판사의 정치적인 성향이 어떻든 합리성에 근거한 의사결정을 지지한다. 또한 법정은 (그리고 우리는) 정부기관이 합리성에 근거해 행위하도록 요구해야 한다.[73]

정부기관은 자기 의무를 숙지하고 결과를 평가해야 할 책임을 진다. 사법부는 어디까지나 부차적인 역할을 할 뿐이다. 행정부 공직자[74]가 계약을 통해 위임한 후 실제 결정 과정을 이끌었는지 여부를 법정이 시시콜콜하게 살필 필요는 없다. 그러나 공직자가 민간 계약자의 '결정'에 단순히 서명만 했을 뿐이라면 이제 정부

기관의 권위는 무너진 것이리라. 만약 법정이 그런 사실을 발견했다면, 비판적인 견지에서 행정부가 면밀히 모든 과정을 검토해보도록 요청해야 할 것이다.

부적절한 위임을 점검하기 위해서는 헌법 제2조 2항과 절차적 정의의 원칙이 잘 지켜졌는지를 확인해야 한다. 또한 지나친 민간 위임에 적절히 대응하기 위해서는 소송절차의 합법성 추정 원칙을 재고할 필요가 있다.[75] 모건 사건처럼 공직자의 결정권을 세밀히 살피고 철퇴를 내려치는 것은 과한 처사겠지만, 공직자들이 자신의 결정에 대한 책임을 지고 결정과정이 어떻게 진행되었는지 밝히려는 노력만으로도 과도한 민간 계약을 막을 수 있을 것이다. 정부기관 사람들이 법정에서 당황하는 모습을 보이고 싶어 하지 않는다면 말이다.

지금 속도로 민영화가 추진된다면 우리는 '중대한 권한'의 개념을 확실히 정의해두지 않을 수 없다. 아버지 부시는 퀴템 소송의 위헌 요소를 강조하며 헌법이 제시하는 공직자의 자격에 의문을 제기했다. 클린턴의 OLC는 버클리의 공직자에 대한 개념을 수용하여 아버지 부시의 입장을 완전히 부정했다.[76] 그러나 모건 판례에 비추어 그조차도 용인될 수 없는 부분이 많다.

이쯤 되면 어쩔 수 없이 트루먼 대통령이 생각난다. 그는 자신의 책상에서 서명은 했을지언정, 서명에 따른 책임을 누구에게도 전가하지 않았다.[77] 트루먼은 책임전가를 혐오했다. 그러나 FEMA 같은 국가기관은 국가의 중대한 임무를 민간에 지속적으로 위임하면서[78] 책임까지 전가하려 했다. 모건의 기준으로 판단하자면, 클린턴 정부의 OLC조차 민간 계약자들이 공공 업무와 관련한 '종신

직'을 얻어낼 수 있도록 방조한 실수를 저질렀다.[79] 의회(법원보다
더)도 물론 감시와 통제 기능이라는 중대한 역할을 감당해야 한다.

맹세의 의미와 의회의 역할

헌법 제2조 2항은 헌법을 받들기로 맹세한 국가 공직자만이 중대한 권한을 행사할 수 있다고 명시한다. 여기서 맹세는 단순히 형식적인 절차가 아니다. 공공과 민간을 구분하는 역할을 한다.[80] 정부 공직자, 대법원 판사, 대통령, 상하원 의원들, 각 주정부 공무원들은 모두 맹세를 한다. 아마르가 지적하는 것처럼 맹세는 "연방법원의 법관들뿐만 아니라 모든 국가기관과 궁극적으로는 공익에 종사하는 공직자 개개인의 헌법에 대한 약속이다".[81]

최근 부시 대통령이 열광적으로 내세우는 주장도 바로 이 맹세에 근거한 것이다.[82] 부시는 헌법을 해석할 수 있는 재량권을 갖고 있다고 주장한다. 헌법을 해석하고 자신이 믿는 대로 행동할 권한이 있다는 주장이 과연 헌법에 부합하는가에 대한 논쟁이 일고 있다. 마버리^{Marbury v. Madison} 판결에 의하면 헌법을 해석하고 적용할 수 있는 유일한 권한은 사법부에 있다. 물론 국가의 3부는 헌법에 정해진 의무를 져야 하기 때문에 의무를 적절히 수행하기 위해서는 헌법을 해석할 필요가 있다.

민간 위임이라는 틀 속에서 생각할 때 의회의 역할은 헌법이 제한하는, 국가의 권위를 민간이 계약을 통해 행사하는 사태를 방지하는 것이다. 국가 공직자를 임명하고 미연방 법이 충실히 수행되도록 힘을 실어주는 헌법 제2조는 의회의 힘을 제한하는 동시에 대통령의 임무를 규정한다. 이 조항들은 동시에 의회의 역할도 규정한다. 즉 대통령과 의회, 국민 모두는 헌법에 의해 국가의 법이 충실히 수행될 수 있도록 최선을 다해야 하는 의무를 진다.[83] 자신이 맹세한 바를 충실히 수행하지 못하는 사람은 당연히 비난을 면할 수 없다.

대통령이 임명한 공직자들은 상원의 동의를 거쳐야 임명될 수 있기 때문에 의회는 대통령이 자신의 의무를 적절히 수행할 수 있도록 나름의 역할을 수행해야 한다. 헌법 제2조에 의해 의회는 국가 고위 공직자의 임명에서 조언과 승인을 하고,[84] 이를 통해 국가 권력의 편중을 막을 수 있다. 요컨대 모든 국가 공직자는 대통령과 의회의 승인을 얻은 자다. 그들이 수행해야 하는 국가 직무의 일부를 민간 계약자들이 수행할 경우 의회와 대통령의 권한은 위태로워진 것이며[85], 해당 공직자는 국가기관과 국민의 신뢰를 저버린 것이나 다름없다.

행정부가 고유의 역할을 충실히 실행할 수 있도록 의회는 행정부를 감시하고 통제해야 한다. 행정부 관료가 민간의 손에 자신의 직무를 위임할 때, 해당 권한을 위임받은 민간 계약자는 사실상 "결과에 대한 책임을 지지 못한다". 그럴 경우 의회 또한 헌법이 명시하는 자신의 책임을 다하지 못한 것이다.[86] 권력분립이라는 구조 자체가 민영화 과정을 용인하지 않는다. 의회와 대통령은 누구도 대신할 수 없는 책임을 진다. 즉 헌법은 명백히 (행정부에 의해 자주 무시되고 있지만) 의회에 민영화를 통제하는 임무를 부여한 것이다.

위임을 방지하는 이론들은 중대한 권위의 민영화에도 반대 목소리를 내고 있다.[87] 정부 기능의 민영화를 반대하는 세크터 타입 Schechter-type의 반위임 접근법은 법원도 받아들이기 힘들 것이다. 그러나 카터 석탄회사 사건을 통해 제기된 절차적 정의에 대한 접근법은 앞으로 적용될 수 있는 잠재력이 있다.[88] 적법절차에 의한 접근법은 국가의 중대한 권한이 민간에 위임되기 전에 적어도 최소한의 점검을 요구할 것이기 때문이다. 이 과정은 의회 혹은 계약을 맺는 민간 당사자가 주도할 것이다. 이에 대해서는 7장을 통해 더 자세히 살펴보자. 물론 이때 언급되는 국가의 중대한 권한은 군사적인 문제와 시민에 대한 일반 행정 서비스 모두를 포함한다.[89]

국가의 권력기관들은 확인되지 않은 컨설턴트들을 활용하는 데에도 신중을 기해야 한다.[90] 다음 장을 통해 구체적으로 살펴보겠지만, 이들을 통한 정책의 결정과 이행은 결국 민간 컨설턴트를 둘러싼 이해관계에도 폭넓게 영향을 미칠 것이기 때문이다.

6장 >>>

민간 위임에 대한 법적, 행정적 제한

Outsourcing Sovereignty

위임이 불가능한 일, 간접위임, 자유재량

이제 정부의 고유 권한이 무엇인지를 알았다. 그렇다면 이는 전혀 위임해선 안 되는 것일까? 비위임주의자들이라면 이런 질문조차 하지 않을 것이다. 헌법 제1조와 절차적 정의는 절차에 관한 신념이다. 행정부가 따를 수 있는 '분명한 원칙'을 의회에서 제시한다면 비위임에 필요한 모든 요건은 충족된다.[1] 그러나 이미 5장을 통해 논의한 것처럼 과도한 민간 위임을 강제로 막기란 결코 쉬운 일이 아니다.[2] 카터 석탄회사 사건에서 보듯이, 그럼에도 절차적 메커니즘에는 민간이 아닌 공적 권위의 적절한 역할이 요구된다.

정부 기능 중에는 아무리 환경이 변하더라도 민간에 결코 위임해서는 안 될 것이 있다. 대통령을 포함한 고위 공직자들이 헌법[3]

을 수호하겠다는 서약을 한 후에 맡은 일들은 특히 민감하게 다루어야 한다. 물론 정부의 모든 업무가 공공성을 띠고 있기 때문에 절대 민간에 넘겨선 안 된다고 말할 수는 없다. 그렇다면 어떤 기능이 민영화되면 안 되는 것일까?

1. 위임이 불가능한 일

어떤 상황에서도 위임이 불가능한 일이 있다. 스칼리아 판사의 말처럼 입법권은 대통령에게 결코 위임될 수 없다.[4] 입법에 관련해서는 의회가 헌법에 명시된 역할을 수행해야 한다. 같은 맥락에서 대통령도 자신의 직분을 부통령이나 각료에게 넘겨줄 수는 없다.[5] 이는 상식적으로 누구라도 생각할 수 있는 위임이 불가능한 헌법상의 직무이다. 내각의 구성원과 정부 고위 관료들도 스스로 맹세한 바에 따라 헌법상의 직무를 수행해야 한다.[6] 따라서, 국방부장관은 이라크전쟁을 수행할 책임을 RAND에 맡길 수 없으며 법무장관 또한 형사소추와 관련된 역할을 민간의 손에 위임할 수 없다.[7] 이들에게 가장 핵심적인 책임 두 가지는 공공의 임무 수행과 정부의 권위를 제대로 수행하기 위해 통제하는 것이다. 포괄적으로 말하자면, 공적인 결정을 통해 실행되어야 할 공공의 책임과 관련된 일들은 정부 외에 다른 주체가 수행할 수 없다.[8]

이런 기능이 민간에 위임되는 일이 실제로 일어난다는 것은 상상할 수도 없다. 게이츠 국무장관이 RAND나 블랙워터에 전쟁을 통째로 위임하는 일은 없을 것이다. 대신, 그의 부하 직원이 전쟁

과정에서 일어나는 무수한 업무 일부를 계약을 통해 위임할 개연성은 얼마든지 있다. 그런데 이러한 부수적인 기능을 꼭 공직자가 수행해야 할까. 5장을 통해 헌법은 이를 어떻게 바라보는지 검토했다. 이제 성문법은 이를 어떻게 제한하는지 살펴보자.

2. 간접위임법

정부 내에서 이루어지는 일부 권한의 위임은 원활한 공무집행을 위해 필수적인 조치다. 대통령이 아무리 헌법 제1조가 제시하는 통치권을 행사한다고 하지만, 혼자서 그 모든 일을 감당할 수는 없다. 이에 의회는 이미 오래전에 대통령이 자신의 권한을 대리인들에게 위임할 수 있도록 법적 장치를 마련해두었다. 바로 간접위임법Subdelegation Act이다.[9] 이에 입각하여 대통령은 별도의 법적 조처 없이도 자신의 역할을 누군가에게 위임할 권한이 있다. 그러나 위임의 대상은 오직 미합중국 공직자로 제한되어 있다.

간접위임법은 행정부가 직무를 원활하게 수행할 수 있도록 돕는 강력한 수단이며, 대통령은 입법기구의 결의 없이도 필요에 따라 위임할 수 있다.[10] 물론 대통령의 독단적인 권한 행사를 저지할 필요가 있을 경우 의회는 간접위임을 제한할 수도 있지만,[11] 행정부 조직의 재편에 관한 제도는 잘 수립되어 있다. 근본적으로 이는 대통령의 권력을 제한하기보다 확장하는 역할을 한다.[12] 간접위임법 또한 토머스 메릴의 배타적 위임이론과 조화를 이룬다.[13]

대통령이 내각이나 미국 정부를 위해 일하는 공직자들에게 자신의 권한을 위임하도록 해둔 것은 근대 정부의 현실을 잘 반영한 조치다. 이 법은 정부의 조직개편을 논의한 후버위원회가 제안해 통과되었으며,[14] 행정부를 꾸려나가는 대통령이 법적인 한계 내에서 필요한 위임을 실행할 수 있도록 했다. 이를 통해 대통령은 자신이 임명한(때로는 상원이 승인한) 정부 공직자에게 중대한 권한을 위임할 수 있는 근거를 확보했다.

이 법은 행정부 권한 위임의 근거인데, 반대로 제한의 이유가 되기도 한다.[15] 정부 공직자에게만 위임하도록 제한하고, 정부 공직자의 역할을 더욱 강조함으로써 공직자와 외부인을 분명히 구분 짓는다. U.S. 텔레콤 소송[16] 당시 법정은 "이번 사건은 정부 공직자와 공직자가 아닌 외부인에 대한 간접위임이 얼마나 다른지를 보여주는 사건"임을 강조했다. 즉 간접위임에 관한 법률은 정부 기능의 아웃소싱과 상당한 관련이 있다.[17] 정부 관료는 정부의 권한을 외부로 위임할 때 간접위임법에 의거해 위임할 경우에도 정부의 행정적 통제권이 여전히 유지될 수 있는지를 판단해야 한다. 예를 들어, 정부의 고유 기능이 위임될 경우 간접위임법은 이 위임이 법적 요건을 충족하는지를 묻는다. 이때 의회는 의결을 통해 위임의 가부를 결정한다. 이런 방식으로 이 법은 잘못된 위임을 사전에 방지하는 역할을 한다.

정부 권한의 위임 계약과 관련해 간접위임법은 이렇게 작동한다. 국세청이 세금징수 업무를 외부에 위탁했던 것처럼[18] 국가의 중요한 행정이 아웃소싱되어 외부에 맡겨질 경우 이는 간접위임법을 잠재적으로 위반한 상태다. 이후 의회에서 승인되면 이미 실행된 위임의 법적인 하자는 없어진다. 그러나 의회가 승인하지 않고 부결될 경우 이미 성사된 계약이라 할지라도 법적 효력을 잃게 된다.

이는 실제로 적용되고 있는 법이다. 의회는 일부 민간 위임에 대해 정부활동 일람 개선에 관한 법률^{the FAIR Act} 같은 법령을 통해 허용한다. 그러나 이 경우에도 정부의 고유한 기능에 대한 위임만은 철저히 제한한다.[19] 의회가 승인한[20] 간접위임법의 허용 범위를 벗어난, 정부 고유 기능의 민간 위임을 대통령이 임의로 결정하는 것을 헌법이 허용하는가라고 묻는다면, 대답이 쉽지만은 않다. 대통령도 직접 나서서 자신의 중대한 권한을 민간에 위임하기 위해 요청하는 일은 없을 것이다. 중요한 사실은 헌법이 공적인 권한의 민간 위임만은 예외 없이 제한을 가한다는 점이다.

헌법 제2조는 대통령 및 고위 공직자들의 정치적 권한을 제한하는데, 간접위임법에는 이런 요소가 전혀 없다. 공직자들도 권한에 따라 자유로운 결정을 내릴 수 있고 이에 대해서는 법원도, 의회도 함부로 제한을 가할 수 없다. 대법원장 마셜의 말을 들어보자.

> 미합중국 헌법에 의하면, 대통령은 특정한 정치적 권위를 부여받는 인물로 자신의 정치적 성향과 의지로 국정을 수행할 수 있다. 자신의 의무를 수행하는 데 필요한 도움을 확보하기 위해 대통령은 특정한 공직자들을 임명할 권한이 있으며, 대통령의 임명을 받은 공직자들은 그의 권위에 복종하여 임무를 수행한다.[21]

이처럼 대통령은 중요한 정책 사안에서 결정을 내릴 수 있는 권한을 가지고 있다. 이는 정치적으로도 민감한 문제여서 의회는 행정부 내부의 권한 위임에 관여하거나 이를 제어하기 어렵다.[22] 마버리William Marbury는 특정한 정치 활동을 재판부가 조사할 수 없도록 하는 한편, 정부의 다른 활동이 국민의 권익에 영향을 미칠 경우 개입할 수 있는 여지를 마련해두었다.[23] 바로 이러한 간접위임법의 성격 때문에 경찰이 민간 계약자들에게 공무를 위임하려 할 때, 법원은 이를 저지할 수 있었다.

이는 더 나아가 민영화 이슈와도 관계가 있다. 대통령은 자신의 역할을 누군가에게 양도할 수 있는 권한을 가지고 있으며 이는 법적으로 보호를 받고 있지만, 오로지 국가 공직자에게만 위임할 수 있다. 물론 민간 계약자들은 국가 공직자의 범주에 들지 않는다.

5장을 통해 강조했듯이 공직자는 헌법을 수호하겠다는 맹세를 한다. 오직 맹세를 한 사람들만이 국가의 공무를 수행할 수 있다. 대통령이 자신의 직무에 임할 때 "법[24]적인 보호를 받을 수 있는 범위는 '공무'를 수행할 때"에 한한다. 또한 "공직자"만이 공무를 수행할 수 있다.

계약을 통한 위임과 A-76 조항

정부가 계약을 통해 민간의 도움을 받아온 역사는 짧지 않다.[25] 그 중 대다수는 정부 계약을 담당하는 공무원들과 선택된 소수의 중개인들이 맺은 계약을 통해서였다. 대부분의 계약은 경쟁 입찰로 진행되었지만,[26] 성과가 좋은 회사나 단일 경로를 통해 특정 계약이 진행되는 예도 많았다.[27] 특히 이라크전쟁을 수행하던 국방부와[28] 허리케인 카트리나 이후 FEMA의 계약에서 그러한 사례를 많이 발견할 수 있다.[29] 이들 계약의 대부분은 담당 국가기관과 계약자 사이에서만 체결되었다. 그러나 예산관리국의 A-76 조항이 신설된 이후에는 경쟁 입찰이 진행되기도 했다.

1. A-76 조항

A-76 조항은 민간 계약자가 정부 사업을 따내기 위해 참여하는 순간 적용된다. 관계 기관은 계약을 통해 민간에 위임할 사업 분야가 적시된 명세서를 작성해야 한다.[30] 이때 정부의 "고유한" 업무 영역에 대한 "위탁 사업"은 A-76이 허용하는 계약 대상이 될 수 없다.[31] 이후에는 해당 사업이 정부에서 직접 관할하는 것보다 계약을 맺은 민간을 통해 진행하는 게 나은지를 효율성 관점에서 검토한다. 우선 해당 기관이 검토하고, 이후에는 회계감사원으로 넘어간다. 이런 과정에서 사업 수행 능력을 의심받은 위탁 계약자는 연방법원을 통해 자신의 권리를 주장할 수 있다.[32]

부시 행정부는 작은 정부 만들기의 일환으로 민간 위탁 사업의 범위를 확장한다. 2003년 5월에는 A-76 조항이 위탁 계약(혹은 "경쟁 위탁")을 장려하는 방향으로 수정되었고,[33] 2003년 9월에는 "경쟁 입찰을 통한 위탁 진행과 책임감 있는 공공과 민간의 경쟁"을 통해 정부의 위탁 계약이 성공적으로 진행되고 있다는 내용의 보고서를 발행했다.[34]

수정을 거친 A-76 조항도 민간으로 위임할 수 없는 사업 영역이 있다는 점을 인정한다. "정부의 고유 업무"에 해당하는 영역은 다음과 같다.

1. 계약, 정치적 이유, 규제, 국가적 권위, 명령 등의 이유로 미합중국이 하거나 하지 않기로 한 활동.
2. 경제적, 정치적, 국토, 자산, 혹은 국가 이익에 영향을 줄 수

있는 군사적, 외교적 활동 및 비군사적 활동, 범죄 판결, 계약의 중재 활동.

3. 개인의 생명, 재산, 소유에 중대한 영향을 끼치는 활동.

4. 정책 수립이나 이를 위한 자료의 수집, 통제, 연방 자금의 지출과 관련한 미합중국 자산(물리적 재산, 인명, 무형의 자산)의 취득, 활용, 폐기와 관련된 활동.[35]

A-76 조항은 정부기관이 맺은 계약을 통해 인가된 활동에 대한 연간 보고서를 의무적으로 작성하도록 규정한 FAIR Act와도 연계돼 있다.[36] A-76 조항은 한 걸음 더 나아가 모든 정부기관이 수행하는 계약 활동뿐 아니라 정부의 고유한 활동 영역도 정의하도록 한다.[37] 또한 정부기관은 이를 지휘하고 연간 보고서를 충실히 작성할 수 있도록 '유능한 공직자'를 선정해 계약을 맺어 위임할 수 있는 사업을 적절히 가려내도록 해야 한다.[38]

부시 행정부는 약 85만 명이 수행하는 국가 행정 서비스를 외부 계약으로 돌릴 계획을 세웠다.[39] 민영화를 추진하는 대통령은 민간의 경쟁력 및 A-76 조항의 이행을 문제 삼는 의회와 갈등을 빚고 있다.[40] 회계감사원은 2004년 상원의 요청에 따라 7개 정부부처를 통해 외부에서 진행 중인 사업에 대한 보고서를 제출했다.[41] 회계감사원은 A-76 조항에 따라 보고서를 제출한 바 있는데 이에 따르는 후속 조처였다.[42] 이 과정에서 회계감사원은 외주를 준 기관들이 대통령이 제시한 작은 정부 만들기라는 목표를 달성하기 위해 성과를 과장한다는 사실을 발견했다.

일부 기관은 외주 과정에 필요한 적정 인력 배치와 관련해서

A-76 조항을 어겼다. 다른 기관들은 '정부의 고유한' 업무 영역과 그렇지 않은 영역을 적절히 분리하는 문제에서 혼돈을 일으켰다.[43] 민간에서는, 정부기관에 더 경쟁력이 있다고 판단해 민간 계약을 취소했다 하더라도, 정부가 해당 사업의 성과에 대한 책임을 제대로 지지 않는다는 불만을 토로했다.[44]

회계감사원은 2002년에 시행된 정부 사업 가운데 약 26퍼센트 (여기에는 62퍼센트라는 평가를 얻은 교육사업도 포함되어 있다)만이 "경쟁력"을 갖춘 사업자에 의해 수행되었다는 평가를 내렸다.[45] 또한 보고서는 A-76 조항이 실제로 적용되는 데 "상당한 진전"[46]을 보았다고 평가했다. 그렇다면 A-76 조항에 반대하는 측의 목소리를 들어보자.

2. A-76 조항 비판

댄 구트먼은 정부의 민간 계약이 A-76 조항에 근거했다고 해서 "헌법적 정당성"까지도 획득했느냐고 묻는다.[47] 문제는 정부의 고유한 기능이 제대로 된 검증도 거치지 않은 채 단지 경제적 이익만을 고려해 외부로 넘겨질 위험이 있다는 것이다. 정부의 고유 기능을 외부에 위임할 때 (심각하게) 고려해야 할 헌법적 잣대는 때로 A-76 조항에 규정된 절차상의 문제로 희석되고 만다.

거기에 더해 정부가 아웃소싱을 추진하고는 있지만 민간 부문 개발에는 큰 관심을 보이지 않아 전반적인 아웃소싱 효과에 문제가 있다는 지적이 쏟아지고 있다.[48] 정부 사업을 위탁받은 민간의 업무처리 결과가 의심스러운 상황에서 정부가 아웃소싱을 계속 고집한다면 골치 아픈 문제다. 민간에서는 위탁받은 정부 사업이 지나치게 복잡해서 난색을 표하는 마당인데, 정부에서는 경쟁 입찰조차 거치지 않고 기존 역량 평가에만 의존해 계약을 진행한다.[49]

아웃소싱은 정부 권력을 분산시킨다. 효과적인 아웃소싱을 기대하려면 아웃소싱 과정을 철저히 통제하고 관찰해야 한다. 작은 정부를 지향할수록 이 같은 정부의 의무는 이행하기 힘들어진다. 아웃소싱을 감독하고 해당 과정을 통제하는 인력과 업무까지 아웃소싱으로 넘기는 동안 정부의 통제권은 점점 더 미약해진다. 구트먼이 보기에는 아웃소싱을 통제하는 기능 자체에 대한 아웃소싱은 정부 고유의 기능이 망가지는 일인 동시에 위헌 개연성조차 있다. 정부의 고유 기능은 한 번 무너지기 시작하면 걷잡을 수 없다.[50] 그러한 사례가 급증할 뿐만 아니라 역할 자체가 변질될 수 있다. 즉 계약을 통해 정부의 또 다른 계약을 평가하는 민간은 결과적으로 자신이 입찰하고 수행한 일을 평가하는 셈이며,[51] 그 결과 헌법이나 제도의 관점에서 볼 때 명백한 불균형을 초래한다.

법적으로는 공적 자금으로 실행되는 사업에 대한 모든 책임을 여전히 정부 공직자들이 진다.[52] 그러나 점점 더 적은 수의 공직자들이 민간 계약을 관할할 경우,[53] 책임감과 통제권은 현실적으로 약해질 수밖에 없다. 공무 담당자들이 효과적으로 업무를 처리할 수 없는 상황에서 법적인 책임은 당연히 사라지고 말 것이다. 감독자는 직무의 질을 보장할 수 있어야 하는데, 감독 역할이 민간의 손에 넘어갈 경우 일의 결과를 제대로 예측할 수도 없게 될 것이다.

그러나 A-76 조항의 공식적인 요구만으로는 이런 문제들을 해결할 수 없다. A-76 조항은 정부의 고유 기능을 정의하고[54] 이를 아웃소싱 대상에서 제외할 것을 요구한다. 그러나 정부 관계자들이 도저히 이를 준수할 수 없는 상황에 처하면, 그래서 A-76 조항을 이행하기가 너무나 어려운 상황에 이르면,[55] 정부의 고유 기능이라 할지라도 더는 보호될 수 없을 것이다. 정부기관은 무엇이 '고유한' 과업인지를 재평가할 여유가 없다. A-76 조항도, FAIR Act도[56] 과정상의 절차에 집중하고 있기 때문에 적절한 보호책이 되기 어렵다. 아웃소싱을 진행하는 기관이 정책이나 의사결정권과 긴밀한 연관이 있는 직무를 경쟁력 운운하며 외부에 위임할 경우, 향후 자체 분석을 거친다 하더라도 해당 위임의 결격사유를 판별해내기란 쉽지 않을 것이다. 계약 대상자의 경쟁력은 평가할 수 있다. 그러나 누가 더 경쟁력을 갖춘 외주업체인지 평가를 내릴 수 있다 해도 그것이 아웃소싱 자체의 적절성 여부를 판가름하지는 못한다.

FAIR Act 아래서 정부기관은 고유 업무와 외부에 위임할 수 있는 업무를 구분해야 한다. 그러나 이를 평가하는 기관은 예산관리국뿐이며,[57] 예산관리국 업무의 상당 부분은 대통령의 85만 명 인력 감축 계획에 따라 경쟁력 있는 외부 기관으로 넘길 계획이다. 또 예산관리국이 위임 불가능한 업무를 판정할 때 사용하는 기준도 "결정권의 집행"에서 "간접적인 결정권의 집행"으로 바뀌었다.[58] 대부분의 기관은 이제 예산관리국의 기준을 어길까 염려할 필요도 없어 보이는데, 아웃소싱의 부적절성이 해당 사업의 위임 이후에 적발될 일이 있을까 모르겠다.[59]

FAIR Act는 정부기관이 아웃소싱하는 사업에 "이해관계가 있는 집단"[60]의 참가도 허용하는데 이에 대한 법적 평가는 아직 내려지지 않았다. A-76 조항과 FAIR Act에 대한 법적 평가는 아직도 절차에 국한되어 있으며, 그조차도 별로 관심을 끌지 못한다.[61]

3. 군법으로 다스릴 수도 없는 군인의 이용

국방부는 여러모로 민간에 가장 많은 역할을 위임하고 있는 국가기관이다.[62] 특히 무기 구입 및 유지, 보수와 관련하여 매년 엄청난 돈을 민간업체에 지불한다. 국방부 예산의 57퍼센트가 이런 외부 계약을 통해 사용되고 있으며 1999~2003년에만 66퍼센트가 증가했다.[63] 국방부가 아웃소싱하는 일의 상당 부분은 정부의 고유 기능에 해당할 수도 있는 일들이지만, 이 또한 A-76 조항 외에는 다른 규제 근거가 없다.[64]

이라크전쟁은 아웃소싱 이슈와 관련하여 정부와 민간에 전혀 다른 기억을 남겼다. 정부에는 악몽이었고, 민간에는 노다지였다.[65] 전쟁은 항상 그렇듯이 수많은 인력과 장비가 필요하고 정부는 시급하게 군사 및 행정 서비스를 제공할 수 있는 원천을 민간에서 찾았다.[66] 그러나 이는 당장 관리체계의 문제를 불러오고 말았다.[67]

전쟁을 수행할 때 분명 어느 정도는 계약을 통한 민간의 지원(식량, 건설과 같은 서비스 지원 등)이 필요하다. 그러나 민간의 지원에 군사 기능이 포함될 경우 어려움이 따른다.[68] 군 당국이 어떻게 민간의 무력을 (공적인 가치와 통제를 따르도록) 적절히 제어할 수 있을까?[69] 군인은 명령체계와 이에 대한 복종을 훈련받아야 하고, 이를 어길 시에 군 사법당국의 처벌에 순응할 자세가 되어 있어야 한다. 하지만 민간 군인의 경우 이에 대한 어떤 보증도 할 수 없다.

바그다드 외곽의 아부그라이브 수용소에서 벌어진 수감자 학대는 이러한 아웃소싱의 맹점을 여실히 보여준 사건으로, 민간 군인에 대한 적절한 군사훈련이 실시되지 않았을뿐더러 명령 체계, 통제체제가 갖추어지지 않았다는 사실이 증명되었다.[70] CACI, 프리미어 테크놀로지 그룹 등 다양한 기업들이 "정보 및 기술 지원"을 위해 계약을 체결했지만[71] 실제 전장에서는 수감자에 대한 고문 기술자 노릇이나 했다.[72] 타이탄 그룹[73]처럼 전쟁 수행에 필요한 번역 전문 회사와의 계약은 A-76 조항에 비추어 전혀 무리가 없지만,[74] 수감자 심문은 명백히 정부의 고유 영역에 속한다. 심문 행위는 "군사행위로서 개인의 생명, 자유, 소유에 중대한 결과를 초래"할 수 있기 때문이다.[75] 심문 과정에서 인권 침해 요소가 있었다면 미군 당국과 미국 정부까지도 책임을 면할 수 없다.[76] 아부그라이브의 인권 침해는 이를 실제로 자행한 민간 계약자의 문제이기 이전에 계약을 진행한 정부 당국자와 미국 정부 전체가 떠안아야 하는 책임이다.

우리는 공적 관리라는 측면에서 질문을 던질 수 있다. 이런 계약들이 어떻게 체결될 수 있었을까. 심문에 대한 계약을 문제 삼은 것은 국방부 자체 규정도 아니고 A-76 조항도 아니다.[77] 일반적으로 군과 관련된 민영화의 경우 통제와 감독 측면에서 문제가 발생한다. 민간 계약자들은 어떤 범죄를 저지른다 하더라도 군법에 구애받지 않는다.[78] 그들이 범죄를 저지를 경우 다른 법,[79] 예를 들어 치외법권 지역의 군사행위에 관한 법률Military Extraterritorial Jurisdiction Reform Act[80]로 다스릴 수는 있지만, 가장 무거운 처벌을 내린다 할지라도 사실 미약한 수준이다.[81] 민간 계약자들이 범죄를 저질러도 이들에 대한 법적인 제어장치가 효율적이지 못하다는 말이다.

이처럼 민간 계약자들은 정부의 고유 기능을 포함한 각종 역할을 위임받아 수행하지만 법적 책임감은 부족하다. 그에 비해 정부가 치러야 하는 대가는 엄청나다. 이라크를 공격한 미국 정부는 군사 자원의 부족분을 메우기 위해 커다란 압박을 받고 있었으며,[82] 결국 민간 계약을 통해 필요한 인력을 확보했다.[83] 그러나 이런 과정을 관리할 인력조차 부족했고 결국 문제는 더 악화되고 말았다.

FAIR Act에 의하면 민간 계약자들은 "정부의 고유한 권한에 속하지 않은" 상품 및 서비스를 제공할 수 있지만, 군사 부문이나 핵심 군사 기술, 전문 지식이 연계된 부분도 민영화 대상에서 제외된다.[84] A-76 조항은 물론이고 FAIR Act의 2003년 개정안에서도 이는 변함없이 유지되었지만,[85] 군과 관련한 민감한 역할들은 점점 더 많이 민간에 아웃소싱되고 있다. 이에 대한 법적 심의가 제대로 진행되지 않고 있기에 군사 임무 민영화의 적법성 여부는 점점 흐릿해지고 있다.[86] 민간 계약자가 수용소 수감자에 대한 고문 혐의로 기소되었을 때,[87] 공공의 책임은 바닥에 내던져지고 말았다. 이유가 무엇이든 만약 고문을 저질렀다면, 이는 '오직 정부'의 실수였어야지 민간의 실수여서는 안 되는 것이다.[88]

군사 임무의 아웃소싱은 A-76 조항의 규제[89]에도 불구하고 많은 경우 경쟁 입찰을 거치지 않고 특정 업체에 넘어가고 있다.[90] A-76 조항이 힘을 쓰지 못한다면 앞으로도 군사 임무의 아웃소싱이 어떻게 진행되는지 확인할 방법이 없다. 7장에서는 경쟁에 의한 아웃소싱이 무책임한 아웃소싱을 방지하는 데 어떻게 도움이 되는지 살펴본다.

국방부도 문제의식이 없는 것은 아니다. 국방부는 전쟁에서 활용되는 민간 군에 관한 평가를 RAND에 의뢰했다.[91] 이에 RAND는 군 장교들이 언제, 어떻게 계약을 통해 민간 자원을 활용할 수 있는지 관련 지침을 제공하는 야전교범Army Field Manual #3-100에 대한 분석 보고서를 작성했다. 보고서는 군의 위기평가 절차가 더욱 엄중해야 하며,[92] 이를 위해 얼마나 다양한 선택을 할 수 있는지 보여주었다.

RAND 연구자들은 보고서 부록에서 전장에서 활용되는 민간 계약자들의 문제가 이들을 제어하는 상급 공직자들의 문제라고 지적했다.[93] 민간 계약자들은 이상할 정도로 "충성심"에 문제가 있었는데 이는 그들의 경제적 이득과 관련된 구조적 문제였다.[94] 보고서는 그럼에도 불구하고 적절히 감독을 받은 계약자들은 충실하게 자신의 역할을 다했다는 사실을 지적했다.

보고서에는 장기 아웃소싱의 악영향에 대한 염려가 드러나 있다. 한번 특정 역할이 아웃소싱되면, 군은 이와 관련한 임무를 수행할 능력을 잃어버린다는 것이다. "일단 군이 아웃소싱된 임무 수행 능력을 상실할 경우, 이를 만회하는 데 드는 비용은 시간이 지날수록 커지게 되어 아웃소싱하기 이전 같은 상황은 영영 돌아

오지 않을 수도 있다."[95] 즉 가장 현명한 방법은 군이 특정 임무를 민간에 맡길 때 그것이 정부의 고유 임무인지 아니면 계약을 통해 민간에 위임할 수 있는 임무인지를 제대로 살피는 것이다. 이 점은 아무리 강조해도 지나치지 않다.

그러나 보고서는 전쟁을 수행하기 위해 실행된 아웃소싱의 어떤 부분이 결코 위임해선 안 되는 임무인지는 구체적으로 언급하지는 않았다. 국방부가 자체 발표한 민간 인력 활용에 대한 규준에도 이 문제는 전혀 언급되지 않았고[96] (특별히 전투요원을 포함해) 논의 선상에도 오르지 못했다. 적절한 자격 요건과 임무수행 체계조차 갖추지 못한 인력이 전투에 참가하고 있는 현실을 국방부가 직시할 때까지 군의 무분별한 아웃소싱은 멈추지 않을 것이다. 군이 전장에서 활용하는 아웃소싱에 대한 평가 자체를 스스로 실시하지 못하고 아웃소싱을 통해 해결해야 한다면, 군의 '고유한' 역할인 정책 결정의 임무는 얼마나 제한적으로 수행되고 있겠는가.

7 장

정부 서비스의 아웃소싱

계약의 이론과 실제

아웃소싱을 피할 수 없다면 정부 계약을 좀더 깊이 이해하고 공적 통제로 위기를 극복할 수 있는 방안을 모색해야 할 것이다. 최근에 발표된 의회보고서[1]를 통해 우리는 아웃소싱 문제가 얼마나 심각한지를 가늠해볼 수 있다. 보고서에 따르면 2000~2005 회계 연도에 연방정부의 전체 계약 규모는 86퍼센트(2030억 달러에서 3770억 달러로) 증가했고, 경쟁 없이 단일 사업자와 맺은 계약은 115퍼센트(670억 달러에서 1450억 달러로) 증가했다.[2] 초대형 계약자들이 가져간 금액은 전체 계약액의 20퍼센트였으며, 같은 기간 핼리버튼사의 정부 계약 수주액은 600퍼센트나 증가했다.[3] 두말할 것 없이 이라크전쟁은 민간 계약액 증가에 가장 크게 기여했을 뿐만 아니라 정부 아웃소싱의 경계를 모두 허문 주범이기도 했다. 이 기간에 정부는 다양한 측면에서 아웃소싱의 범위를 늘려나갔다.

이번 장에서는 계약이론과 헌법이론을 비교하며 정부의 고유 기능이 민간으로 이전될 때 발생하는 문제를 살펴볼 것이다. 다음으로는 국방부, 국토보안부 같은, 민간 계약에 관련된 핵심 정부 기관이 아웃소싱을 할 때 발생하는 비용의 적절성 여부를 살펴볼 것이다. 경쟁을 거치지 않은 단독 계약은 중대한 책임의 문제를 불러온다. 정부는 때때로 부적절한 계약을 막기 위해 경쟁 입찰을 내세우기도 한다. 그러나 경쟁 입찰로 계약이 성립되었다 하더라도 이 과정을 적절히 통제하고 감독할 인력이 없다면 책임의 문제는 여전히 남는다.

계약이론으로 본 공공 권한의 민간 위임

카터 석탄회사 사건과 보스턴 아이스 사건

계약이론은 공법과 민법 모두에서 찾아볼 수 있다. 그러나 국가의 주권분립을 다루는 공법에서 아웃소싱을 대하는 방식이 비위임 원칙을 말하는 보통법의 계약이론과 항상 맥을 같이 하지는 않는다.[4] 로크너 시기에는 계약이론이 사실상 헌법이론과 별개라고 생각하지 않았다.[5] 그러나 오랜 시간이 지나도록 공법과 민법에서 다루는 계약의 개념을 법정에서 통합해 정립하기는 힘들었고 이는 실제 절차적 정의에 대한 평가를 무색하게 만들었다.[6] 그럼에도 불구하고 우리는 여전히 (사회적) 계약 속에서 살고 있으며,[7] 공적 비위임의 법칙과 민법이 다루는 계약은 서로 무관하지 않다.

계약이론은 주권이 어떻게 민간으로 위임되는지를 새로운 시각으로 설명하고 있으며 이를 통해 너무나 어두운 위임의 현실을 드러낸다. 또한 주권의 위임에 대한 제한선을 밝힘으로써 공적인 주권이 민간의 손으로 넘어가지 못하게 한다. '위임'과 '비위임' 두 단어는 계약과 헌법에 영향을 미친다. 이 둘은 서로 영향을 주고받으며 우리 법체계를 더 공고히 한다. 물론 정부를 통해 체결되는 계약에 대한 제한선도 공고히 하는 데 도움이 될 것이다.

1. 카터 석탄회사 사건

정부기관은 한때 직접 수행하던 많은 기능을 시간이 지나면서 점차 민간에 위임한다. 그중에는 군사 기능('민간 군'[8]에 아웃소싱된다)은 물론 다양한 비군사적 행정업무와 미국 본토의 안보 및 재난 구호활동[9]도 포함돼 있다. 정부를 통해 체결되는 계약들은 단순히 "공장에서 찍어내는"[10] 물건을 사고파는 것처럼 단순하지 않으며, 그 결과를 쉽게 예측하기 어렵다. 정부의 권한이 계약을 통해 민간에 위임될 때, 때로는 계약 당사자로부터 정확히 어떤 서비스를 받게 될지조차 알기 어려운 일도 많다. 그렇게 되면 민간에 위임된 정부의 '중대한 권위'는 심각한 위험에 처하며, 해당 공적 사업은 통제하기 힘든 상황에 빠지고 만다. 5장에서 살펴본 것처럼, 우리의 법체계 아래서 공적 권한 위임이 적절한지 그렇지 않은지를 가리는 것은 상당히 중요한 숙제일 수밖에 없다. 카터 석탄회사의 사례를 통해 소개한 절차적 정의의 중요성도 되새기게 된다.[11] 로크너 시기(1900년대 초, 제과점 점원의 최대 근무시간을 규제했던 뉴욕 주 입법부와 이를 제과점 점원과 주인 간 계약의 자유를 침해한다고 보았던 연방법원의 견해차가 반영되던 시기. 로크너는 당시 사건의 배경이 된 제과점 이름이다―옮긴이)에는 다양한 사례를 통해 국가의 중대한 권한에 대한 위임 제한의 원칙이 정립되었는데,[12] 그중에서도 카터 석탄회사 사건은 중요한 의미가 있다. 이유는 두 가지다. 첫째, 이 사건은 공적 권한의 민간 위임에 관한 문제에 초점이 집중되어 있다. 둘째, 사건의 핵심은 절차적 문제에 관한 것이다.[13]

서덜랜드 판사는 민간 위임은 법적 절차의 문제라는 점을 지적하면서 세크터의 사례를 인용했다.[14] 그에게 공직자에 대한 위임은 "추측건대 청렴한" 위임이지만, "민간인"에 대한 위임은 "위임 가운데 가장 추악한 형태" 였다.[15] 세크터 사건은 정부 승인에 의한 특정 산업의 가격 책정과 관련된 일인데, 카터 석탄회사 사건과 다른 점이라면 가격 책정 과정에 정부의 승인 절차가 끼어 있었다는 것이다.[16] 즉 헌법의 의지를 수호하고 이를 실현하기 위해 최선을 다한다는 서약을 한 정부 관료의 승인을 얻지 않은 상태에서 민간이 독단적으로 정부의 정책 결정권을 행사한다는 것은 서덜랜드 판사로서는 도저히 수긍할 수 없는 일이었다. 비록 그의 주장은 별로 주목받지 못했지만,[17] 이로 인해 법정은 자신의 역할을 되돌아볼 기회를 얻었다.

비위임과 절차적 정의의 구분 문제는 로크너 시기 이후에도 여전히 남았다. 카터 석탄회사 사건 같은 정면 도전 이후 연방 차원의 절차적 정의(민간 계약에 대한) 확대로 이어지지는 못했지만,[18] 주 단위에서는 헌법을 이해하는 새로운 단초가 마련되었다.[19] 민간 위임의 정당성을 주장하던 편향된 판결들이 절차적 정의에 의해 거센 도전을 받았고, 각 주와 연방 법원의 판결에서도 긍정적인 변화가 나타나기 시작했다.[20] 그리하여 점차 절차적 정의의 원칙이 민간의 공적 권한 수행을 제어하기 시작했다.

문제는 절차적 정의가 아웃소싱에까지 영향력을 미치지는 못한다는 것이다. 이를 위해서는 몇 가지 조건이 더 충족되어야 한다. 첫째, 버클리 법정에서 언급되었던 "중대한 권한"이 정부의 고유 기능을 위임하는 문제와 연계되어야 한다. 둘째, 해당 권한의 실행이 민영화에 관련된 개인의 재산과 이해관계에 영향을 미쳐야만 한다. 셋째, 소송과 판결에 따른 구속력이 실효성을 확보할 수 있어야 한다.[21]

위의 세 가지 장애물로 인해 아직 아웃소싱 문제는 법정에서 제대로 다루지 못하고 있다. 또한 이 문제를 법정으로 끌고 갈 원고를 찾는 일도 만만치 않은 문제다. (예를 들어 이라크에서 불법 심문을 행한 민간 군에 대해 누가 원고로 나서 소송을 제기하겠는가?) 비슷한 문제로, 만약 허리케인 카트리나 당시 FEMA와 계약을 맺고 다양한 활동을 했던 민간 계약자들을 생각해보라. 그들이 얼마나 쉽게 정부로부터 면책을 얻어냈는지 상상할 수 있을 것이다.[22] 만약 미국 정부와 계약을 맺은 민간 사업자들을 돌보고 그들이 발전할 수 있는 여건을 마련해주려 한다면, 오히려 부적절한 위임 등으로 인한 정부 소송을 제한하는 것이 옳은 방법일 것이다.[23]

절차적 정의를 지켜내려는 노력도 없이 민간 아웃소싱을 통해 정부의 중대한 권위를 무분별하게 잃어버리는 현실에서 우리는 비위임의 원칙이 새롭게 힘을 얻기를 기대한다. 법정은 적극적 실천주의가 생생하게 살아 있던 로크너 시기를 기억하고 있지만, 오늘날 비위임의 원칙이 연방정부 차원에서 되살아나기는 쉽지 않아 보인다.[24] 비위임이나 절차적 정의의 문제로 도전하게 되면 법원은 판결을 내리기 어려워지고 권위의 실추를 부를 수도 있다.[25] 이에 대해서는 헌법 이외의 다른 대안 이론을 통해 해결책을 찾아볼 필요가 있다.[26]

2. 보스턴 아이스 사건

계약과 관련된 법률의 관점에서 바라보면 위임은 사회계약과 공법, 민법을 연계하는 자유주의적 정치이론과 깊은 관계가 있다.[27] 따라서 계약이론 자체를 살펴보는 것도 큰 의미가 있다. 민법에서 다루는 비위임 원칙은 이에 관한 헌법의 대응점과 상당히 유사하다. 계약이론은 여러 법률 환경에서 활용되고 있으며,[28] 아웃소싱에 관련한 현실을 있는 그대로 분석할 수 있게 해준다.

계약 당사자들이 서로의 권한을 위임하는 문제를 다루는 계약법은 양도나 위임과 관련된 난제들을 해결하는 데 큰 도움이 될 것이다.[29] 계약과 관련된 최근 법률은 헌법과 마찬가지로 양도나 위임에 상당히 호의적이다. 그러나 계약법도 공적인 요소가 개입될 경우 제약을 둔다.

개정된 계약법과 상법은 모두 제3자에게 권한을 위임하는 것을 허용한다. 계약법 Section 318의 수정조항 2d를 살펴보면,

(1) 계약상 위임자는 공공정책에 반하거나 약정한 바에 위배되

지 않는 한 계약 의무자에게 자신의 의무와 역할을 위임할
수 있다.

(2) 다른 합의사항이 없다면, 계약상 의무자는 위임자와의 계약
에 따른 임무를 수행해야 하며, 의무자의 약속된 행위를 통
해 발생하는 물리적 이득은 위임자에게 귀속된다.

UCC §2-210의 내용도 크게 다르지 않다.

(1) 다른 합의사항이 없을 경우 위임자는 의무자와의 계약을 통
해 의무자가 준수하는 행위로 인한 물리적인 이득에 대한
권리를 가지며, 의무자는 위임받은 의무를 수행해야 한다.

이 같은 규정은 일반법에 명시된 위임이 진화한 것으로 그 기원
은 보스턴 아이스 사건Boston Ice Co. v. Potter[30]으로 거슬러 올라간다.
피고인 포터는 얼음 배달 계약을 시티즌 사와 체결했고 이를 통해
보스턴의 다른 얼음 공급자와Boston Ice, 원고 배달 가격으로 인한 갈
등을 피하려 했다. 이후 원고는 시티즌 사를 인수하여 새로운 배
달 가격 청구서를 피고 측에 송부했다. 포터는 지불을 거부했고
항소심에서 매사추세츠 대법원은 당사자 간의 계약 원칙을 근거
로 피고의 손을 들어주었다. 권리 위임과 관련한 최근 사건에서
법정은 당사자 간의 계약 원칙에 입각한 항소를 더 이상 받아들이
지 않으며,[31] 따라서 보스턴 아이스 사건의 제한된 비위임 원리도
유효하지 않다.[32] 얼음 배달 문제로 돌아가 보면, 시티즌 사가 보
스턴 아이스에 포터의 서비스 요청을 위임한 것처럼 새로운 계약

을 통해 제3자에게 기존 공급 요청을 그대로 위임하는 것을 제한해선 안 된다. 그뿐만 아니라 포터는 청구서를 받기 전까지 누가 서비스를 제공하고 있는지조차 몰랐기 때문에 배달 비용을 지불하지 않으려 한 행위는 너무나 이기적인 짓이었다.

그러나 계약을 통한 위임에도 한계는 있다. 이는 UCC 수정조항에 명백히 표현되어 있다. 코빈 교수에 의하면, 예를 들어 유명한 성악가 카루소가 노래하는 의무를 위임할 수 없듯, 인간 본성과 관련된 것은 어떤 이유로도 위임될 수 없다.[33] 법원도 "사람이 제공하는 서비스"는 결코 위임될 수 없다는 판결을 내린 바 있다.[34] 사람이 제공하는 서비스란 카루소와 같이 "특별한 재능이나 뛰어난 기술"[35], 또는 경쟁에서 위태로운 상황을 맞았을 때 "최선의 노력"을 기울이는 것 양자를 모두 포함하는 개념이다.[36] 특히 계약서에 비위임 관련 조항이 있을 경우, 위임을 위해서는 계약 당사자의 동의가 반드시 필요하다.[37]

계약의 비위임 원칙은 신뢰와 이성적 판단, 책임감이라는 원칙에 의존한다. 계약 당사자들이 상호 의무를 제대로 인식하고 있을 경우, 서로에 대한 의무나 권한을 쌍방의 합의 없이 제3자에게 위임할 수는 없다.[38] 계약법에 명시된 위임 원칙은 신뢰를 바탕으로 한 계약자의 상호 관계를 통해 문제를 해결할 수 있도록 돕는다.

3. 헌법에 따른 위임과 계약법의 시사점

헌법에서 다루는 비위임 원칙도 신뢰, 합리적 판단, 책임감의 문제와 관련되어 있다. 계약이론은 로크너의 전통을 따르는 이들의 헌법 해석에 힘을 실어주면서 한편으로는 헌정주의에 입각한 정부의 메타퍼라 할 수 있는 시각을 제공한다.

국민과 대표(행정부와 의회)[39] 사이에 맺은 계약을 제3자에게 위임할 수 있는가? 우리가 논의해온 의미에서 볼 때 중대한 권한 수행을 포괄하는 정부나 개인의 의무를 계약을 통해 위임할 수 있는가? 대통령과 카루소를 비교해보자. 대통령이 '통치권'을 정부 공직자에게 위임한다면 위임자는 대통령의 책임을 수행할 능력을 갖춘 자여야 한다. 이 과정에서 의회는 이들 공직자의 자격을 검증한다.

국민은 대통령을 "고용"[40]하여 헌법 제2조에 명시된 임무를 직접 수행하고, 제1조에 적힌 의무를 간접 이행할 것으로 기대한다.[41] 대리자 이론에 따르면, 이 경우 국민은 주권자고 대통령은 국민의 대리자이다.[42] 의회가 '법적' 권한을 대통령에게 위임하는 순간 대통령은 전통적인 비위임 원칙에 구속된다.[43] 대통령 본인이 전통적인 원칙을 어떻게 받아들이든 상관없이 대통령 본인도 행정권을 수행하는 동안 자신의 권한을 다른 누군가에게 위임한다.[44] 헌법 제1조에 기록된 의무가 대통령에게 간접 위임되었다면, 의회는 국민의 대표로서 직접 역할을 수행한다. 대통령은 국민의 권한을 간접 위임받은 자로서 미국 공직자가 아닌 자에게 자신의 권한을 임의로 재위임할 수 없다. 간접위임법 또한 헌법이 정한 테두리와 한계를 넘어 작동할 수는 없다. 결국, 간접위임법 조항은 민간 계약자에 대한 위임을 암시적으로 거부한다. 신뢰할 수 없는 누군가가 정부 기능을 수행하지 못하도록 잠재적으로 제한을 가하는 것이다. 그럼으로써, 국가의 진정한 주권자인 국민의 역할을 강조한다.

　서로의 신뢰를 바탕으로 하는 계약법은 부적절한 위임에 반대하는 한편, 대통령과 국민이 어떤 관계에 있는지 시사한다.[45] 계약법의 비위임 원칙에 비추어 우리는 정부 역할을 민간에 위임하는 것이 불법이라는 사실을 추론할 수 있다. 정부의 중대한 권한은 신뢰와 이성적 판단을 기대하는 국민에게 위임받은 의무이므로 대통령을 포함한 국가기관의 공직자들은 함부로 자신의 역할과 권한을 아웃소싱을 통해 민간에 위임할 수 없다.[46] 즉 비위임을 언급하는 조항들은 헌법이 정한 자 이외의 제3, 제4의 대상에 재위임과 간접 위임하는 행위를 제한한다. 이것이 바로 계약법이 공법에 전하는 메시지다. 카터 석탄회사 사건과 보스턴 아이스 사건은 이처럼 서로에게 많은 이야기를 해주고 있다.

계약과 경쟁

계약법 또한 정부가 활용할 수 있는 수단이다. 정부 계약은 무엇보다 국민을 보호하는 방향으로 체결되어야 한다. 비위임 원칙이 없다 하더라도 계약법은 정부 행정권이 적절한 법적 제한을 받도록 효력을 발휘해야 한다. 여기서는 정부 계약의 뼈대를 살펴보고 특히 국방부의 사례를 짚어본다.

군을 운영하는 독점기관(전투장비 및 관련 서비스에 대한 유일한 구매자)으로서 미국 정부는 상품과 서비스 구매에서 유리한 위치에 있다. 미 국방부는 무기 시장에서 관련 서비스의 방향과 조건을 마음대로 지정할 수 있는 권한이 있다.[47] 바로 그런 이유로 의회는 정부가 계약을 체결할 때 정부 계약자들이 보호받을 수 있도록 경

쟁이라는 장치를 마련해두었다.[48]

1. 국방부와 민간 공급자의 계약

1980년대 이후, 국가기관은 국민에게 "최상의 가치"를 선사할 수 있는 것만을 취득하도록 한 연방 조달규정Federal Acquisition Regulation, FAR[49]을 따르고 있다. FAR은 백악관 산하 특별사무국에서 통제하며 그 결과는 예산관리국에 보고된다. FAR은 지금까지 몇 차례 수정되었으나[50] 근본 목적은 전혀 변하지 않았다. 정부 계약은 상당히 광범위하고 복잡한 시스템에 의해서 운영되고 있기 때문에[51] 여기서 다 다룰 수는 없고 정부의 중대한 권위의 위임과 관련된 아웃소싱에 집중하려 한다.

미국 정부의 외부 자원 활용 시스템은 민간 계약자와 직접 유대 관계를 맺는 정부 담당자에게 많은 부분을 의존한다.[52] 이들 정부 측 담당자들은 이권과 관련된 규제를 받으며 신중하게 활동하고[53] 정부가 신뢰할 수 있는 행동을 하도록 돕는다. 이는 FAR의 표현을 빌리자면 "전적인 공개 경쟁"을 통한 경쟁 입찰로 이루어진다. 경쟁 입찰을 통한 공개 경쟁이라는 과정 자체가 국민에게 최고의 가치를 제공할 수 있는 방법인 것이다.

그러나 경쟁 입찰 이후 계약이 체결되는 단계에서는 충분히 공개하지 않는 사례가 점차 늘고 있다. 단일 공급자와의 계약은 기정사실화되었다. 예를 들어 2005 회계 연도를 기준으로, 248억 달러의 정부 계약을 수주한 록히드 마틴 사의 경우 수주액 가운데 3

분의 1만을 전적인 공개 경쟁을 통해 얻었다.[54] 2000 회계 연도 이후 5년간 정부의 전체 민간 계약액은 83퍼센트 증가했지만, 같은 기간 입찰이 실시되지 않았거나 비경쟁 계약 액수는 115퍼센트 증가했다.[55] 가장 주된 이유는 이라크전쟁 때문이었다.

2. 경쟁자가 없는 계약: 이라크 효과

이라크의 상황은 국방부가 계약 과정을 장악하는 능력이 부족하다는 사실을 드러냈다. 전쟁으로 폭증하는 군사 지원을 충당해야 했던 국방부는 흥정을 할 만한 여유가 없었고 매년 단일 공급자를 통한 계약액을 늘려나갈 수밖에 없었다. 헨리 왁스먼 하원의원이 최근 제출한 보고서에 의하면, "2005년 정부 계약을 통해 지출된 금액의 38퍼센트가 전적인 공개 경쟁을 거치지 않았는데, 이는 2000년 이후 증가율로 보아 심각한 수준"이었다.[56]

아부그라이브 사건으로 충격을 줬던 CACI와의 계약은 한 가지 사례에 불과하다.[57] 국방부는 세부 항목조차 명확히 하지 않았던 이라크전쟁 관련 계약들을[58] 지속적으로 체결해나갔다.[59] 문제는 바로 이것이다. 전쟁을 준비하기 위해 어쩔 수 없었던 상황을 넘긴 후에도 왜 정부는 계약 통제권을 장악하지 못했는가.

이는 정부 계약이 빠진 딜레마의 핵심이다. 왜 경쟁 입찰이 무시되고 핼리버튼이나 민간 사업자들이 정부 사업의 유일한 공급자로 부상했을까?[60] 그중 일부 계약은 공급가 측면에서 긍정적[61]일 수 있지만, 국방부의 전체적인 아웃소싱 지출액 자체의 증가에는 여전히 한몫을 한다.[62] 이렇게 체결된 계약들 중 50퍼센트 이상에 대해 의회가 제동을 걸고 있다. "경쟁 대신, 핼리버튼 사 같은 민간 공급자에게 유리한 계약을 통해 과도한 정부 지출이 발생했기 때문이다."[63]

부정행위 혹은 지출 남용에 대한 의구심이 들지 않을 수 없다.[64] 충분한 논의를 거치지 않고 맺어진 계약은 정부 아웃소싱의 원래 목적을 갉아먹는다. 계약을 쉽게 맺으려 한 탓이든 잘못된 법 이해 때문이든, 잘못된 계약으로 인한 문제를 해결하는 데는 얼마나 많은 시간이 걸릴지 모른다. 이라크전쟁은 정부와 계약을 맺는 민간 공급자들이 도대체 애국자인지 사기꾼인지, 혹은 "사기꾼 애국자"[65]인지, 도무지 구분하기 힘든 환경을 만들어버렸다.

이들과의 계약은 철저히 통제해야 하지만 그 과정은 복잡하기 그지없다. 우선 계약을 담당하는 공직자의 능력과 자세를 철저히 점검해야 한다. 문제는 이라크 문제를 담당하는 공직자의 수가 너무 적었다는 것이다. 그로 인해 통제력이 약화되었고 결국 국방부 계약 전체가 엉망이 되어버렸다. 지난 5년간 펜타곤의 계약 담당 공직자 수는 38퍼센트나 줄었다. 민간 계약업체들은 "새로 얻은 자유를 만끽한다".[66] 국방부도 알고 있었다. 감사원 보고에서는 국방부 계약 50건 가운데 26건이 충분한 검토를 거치지 못한 상태에서 체결되었다는 지적을 받았다.[67] 부적절한 검토의 가장 주된 이유는 담당자 수의 부족이었다.[68] 그럼 도대체 왜 지나칠 정도로 인력을 감축했는지 묻지 않을 수 없다.

3. 경쟁에 의한 계약의 가치

경쟁 입찰은 균형 잡힌 아웃소싱을 위해서는 이상적인 방책이다. 일단 경쟁 입찰이 안착하면, 지속적인 선순환 구조를 기대할 수 있다. 경쟁이라는 구조는 승자와 패자를 만들고 이들은 서로를 통해 발전한다. 제한 경쟁이라 할지라도, 예를 들어 록히드 마틴과 보잉 같은 거대 경쟁세력은 지속적인 관찰과 승패의 과정을 통해 상대의 과제 수행 능력을 평가한다. 따라서 경쟁은 정부 계약의 토대이며,[69] 정부는 여러모로 더 나은 계약을 체결할 수 있게 된다. 사실 공법의 관점에서 볼 때,[70] 경쟁을 통한 계약은 절대적으로 필요하다.

그러나 모든 계약을 공개 경쟁을 통해 맺을 수는 없다. 이라크 전쟁의 사례처럼 급박한 상황에서는 그럴 시간이 없다. 이때는 특정 공급자를 통한 단독 공급 계약이 예외라는 꼬리표가 달려서 맺어진다. 그러나 계약 당사자는 단독 공급 계약이라는 호재를 최대한 활용하려 할 것이다.[71] 단독 공급 계약은 (사후 추가 비용이 발생할 수 있도록 합의한) 불완전 계약인 경우가 많으며 이럴 경우 향후 협상의 주도권은 민간 계약자에게 넘어간다. 현장에는 적절한 감시자 없이 계약자만 남고, 계약자는 쉽게 계약 조건을 바꿀 수 있다. 이 '자유'는 계약자가 자신의 이익을 위해 다양한 변덕을 부릴 수 있는 완벽한 조건이 된다. 정부가 지향하는 공적 계약 과정이 무너진 것이다.[72]

공법이 지향하는 절차, 투명성, 공정성이라는 가치들은 단독 공급 계약을 체결하는 상황에서는 지키기 힘들다. 군 관련 아웃소싱 계약의 경우 비밀리에 진행되는 경우가 많기 때문에,[73] 공적인 차원의 모니터링이 힘들다. 더군다나 무제한 개방형 계약을 맺고 추가 비용 부담을 허용했을 경우 정부기관조차 계약의 추진 상태를 제대로 추적하기 힘들다. 이를 통제할 수 있는 인력이 필요하다. 지금 같은 인력 부족 상황에서는 아웃소싱을 제대로 통제할 수가 없다. 정부 밖에서 조력자를 찾을 수도 있으나, 그들도 통제의 대상이라는 사실을 기억해야 한다.

누가 감시자를 감시할 것인가의 얘기로 넘어가면 문제는 더 복잡해진다. 믿을 만한 감시자라 하더라도 그들의 이해관계가 금세 문제로 떠오를 것이다.[74] 비록 좋은 의도를 가진 민간과 계약을 맺을지라도 그들에게 위임해야 하는 기능은 다른 계약자를 감시하는 정부의 고유한 역할이라는 사실은 변함이 없다. 이라크전쟁, 카트리나 사태는 예외적으로 긴급한 계약을 요구하는 상황이었으나, 그 예외가 결국 규칙이 되어버렸다. 그런 순간에 정부 계약을 얼마나 신중히 맺어야 하는지 기억하는 정부 당국자는 아무도 없을 것이다.

로라 디킨슨은 이라크전쟁 같은 상황을 감안하여 공법의 가치를 실현할 수 있는 구체적인 제안들을 내놓았다. 이는 기존 계약의 충실한 이행뿐만 아니라 계약 이행을 위한 훈련, 모니터링(제3의 계약자 혹은 계약 당사자에 의한)이 가능하도록 제3의 아웃소싱을 통해 구체적인 방안을 모색하는 것이다.[75] 이라크 관련 계약자들이 누렸던 폭넓은 결정권을 제한하는 방안은, 계약의 초기 단계에서 정부가 결정권을 일부 놓쳤다 하더라도 언제든 적용할 수 있다. 이라크전쟁은 5년간 지속되었고 재건으로 전환한 현 단계에도 "판에 박힌 예외적 계약"은 한없이 되풀이되고 있다.[76] 이를 좌시한다면 앞으로도 정부 계약은 비효율적이고 목표를 이룰 수 없으며 사기 혐의를 받을 것이다.

계약의 원칙을 통해 정부는 계약으로 어떤 대가를 지불할지 가늠할 수 있다. 계약이 체결되고 이행되는 과정을 보면 그 사회의 공적 가치를 알 수 있다. 적절한 계약의 이행이 성공을 보증하지는 않는다. 그러나 경쟁에 의한 계약조차 실패한다면 계약의 효과적인 이행을 이끌 추동력을 상실할뿐더러 불확실성은 더욱더 커질 수밖에 없다. 궁극적으로 이를 잘 통제하고 계약의 성실한 이행을 관리해야 할 당사자는 국가기관이다.

계약, 그리고 계약 담당자

계약 담당자로 인해 발생하는 비용의 분석은 집행 비용 분석과 맥을 같이한다.[77] 집행 비용이란 계약을 담당하는 "사람의 태도" 에 따른 행정 집행상의 제반 비용을 말한다.[78] 계약법은 집행 비용 을 최소화하기 위해 계약 당사자 간의 관계를 조정하고 명령을 내린다.

일반적으로 계약을 담당하는 사람은 기업에 속한 사람이건, 정 부에 속한 사람이건 원칙보다 자기 이익을 따르게 마련이다. 부정 직한 사람의 행위로 인한 비용을 줄이기 위한 방법 중 하나가 바 로 계약이다.[79] 계약이 적절히 성사된다면 집행 비용을 절감할 수 있으며, 경쟁 입찰, 신중한 계약 초안 작성, 효과적인 통제와 감시

등은 모두 민간 계약자가 발생시키는 집행 비용을 최소화하기 위한 방법들이다.

정부도 "관료제의 표류"라 불리는 집행 비용의 문제를 안고 있다.[80] 이 비용을 최소화하기 위해, 또 비위임 원칙을 성공적으로 관철하기 위해 의회는 모든 기관이 규정과 기준에 따라 업무를 수행하도록 방향을 설정했다. 위임에 관련한 모호한 법령들은 정부 기관(요원들)이 자유재량권을 강조하면서 자기 이익만을 좇도록 방치했다. 어쩌다 한두 번은 이들의 모험적인 행위로 큰 성공을 거둘 수도 있지만,[81] 대부분 법적 통제력을 상실하는 결과만 가져왔다. 반면 민간 계약자들은 적절한 지시와 통제만 보장된다면 정부 이상의 능률을 발휘하기도 한다. 직원들은 노력의 보상으로 경제적인 인센티브를 얻을 수도 있다.

이처럼 집행 비용의 관점에서는 정부 공무원들이 직접 사업을 집행하는 것보다 원칙에 입각한 계약을 통해 집행하는 편이 더 나을 수도 있다. 이를 위해서는 (집행이론 관점에서) 신중하게 체결한 계약들이 많아 서로 비교할 수 있어야 하며, 민간 계약자들은 허다한 지시 대신 적절한 공적 통제만 받으면 된다.[82] 문제는 이라크의 경우처럼 민간 계약이 많아질수록 그들을 적절히 통제할 수 없게 되고 만다는 것이다.[83] 민간 계약자들은 입찰 없는 자유재량의 바다를 표류하며, 해당 업무를 정부기관이 수행하는 것과 비할 수 없는 집행 비용 문제를 일으킨다.

1장에서 다루었던 주권의 정의로 돌아가 보자.[84] 헌법이 인정하는 진정한 주권이 국민에게 있다면, 이들의 대리자는 의회와 행정부이다. 국민의 이익을 보호하기 위해 국민의 대리자들은 헌법에 충성할 것을 맹세한다. 이 충성심은 대리자가 또 다른 대리자를 세우는 과정에서 희석된다. 의회가 자신의 권한을 헌법 제1조에 의거 대통령에게 위임할 때는 엄밀한 절차를 통해 대통령의 충성심을 확인한다. 헌법 제2조에 의거 대통령이 자신의 권한을 또 다른 정부 공직자에게 위임할 때, 이들은 헌법을 수호하고 자신의 책무에 충실할 것을 엄숙히 맹세한다. 그러나 민간 계약자들은 맹세하지 않으며, 이들의 진정성을 확인할 방법도 없다. 집행 비용을 최소화할 뿐만 아니라 계약자들의 충성심을 끌어내기 위해서라도 반드시 계약 조항을 면밀히 검토해야 한다.

국민의 주권이 신의 없는 민간 계약자에게 유린당하지 않도록 계약법의 정신을 결코 잊어서는 안 된다. 그러지 않으면 계약에 의해 책임을 달성하기 어려워질 것이다. 충성심의 문제를 해결하는 한 가지 방법은 미합중국에 충성을 맹세한 공직자들에게만 정부의 직무를 맡기는 것이다. 그럴 수 없다면 적어도 계약법은 준수해야 하고, 공직자들이 책임 있는 자세로 통제와 감시를 해야 할 것이다.

8장

정부 조직 구조개혁

Outsourcing Sovereignty

이 책은 지금까지 정부의 기능에 대한 공적 통제가 필요하다는 사실을 여러 경로를 통해 거듭 주장했다. 또 민영화와 아웃소싱을 정부 개혁의 일환으로 활용할 수 있으나 동시에 경계해야 할 대상이라는 사실을 지적했다. 너무나 더디게 움직이는 관료제와 비교해 아웃소싱으로 많은 일들을 성공적으로 완료해냈다. 하지만 이제 그 결과를 아무도 보증하기 힘들 만큼 지나치게 많은 영역에서 정부 역할을 민간이 대신한다. 이처럼 무분별하게 체결되는 민간 계약이 지속적으로 용납돼서는 안 된다. 균형 잡힌 정부의 역할 정립을 위해서는 지금까지 언급한 헌법, 실정법, 규제를 통한 제한들이 필요한 시점이다. 이제 민간 계약자의 서비스를 활용하기도 하고 비판하기도 하는 정부의 역할을 살펴봄으로써 우리의 민주주의가 의존하고 있는 공공과 민간이라는 구조를 완성할 방안을 모색할 때다.

　이번 장에서는 관료제 개혁 방안을 살펴볼 것이다. 우리 논의로 아웃소싱으로 인한 문제를 단숨에 해결하지는 못할 것이다. 그러나 문제를 깊이 고민하면 정부 내부에서 비판적 시각을 되살리고 아웃소싱과 관련된 상황을 통제하는 기회로 활용할 수 있을 것이다. 아웃소싱을 통제할 힘은 오로지 정부에만 있다. 문제해결을 위해서는 문제에 대한 정부의 통찰[1]이 무엇보다 필요하기 때문이다.

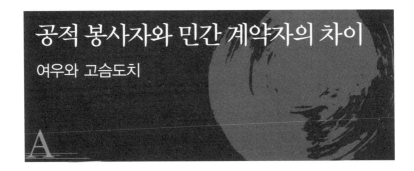

공적 봉사자와 민간 계약자의 차이

여우와 고슴도치

A

정부의 역할은 방향타를 잡는 것이지, 노를 젓는 게 아니다.

−E. S. 사바스[2]

국가행정의 개혁과 발전 방법을 논하기 전에, 목적부터 명확히 해야겠다. 만약 조정의 결과 정부 역할에 변화가 생긴다면, 오스본과 개블러의 결론처럼 무엇보다 바뀐 정부의 역할을 가장 잘 수행할 수 있는 사람을 찾아야 할 것이다. 이 '새로운 관료'는 공공과 민간의 접점에 설 사람으로 예전 관료보다는 더 책임감이 있어야 한다. 정부 규모는 축소되고 민영화의 속도는 빨라지고 있는 세상이라 새로운 관료는 계약을 통제하는 능력은 물론이고 강한 책임감을 갖고 있어야 한다.

한 예로 정부기관은 규제 기준을 정립하고 강화하기 위해서라도 민간 계약자들과 더 많은 계약을 맺고 있다.[3] 특히 환경 규제가 있을 경우 이런 관행은 일반화된다. 정부기관은 이런 복잡한 상황을 제대로 판단하고 가능성 있는 대안을 구상하면서 적절한 통제책을 강구해야 한다.[4] 또한 어떤 정부 공직자가 그 일을 맡을 것인가도 중요한 문제다.

더 복잡한 문제는 노젓기보다 방향타를 잡는 일이다. 방향타는 항상 조정해야 한다. 급작스럽게 닥친 바람이나 예기치 못한 풍랑 등 항해사는 다양한 환경 변화에 대응할 준비가 되어 있어야 한다. 대조적으로 노젓는 일은 거기에만 집중하고 최선을 다하면 된다. 두 일에는 분명히 다른 재능이 요구된다. 이사야 벌린의 유명한 우화인 여우와 고슴도치 이야기를 상기해보자.[5] 여우는 다양한 환경을 고려하는 절충주의자로 행동을 결정하고, 고슴도치는 묵묵히 결정된 바를 따라 일을 한다. 여기서 새로운 관료는 여우지 고슴도치가 아니다. 우리가 정부 관료에게 원하는 바는 단순히 반복되는 일이 아니라 결정을 내리고 감독하는 역할의 수행이다. 반복되는 단순한 일은 아웃소싱을 통해 해결할 수 있다.

필립 테틀록은 최근 이런 구분의 이점을 강조한 바 있다.[6] 벌린의 은유[7]에 대한 흥미로운 연구를 통해 필립은 여우가 고슴도치보다 더 나은 정치적 결정자라고 결론을 내렸다.[8] "전문가들의 생각은 자신들이 생각하는 것보다 훨씬 덜 중요하다."[9] 정치인들의 완고하고 결연한 자세는 많은 경우 중요한 결론들을 끌어낸다. "꿋꿋이 견뎌라", "최대한 밀고 나가라", 그리고 전진하라. 누군가는 고슴도치의 존경할 만한 성실함이 정치적 결정에서 더 나은 미덕이라고 말할 수도 있다. 그러나 엇갈린 평가에도 불구하고, 새로운 관료제를 이끌어 나갈 관료로는 여우 타입이 더 적합해 보인다.

새로운 정부의 방향타는 좋은 판단력을 갖춘 관료가 잡아야 한다. 그들은 다양한 공급처에서 쏟아져 들어오는 일련의 결정 사안들을 정리하고 기획한다. 선거를 통해 선출된 정치 지도자들은 자신의 역할을 제대로 파악해야 한다. 정부 정책에 조언하는 컨설턴트들은, 이상적으로 말하자면 고슴도치들이다. 한 가지 일을 잘 아는 전문가들이다. 이 전문가들을 관리, 통제, 조정하는 일이 바로 정치 지도자들의 몫이다.[10]

그러나 관료는 통제자 역할을 하는 동시에 의회 대리자 역할도 수행해야 한다. 집행 비용을 낮추기 위해 의회에는 신실한 일꾼이 필요하다. 여기에 창의성이 요구되지는 않는다. 권력이 지금처럼 나누어진 상태에서는, 행정부가 독단적인 결정을 내리는 것을 의회가 좌시하지 않기 때문이다.[11] 정치적 결정권을 행사하는 동시에 국민의 대리자(또한 행정부의 대리자)로서 행위의 제한을 받는 고위 관료 역할을 해내기는 결코 쉽지 않다. 그들은 공적 봉사자로서, 권력자로서 자신의 위치를 깊이 인식해야만 한다.

지금 같은 가치 변화의 시기에는 이 모든 면모를 갖춘 만능 관료가 요구된다. 전문직 공직자들로 구성된 고위공무원단Senior Executive Service, SES도 바로 이런 현실을 인식한 데서 출발한 제도이다.[12] 새로운 관료제에 어울리는 공적 봉사자들을 찾아내는 일이 재편성된 SES의 역할이다. 민간 컨설턴트들이 여우 굴을 내놓고 있는 시기에 창의적인 공적 리더십은 너무나 필요하다. 정부의 고유 기능을 공직자의 손에 되돌려준다는 말은 자유재량권과 결정권을 공적 통제 아래 둔다는 의미이다. 정책 수립도 실행도 국민을 대표하는 관료들의 손에 달렸다.

정부 기능 향상을 위하여

볼커위원회

정부 기능의 향상을 논하는 근래의 수많은 연구들은 모두 비슷한 처방을 내리고 있다. 폴 볼커가 이끄는 공공 서비스를 위한 전국 위원회는 1989년[13]과 2003년[14]에 각각 보고서를 발행했다. 이 두 보고서는 세 정부(아버지 부시, 클린턴, 아들 부시)에 대한 이전 보고서 및 분석 자료들에 토대를 두고 있다.

클린턴과 고어의 '쇄신하는 정부' 시절은 민영화 움직임이 대단히 활발했던 시기다. 클린턴과 고어는 아버지 부시의 정책 기조를 이어받아 중앙정부 규모를 크게 줄이고 경쟁을 통한 경쟁력 강화에 주력했다.[15] 조지 W. 부시는 총 85만 명의 중앙정부 인력을 감축하는 계획을 밀고 나갔다.[16] 이미 논의한 것처럼,[17] 그렇게 되면 남은 중앙행정 공무원의 수는 120만 명이 된다. 이들이 상대해야 하는 민간 계약자의 수는 1200만 내지 1500만 명에 육박하며,[18] 비율로는 1 대 12 혹은 1 대 15에 이른다. 물론 120만 명의 공직자 중 정부 계약을 담당할 수 있는 관리자는 극소수에 불과해서 민간 계약을 관리하는 문제는 날이 갈수록 어려움이 가중될 수밖에 없다.

존 딜루리오는 이런 상황을 목도하면서, 정책을 꾸려나가는 고위 공직자가 점차 아웃소싱된 정부 사업에만 매달리게 되는 부작용을 지적한다.[19] 딜루리오 교수는 그 전에도[20] 클린턴과 고어 행정부가 강조했던 공적 영역의 "탈규제"로 인한 역효과를 지적한 바있다. 그의 주장에 따르면 정부 규모의 추가 축소로 공적 영역이 원활하게 기능하는 데 필요한 힘을 잃고 말 것이다. 특정 시점에 이르면 정부 공직자들은 민간 계약자들을 관리하고 통제하는 일에 정신을 빼앗겨 본래 의무를 망각할 수도 있다는 말이다. 정부 규모의 축소로 인한 비용절감에만 집중하다가 언젠가는 방향타를 놓칠 뿐만 아니라 노를 저을 힘조차 잃을 수도 있다. 더 무서운 일은 공공 서비스 영역 자체가 민영화 물결 속에서 사라져버리고 만다.

볼커의 두 번째 보고서는 바로 이런 우려를 표한다. 보고서는 지난 10여 년간 지속된 정부의 탈규제와 민영화로 경험한 바를 정리한다. 볼커는 창의적인 공무원이라는 더 큰 문제와 연관된 질문으로 보고서를 시작한다. 제2차 세계대전 이후 우리 사회에서 신뢰는 찾아보기 힘들어졌다. 탈규제 바람 속에서 정부가 비효율적인 정책들을 내놓기 시작함으로써 신뢰 없는 사회를 앞당기는 결과를 초래했다. 또 새로 들어선 레이건 행정부가 기존 정부기구

관료들을 신뢰하지 않고 그들과 등을 돌린 채 국정을 수행한 탓이기도 했다.[21]

그러나 9·11을 계기로 놀라운 일이 일어났다. 9월 11일 직전까지만 하더라도 29퍼센트까지 떨어진 정부 신뢰도가 9·11 직후에는 1960년대 이후 단 한 번도 이른 적 없는 57퍼센트까지 올랐다.[22] 이 놀라운 신뢰도의 변화는 테러 위협에 대한 반작용과 위기에 직면한 공무원들의 태도 변화 때문이었다.

시간이 지나면서 신뢰도는 다시 40퍼센트까지 떨어졌고,[23] 볼커는 정부가 기회를 놓친 것으로 보았다. 9·11 이후 급격히 치솟은 공적 신뢰도를 유지할 수 있는 대안을 얼마든지 내놓을 수 있었으나 이를 놓쳤다고 믿는다. 그리고 이는 경쟁력 없는 고위 공직자들의 인사 문제와 직결돼 있다고 지적한다.

9·11은 모든 범위에서 정부를 급격히 변화시켰다. 세계무역센터가 무너지고 뉴욕이 화재에 휩싸인 광경과 그 속에서 목숨을 버리면서까지 구조 활동을 펼치던 뉴욕 경찰, 소방대원들의 모습은 우리 사회의 공공 서비스가 아직 살아 있다는 확신을 국민들에게 심어주었다.[24] 그러나 쌍둥이 빌딩이 무너지던 날 한치 앞도 안 보이는 연기 속으로 민간 계약자들도 목숨을 버리고 뛰어들 수 있었을까? 충성심과 희생에 관한 한 이라크와 아프가니스탄의 군사 활동에서도 비슷한 질문을 할 수 있겠다. 안타깝게도 정부는 긍정적인 대답을 할 수 있는 기회를 놓쳤다. 좋은 분위기를 정착시키고 정부의 체질을 개선할 절호의 기회를 놓치고 말았다. 이에 대한 볼커의 지적은 적절하다.

물론 실제 과정이 말처럼 쉬운 것은 아니다. 연방정부 입장에서

"재능 있는 인력을 잃는" 가장 큰 이유는 정년과 은퇴였다.[25] SES 구성원 중 50퍼센트 이상이 정년을 앞두고 있다. 진짜 일할 만한 두뇌가 모두 빠져나가는 상황을 타개하기 위해 볼커는 원로 공직자의 활용 방안을 고민했다. 그는 조직 변화의 필요성을 다음과 같이 강조한다. "정부조직이 바뀌어야만 공공 서비스를 소생시킬 수 있다."[26] 그가 제안하는 변화 방향은 크게 조직 변화와 행정 경쟁력 제고를 들 수 있다.[27] 아웃소싱은 양방향에서 공히 만날 수 있는 장애 요인이다.

1. 임무 중심의 조직 구성

볼커위원회는 "임무로 연계된 소수의 행정부처"로 정부조직을 새롭게 구성할 것을 제안한다.[28] 역사적·정치적 이유로 정부부처의 임무는 복잡하게 얽혀 있으며, 따라서 "논리적인 관리 능력이 부재"한 상황이다.[29] 이전의 다른 위원회(1950년대의 후버위원회 등)와 달리 볼커위원회는 "천편일률적인 기관의 모양"을 벗어버리고 "각 기관이 맡은 임무에 적합한 맞춤형 조직을 구성해야 한다"고 제안했다.[30]

볼커의 제안으로 결국 국토보안부가 만들어졌다. 이미 살펴보았듯이, 이 기관은 민간 계약자들을 적극 활용하고 있으며 그로 인해 많은 문제가 생겨났다.[31] 그러나 보고서는 국토보안부의 사례를 모든 정부기관이 따라야 할 모델로 추천했다.[32] 국토보안부는 부시 대통령의 요청에 따라 "행정부 각 기관이 나누어 맡은 안보와 관련된 임무를 단일 부서가 총괄 관리"하도록 2002년 의회 합의로 설립되었다.[33] 국토보안부는 세관, 출입국관리국, FEMA 같은 단일 임무를 수행하는 기관과는 전혀 다른 기능을 수행한다.[34]

볼커위원회가 생각하는 국토보안부도 전혀 문제가 없지는 않다. 누군가는 정부기관을 하나같이 새로 구성하여 임무와 목적에 맞게 배치할 경우 업무 효율이 배가될 거라고 생각할 수도 있을 것이다. 그러나 조직개편 자체가 문제를 일으키는데 이는 국토보안부도 예외일 수 없다. 스물두개 정부기관에 분산돼 있던 기능을 광범위한 업무 조정을 통해 하나의 기관으로 집중시키는 과정은 성공 가능성이 낮아 보였기 때문이다. 결국 허리케인 카트리나가 닥쳤을 때 국토보안부의 실망스러운 대응 능력은 도마에 올랐고, 이후 책임 소재는 더욱 큰 문제가 되었다.[35] 코언, 쿠엘라, 웨인가르트 등은 국토보안부의 유일한 "성공"은 이전 다양한 기관의 전통을 혼란에 빠뜨린 것뿐이라고 비난했다.[36] 이들은 새로운 기관을 만들기 위해 기존 조직을 분산·재배치하는 일련의 전환 비용은 새로운 조직 구성으로 얻을 수 있는 이익에 비할 수 없이 크다고 결론지었다.[37]

이는 정부조직 재편성에 대한 실로 사려 깊은 연구다. 이들은 볼커위원회가 제안한 공공 서비스 재생을 위한 정부조직 재구성에도 일침을 놓았다. 국토보안부가 탄생하는 과정에서 폭넓은 공직 인사도 단행되었다. 이로써 고위 공직자들이 자리를 옮겼으며, FEMA의 경우 핵심 직위의 40퍼센트가 공석이 되는 결과가 발생했다.[38] 공공 서비스가 제대로 돌아갈 수 없는 상황이 된 것이다. 좀더 포괄적으로 바라봐도 마찬가지다. 새 조직으로 자리를 옮긴

고위 공직자들은 환경에 적응하고 영향력을 발휘하기 위해 배전의 노력을 기울여야 한다. 따라서 상황 제어 능력은 현저히 떨어질 수밖에 없다. 이 과정에서 전문직 공직자들은 정치적인 공직자에 비해 부서장 경력을 선호하기 때문에,[39] 이런 진통 속에서 부여된 새로운 임무가 활기를 불어넣는 만큼이나 기존의 정부 서비스를 위험에 빠뜨리기 십상이다. 따라서 볼커위원회가 세안하는 조직개편만으로는 관료제가 건강하게 되살아날 수 없다. 무언가가 더 필요하다.

2. 정치적 인사와 전문직 공직자

조직개편과 더불어 볼커위원회는 또 다른 변화의 필요성을 언급한다. 전문직 공직자와 정치적 공직자의 비율에 관한 문제를 제기한 것이다. 케네디 대통령 재임 당시 286명이었던 정치적 인사는 클린턴 행정부에서는 914명, 조지 W. 부시 행정부에 이르러서는 3361명에 이르렀다.[40] 열다섯 배나 불어난 숫자 자체도 놀랍지만, 같은 기간 정부 고위 공직자의 숫자는 오히려 감소했다(SES는 그대로 유지되었다). 볼커는 정치적 인사의 수가 많아질수록 시민에 대한 공공 서비스는 위축되고 고위직 공직자가 장기 목표를 잃어버리게 되면서 정부가 위험에 처할 거라고 경고했다. 또한 의회는 대통령의 인사에 대한 승인을 연기하는 방식으로 이들의 활동 기간을 제한할 수 있다는 사실도 지적했다.[41]

이뿐만 아니라 정치적 인사가 전문직 공직자보다 상위직에 앉을 경우 해당 조직의 사기가 저하될 개연성이 있음을 지적했다.[42] 민영화 시기에 이르면 이는 큰 문제가 아니다. 즉 정치적 인사건, 전문 공직자건 그들의 임무는 제한적이기 때문이다. 결국 업무 능력에 대한 온전한 평가도 민영화 방향에 의해 결정되는 것이다.[43] 볼커는 정치적 인사와 전문직 공직자 중에 누가 더 필요한 사람인지 묻지는 않았다. 그러나 우리 모두는 대답을 이미 알고 있다.

정치적 인사, 전문직 공직자의 역량 비교

볼커위원회의 잠정 결론은 정부조직의 우두머리가 누가 되든 조직 역량이 잘 발현되기만 하면 된다는 것이다. 위원회가 은연중에 내린 이 결론은 최근 데이비드 루이스 교수의 공격을 받는다. 루이스 교수는 최근 정치적으로 임명된 SES와 상원의 승인을 받은 이들의 업무역량을 분석·비교했다. 평가를 위해 부시 행정부의 자체 평가 프로그램인 PART[Program Assessment Rating Tool]를 그대로 도입했다. 그 결과 "정치적으로 기용된 인사들로 구성된 행정 집단은 공공 서비스를 담당하던 관리들로 구성된 그룹에 비해 훨씬 낮은 행정 능력을 보였다."[44] 이 연구 결과는 공공 행정이 민간 계약자들에게 아웃소싱되고 있는 현실에서 중요한 메시지를 던진다.

또 볼커위원회가 제안했듯이 정치적 인사의 숫자를 조정해야 한다고 주장했다. 정치적 이유로 정부 공직자의 숫자는 점차 감소하는 데 반해, 정치적 인사의 숫자는 날이 갈수록 늘어난다면 정부 행정을 효과적으로 관리할 수가 없다. 공공행정에 오랜 노하우를 가진 전문 공직자의 수를 늘리고 이들을 적극 활용해야 한다는 점에 볼커와 루이스는 합의한다. 루이스는 또한 의회에서 공직자

의 임명을 두고 가능한 한 시간을 끌지 말 것을 제안한 위원회의
권고에도 힘을 실어준다.[45]

FEMA의 정치적 인사

루이스 교수는 정치적 인사가 많은 구체적인 사례로 FEMA를
언급한다.[46] 루이스는 "조직의 수장 및 그들에게 직접 지시를 받는
직원을 제외한 대부분의 각 지역 사무실에서는 역사적으로 정치
적 인사들이 모든 요직을 차지했다."[47] 기관 우두머리들의 정치화
는 카트리나가 몰아쳤을 당시 FEMA의 준비태세 부족에 분명히
일조했을 것이다.[48] 또 FEMA가 처한 상황은 의도하지 않은 정부
조직 개편이라는 결과를 낳았다. 임무 중심 조직개편의 예로 국토
보안부를 들었던 볼커위원회는 정부기관의 강제 통합이 부정적인
결과를 낳을 개연성은 무시했다. FEMA는 조직 내부의 뜻과는 달
리 국토보안부에 흡수되었고, 조직개편 당시 FEMA 핵심 인사들
은 모두 옷을 벗었다.[49] 인사 수준을 보면 조직의 독립성을 알 수
있다. 공직자들은 국토보안부의 수장이 되기보다는 오히려 다른
기관(마치 클린턴 대통령 당시의 FEMA처럼[50])의 차관으로 남기를 원했
을 것이다. 정치적 인사들은 더욱 그렇다. 그들은 임무가 없는 곳
만 찾아다닌다. 임무에 기반한 직책을 SES 위원들이 만족스러워
하는 이유도, 그들이 임무 중심으로 인식하기 때문이다. 여기서
공공 서비스를 위해 중요한 결론에 이를 수 있다. 임무 중심으로
정부 조직을 개편한다면, 중요한 직책은 무엇보다 업무성과가 좋
은 전문직 공직자에게 돌아가야 할 것이다.

정치적 인사와 민간 컨설턴트의 연계

정치적 인사들의 관리능력 부재로 정부기관들에 배치된 정치적 인사들의 숫자를 줄이자는 목소리가 나오지만 실제로는 정반대 현상이 나타나고 있다. 부시 행정부는 FAMA 같은 기관들을 점점 더 정치적 인사들로 채우고 있다.[51] 이는 단순히 효율성의 문제 말고도 다른 부정적인 결과를 초래한다. 그들은 아웃소싱을 장려하는 것이다. 지금까지 정치적 인사들과 전문 공직자들 중에 누가 더 아웃소싱에 많이 연계되었는지 조사한 바는 없지만, 정치적 인사들이 외부 컨설턴트를 더 많이 활용한다는 것은 자명한 사실이다.

정치적 인사들은 해당 기관을 장악하기 위해, 특히 정권이 바뀔 때 자주 배치된다. 이런 경우에 그는 내부인보다는 외부 자원에 더 의존하고 싶은 유혹을 받게 된다. 카터 행정부 다음에 레이건 행정부가 들어섰을 때, 기존 공직자들과 정치적 인사들의 관계는 적대적이었다.[52] 설사 이 둘 사이가 적대적이지 않다 하더라도 정치적 인사들은 관료들보다 외부 계약자들을 더 편하게 생각한다. 비즈니스 사회에는 관료들에 대한 부정적인 인식이 팽배해 있다. 특히 부시 정부 들어 엄청나게 늘어난 고위직 관료들은 창의적인 습관보다는 자신의 입장과 원칙을 내세우며 원성을 사고 있다.[53] 새로운 정치 관료들은 기존 관료들의 능력을 신뢰하지 않으며, 자신을 도와줄 민간 계약자를 본능적으로 찾게 된다. 맥킨지와 IBM 은 전형적인 컨설턴트 사들이다.

여기서 주의해야 할 문제가 있다. 계약자들은 자신의 정치적 고용주와 같은 편에 서게 된다. 국토보안부의 상황을 논의한 바를 떠올려보라.[54] 이들 민간회사들과 계약을 맺은 국가 공직자들은 나중에 계약 대상 기업으로 자리를 옮겨 국정에 영향을 끼친다. 즉 국가기관에서 일하는 동안 민간 계약자와 좋은 관계를 맺어야만 그후 행로가 보장된다는 말이다. 군과 관련된 최고위 공직자들 또한 은퇴 이후 군수 기업들로 자리를 옮기는 현상을 보면 이는 단순히 정치적 인사들과 민간 계약자 사이의 문제만도 아니다. 이권을 사이에 둔 갈등도 불거진다.[55] 덧붙이자면, 이들 민간 회사들은 정치적으로 강력한 후원사들이기도 하다.[56]

딕 체니 부통령과 핼리버튼 사의 커넥션은 두드러진 예다. 체니가 아직 부통령이 되기 전, 1991년 걸프전쟁 직후, 당시 국방부장관이었던 체니는 이라크전쟁과 관련된 펜타곤 연구를 브라운 & 루트(현재는 켈로그, 브라운 & 루트[KBR])에 맡겼다. 이후 체니는 브라운 & 루트의 모회사인 핼리버튼 대표로 부임했다.[57] 물론 지금도 핼리버튼과 산하 회사인 KBR은 이라크전쟁을 지원하는 대표적인 회사들이다.[58] 체니의 경우는 정치적 인사와 컨설턴트 사의 커넥션을 보여주는 대표적인 사례다. 이처럼 민간 계약사에 소속돼 있다가 이후 정치적인 바람을 타고 정부기관으로 자리를 옮긴 공직자의 수는 적지 않다.

그렇다고 체니 부통령이 이렇게 편안한 커넥션을 고안해낸 장본인은 아닌 듯하다. 그의 이전 상관이었던 리처드 닉슨도 일찍이 컨설턴트를 활용하면 정치적으로 얼마나 이득을 보는지 알고 있었다. 워터게이트 당시 발견된 닉슨의 메모에는 다음과 같은 기록이 남아 있다.

존슨 행정부의 이전 관료들은 은퇴 이후 (……) "친근한" 컨설팅 회사들로 찾아갔다. 이 회사들은 존슨과 케네디 행정부의 이전 관료들이 만들고 운영하는 회사들이다. 그들은 한때 정부에서 직접 운영하던 (……) 굵직한 정부 사업들을 수주한다.[59]

그러니까 체니는 이미 오래전부터 "친근한" 컨설팅 회사들과 관계를 맺어온 정치인들 가운데 최근의 예에 불과한 것이다.[60] 그러나 체니와 부시 행정부는 얼마나 완벽하게 이를 실행에 옮겼는지, 심지어는 린든 B. 존슨까지도 두려워할 정도였다.

정부가 합법적인 이유로, 공식 절차를 거쳐 외부 컨설팅을 의뢰할 경우 민간 인력들이 전문직 공무원들과 일하기를 선호하는 이유도 충분히 납득이 된다. 왜냐하면 그들은 이권에 얽매이지 않고 깨끗하게 일을 처리하기 때문이다.[61] 부시 행정부는 계속해서 정치적 인사들을 이런 전문직 공직자들 윗자리에 앉히고 있다. 최근의 행정명령 수정12866호의 예를 들면, 대통령은 정책 입안과 관련된 정부기구들의 수장으로 과학적 전문성을 갖춘 공직자 대신 정치인들을 임명했다.[62] 전문직 공직자를 통해 행정의 전문성을 높이기보다 정치적 통제권을 틀어쥐려 한 것이다. 물론 긍적적인 의미에서의 관료제 부활과는 전혀 다른 행보였다.

3. 효과적인 직무수행: 전문직 관리자가 일하게 하라

연방정부 공직자들을 규제하는 인사관리 체계로 인해 많은 경우 효율적인 직무수행이 어렵다는 사실을 볼커위원회는 깨닫게 된다.[63] 사실 이는 공공연한 비밀이었다. 그러나 교통안전국이 신설되었을 때에도 이 체계는 그대로 수용되었다. 위원회는 적절한 보상체계를 갖추어[64] 직무 능력 향상을 위한 동기를 불러일으키도록 변화[65]가 필요하다고 역설했다.

인력관리국 지침에 따라 개혁을 실행하는 기관들도 있다. 이들은 일반 기업들 방식으로 전문 인력을 채용했다. 최근 정부기관들이 우수한 인력을 찾는 데 큰 어려움을 겪는 반면 일반 기업(민간 계약자)들은 상대적으로 쉽게 인력 문제를 해결하고 있는데, 이는 민간 기업들이 짧은 시간에 고정된 임무를 직원들에게 맡기기 때문이다. 물론 경제적인 이유도 한몫을 한다.

위원회의 제안 가운데 권고안 14.Recommendation 14.는 민간 계약에 대한 충고를 담고 있다. 보고서에 따르면 경쟁력 있는 아웃소싱을 위해서는 "사전에 임무수행 범위와 기준을 마련해야 한다. 임무의 범위는 공익에 기여하고 정부의 핵심 경쟁력을 훼손하지 않는 역할이어야만 한다."[66] 이 문장은 감사원이 지난 몇 년에 걸쳐 주장해온 바와 정확이 일치한다.[67] 컨설턴트의 역할과 국정을 총체적으로 책임져야 하는 정부의 역할을 정확히 구분해줄 뿐 아니라 정부가 아웃소싱을 할 때 어떤 입장을 취해야 하는지 설명해주는 말이다. 공공 서비스가 효과적으로 제 역할을 하기 위해서는 정부가 모든 사업의 관할권을 쥐고 있어야 한다. 존 딜루리오가 이미 일어나고 있는 일이라며 두려워하듯이, 정부의 역할과 지위를 민간에게 다 내어줘서는 안 될 일이다.[68]

폴 볼커 자신은 전문직 공직자가 아니다. 창의적이고도 능률적인 인사들로 구성된 정부기관에서 일했고, 재임 당시 학문적인 명성에 걸맞게 민간 계약자들과도 성공적으로 일한 경험이 있다. 그러므로 볼커위원회의 보고서가 반아웃소싱을 목적으로 편향된 시각을 드러낸 것은 아닐까 의심할 필요는 없을 것이다. 또한 보고서의 핵심이 정치적 인사의 비율을 줄이고 능력을 갖춘 전문직 공직자들의 활용 범위를 확대해야 한다는 주장이라는 점도 잊어서는 안 된다.

현재 모든 권력을 쥔 정치 세력의 뜻에 반하는 볼커의 제안이 받아들여지기는 힘들 것이다. 대통령이 정권 장악을 위한 버팀목인 인사들을 빼낼 것 같은가? 민간 회사들은 지금도 정치자금을 계속 후원한다. 아마도 민간 지원자들과 정치권의 관계는 더욱 긴밀하고 공고해질 것이다. 어쩌면 지금이 기회인지도 모르겠다. 톰 딜레이와 잭 아브라모프와 연계된 로비스트 문제가 정부의 민간 계약에 대한 관심을 불러일으킬 수도 있겠다. 하지만 그것만 바라고 있을 수는 없다. 정부의 고유한 권한 및 역할과 관련된 아웃소싱에 대한 문제의식만이 민간 계약의 범위를 줄일 수 있는 유일한 길이 아닐까? 만약 국토보안부 같은 정부기관이 단 한번이라도 제대로 일한 적이 있다면 이는 컨설턴트 군단이 아닌 능력 있는 전문직 공직자들이 노력한 결과일 것이다.

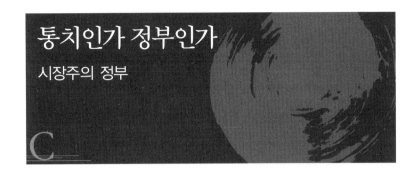

통치인가 정부인가
시장주의 정부

공공 서비스를 개혁하고 되살리려면 현 정부의 지향과는 반대 방향으로 나아가야 한다. 볼커위원회의 첫 보고서가 발표되었을 때 (1989년), 클린턴과 고어 행정부에서 NPR은 아직 존재하지도 않았지만, 두 번째 보고서가 발표되었을 때는(2003년) 이미 NPR은 한물간 뉴스가 되어 있었다. 이제 우리는 '시장주의 정부market-based government'의 시대를 살고 있다.[69] 정부는 시장주의를 강력하게 주창하며 정책 기조로 삼고 있다. 시장주의 정부란 어느 정도 '분화된 주권'[70]과 이 책에서 이미 언급한[71] 글로벌 환경에서의 정부 역할을 염두에 둔 개념이다. 또 '통치governance'와 '정부government' 양자를 구분하기도 한다. 그렇다면 물어보자. 정부는 단순히 관리를 위한 조직일까? 다른 말로, 수많은 자원을 활용하는 통치 메커니즘만 잘 갖추면 좋은 정부가 될 수 있을까? 이 질문은 분명 아웃소싱 문제와 깊은 연관이 있다.

1. 시장국가와 한계

볼커위원회의 보고서에 대한 반응으로 RAND 대학원의 그레고리 트레버턴 교수는 "떠오르는 시장국가와 테러의 위협이라는 두 축이 정부와 공공 서비스의 미래를 떠받칠 것이다"[72]라고 말했다. 그러나 이 매력적인 두 트렌드가 같은 방향을 가리키는 것 같지는 않다. 왜냐하면 시장국가는 민간이라는 해답을 요구하는 반면 테러 위협은 공적 역할의 강화를 호소하기 때문이다. 즉 첫 번째는 통치를, 두 번째는 정부를 요구한다.

시장 통치는 이미 어제오늘의 일이 아니다. 탈규제와 민영화 물결은 이미 미국을 포함해 모든 국가의 정부 역할을 한 걸음 뒤로 후퇴시켰다.[73] 세계무역기구, 국제통화기금 같은 국제기구들은 기존 정부의 영역을 넘나들며 국가 간 경계를 무너뜨리고 있다.[74] 한편 트레버턴이 그리는 미래의 양 축 가운데 하나인 테러리즘은 정부의 역할을 분명히 요구한다. 그는 "안보 문제가 불거질 수 있는 정부 영역(예를 들어 교통안전국)은 강력한 민영화 물결에서 벗어나 있어야 한다"는 사실을 지적한다.[75]

민간 군의 역할을 받아들일 준비가 된 트레버턴도 공공과 민간의 안보 경계가 불분명한 공항보안은 정부 관할 영역으로 남겨두고 있다.[76] 3장에서 살펴본 것처럼, 공항보안은 유럽처럼 정부가 적절히만 통제한다면 민간에 위임할 수도 있다. 트레버턴은 민영화를 피할 수 없는 물결로 간주하면서도 오히려 가능한 영역의 민영화(공항보안)는 거부하는 우를 범한다.[77] 그가 일으킨 혼돈은 정부를 지향하는 가치와 정부를 반대하는 가치를 동시에 추종한 데 기인한 것이다.

민영화와 정부의 교차점에서 우리는 어느 한쪽에 부합하는 원칙적인 주장도 하기 힘든 상황에 처한다. '통치'를 요구하는 사람들은 정부가 더 효율적으로 움직이기를 바라면서 정부 고유의 기능을 민간에 넘기지 않는 한에서 아웃소싱이라는 실질적인 대안을 선택하도록 요구한다. 제2기 볼커위원회의 개혁안은 실용적이다. 그들은 정부의 기능과 임무를 명확히 정리해내지는 못했지만 정부가 훨씬 더 민첩하게 변할 수 있는 방향을 추구했다. 만약 정부기관들이 제 역할을 해낸다면 민간 아웃소싱이라는 대안은, 설령 가능하다 하더라도, 굳이 생각할 필요도 없을 것이다. 반대의 경우 정부의 실패를 만회할 민간이라는 대안은 점차 더 필요해질 것이다.

트레버턴은 시장국가가 커질 경우 정부 권위가 실추되고 합법성과 책임에 관한 문제가 엄청나게 제기될 것이라고 말한다.[78] 정책 결정과 이에 따를 책임의 문제는 오직 정부만이 감당할 수 있다. 볼커 스타일의 정부 운영방식도 대안이 될 수 있겠다.[79] 이는 시장국가로서는 감당할 수 없는 가치인 것이다.

'글로벌화'라는 용어가 말해주듯, 이처럼 모호한 시대를 헤쳐 나가려면 일관된 정책 방향이 필요하다. 이와 관련한 국가의 임무를 아웃소싱으로 해결하려 했던 해외 사례에서, 사업을 맡았던 민간 기업들만 숱한 비난을 받은 사실은 트레버턴도 인정하는 바다.[80] 그러나 정부가 정책을 입안하고 추진했다가 실패했을 경우에 국민들은 같은 결과를 냈지만 상대적으로 쉽게 받아들일 수 있다.[81] 이 같은 정책 방향에 대한 결정 권한은 결코 위임할 수 없는 정부의 역할이다.

2. 대안으로서의 공공과 민간 파트너십

시장국가는 모든 문제에 대답을 하지 않으며 그럴 수도 없다. 전쟁이나 테러리즘으로 인해 제기되는 안보를 포함한 수많은 영역에서 여전히 공적 통제권을 가진 국가가 요구된다. 따라서 통치와 정부 양자는 보완하는 관계에 있다. 두 영역은 생산적인 방법으로 협력할 수 있다. 공공과 민간의 파트너십 Public-private partnerships, PPPs은 경쟁이 아니라 조화를 의미한다. 누군가의 승리가 아니라 절충점을 찾는 것이다. 파트너십은 허울이 아닌 정부의 실제 통제권을 인정하는 데서 생긴다.[82] 민간에서는 정부 관료제 시스템에서는 나오기 힘든 창의적 해결책을 고민하고 이를 정부에 제공한다. 공공과 민간 파트너십은 한편으로 정부와 민간의 역할 구분을 반영한다. 토니 블레어(빌 클린턴도 비슷한 말을 했다)의 발언을 인용하자면, 정부와 규제에 대한 "제3의 관점"을 제안하는 것이다. PPPs에는 정부와 민간의 긴장을 줄일 수 있는 잠재력이 있다. 물론 모든 종류의 아웃소싱 계약은 일종의 공공과 민간 파트너십을

의미한다. 이는 마사 미노가 언급한 "새로운 신조"의 한 가지 사례가 될 수 있다.[83]

공공과 민간 파트너십 개관

PPPs는 미국의 주정부는 물론이고 여러 나라에서도 활용한다.[84] 미국 연방정부도 예외는 아니다. RAND의 프랭크 캠의 설명에 따르면, PPPs는 "(1) 공공과 민간 양자의 합의 (2) 자원, 정보, 위험, 보상의 공유 (3) 결과에 입각한 역량 측정, 위험 및 보상에 대한 배당을 위한 공식 연계"를 의미한다.[85] 캠은 핵심 경쟁력을 활용하며, 유연하고 장기간 유지해온 관계를 바탕으로 양자의 장점[86]을 최대한 활용할 수 있는 PPPs가 성공적인 PPPs[87]라고 말한다. 그러나 이 책의 주장처럼 "정부 고유의 역할"[88]은 PPPs의 대상이 아니라는 점을 명확히 한다. 또한 이권과 관련해 충돌이 생길 수도 있지만, 이것만 해결할 수 있다면 경제적으로도 충분한 가치를 발휘할 것이라는 결론을 내린다.[89]

캠은 단순히 민간 계약을 활용하는 것보다 PPPs 쪽이 책임감이라는 측면에서도 장점이 있다고 말한다. 왜냐하면 단순한 아웃소싱 때보다 정부 관리자들이 계약자들과 더 많이 소통해야 하는데, 정부 관료들은 책임 있는 언행을 할 수밖에 없기 때문에 사업을 폭넓게 관찰하고 꼼꼼히 통제할 수 있다.[90] 따라서 PPPs에 대한 제안은 볼커위원회의 제안과도 상통할 뿐 아니라 유연한 공적 관리 체계를 가동시킬 수도 있다. 협력을 통해 정부는 실제 사업의 통제력을 확보할 수 있으며, 자연스럽게 책임의 문제가 해결된다. 정부 규모 축소가 되돌릴 수 없는 상황이라면, PPPs는 적어도 아웃소싱 문제 해결의 차선책 정도는 될 것이다. 정부는 PPPs를 기존 관리 구조와 어떻게 연계할지를 고민해야 할 것이다.

사례연구: PPPs를 통한 시설물 보호 시스템

PPPs의 도입이 시급한 분야는 정부 및 민간 시설물들에 대한 보호 시스템이다.[91] 9·11과 허리케인 카트리나는 미국의 물리적 자산을 지켜내기 위해서는 정부와 민간의 공조가 절실하다는 교훈을 주었다.[92] 공항, 항만, 화학시설, 핵 시설, 다리, 터널 등은 정부와 민간이 공유하는 사회적 자산이며 이들에 대한 보안도 양자에 의해 유지될 수 있다. 존 도나휴와 리처드 잭하우저는 이를 "협력 통치"라고 부른다.[93] 협력 통치를 위해서 정부는 독점 통제권을 얼마간 양보하고 민간 부문과 "공동 협력"을 위해 노력해야 한다.[94]

이런 경우 가장 큰 위협은 민간이 가능한 한 많은 안보 비용을 정부에 전가하는 것이다. "테러로 인한 재산상의 피해는 사회 전체의 손실이다"[95]라고 말하는 테러보험법Terrorism Risk Insurance Act[96]은 작위적으로 해석될 여지가 충분하다. PPPs의 무임승차를 방지하기 위해 정부 관료들은 어떤 안보 영역을 정부가(혹은 민간이) 부담할지 명확히 선을 그어야 한다.

또한 PPPs 환경을 조성하기 위해 정부 관리자는 정부에 유리한 방향으로 협상을 이끌 수 있는 교섭 능력을 갖추어야 한다. 세부 임무의 이행 과정에 필요한 결정권은 양자가 포괄적으로 나누어 가지되, 궁극적인 결정권은 언제나 정부 관료의 손에 있어야 한다. 이는 민간으로 위임할 수 없는 정부 고유의 역할이지만, 정부가 충분히 준비돼 있다고 믿는 이는 적다.[7] 볼커위원회가 제안했던 것처럼 더 탄탄하고 창의력 넘치는 공공 서비스를 제공하는 정부를 재건함으로써 성공적인 PPPs로 나아갈 수 있을 것이다.

리더십 강화를 위한 제안

리더십을 연구하는 학자들은 미국이 "국제 경험과 감각으로 미래를 이끌어갈 차세대 리더를 양성하지 못하고 있는 상황"을 애석히 여긴다.[98] 이 같은 현상은 민간과 비영리단체보다 정부기관에서 더 두드러진다.[99] 볼커위원회의 경우 정부 내의 리더십 부재의 원인이 제한하는 제도와 뒤죽박죽된 인사 시스템 때문이라고 보았다.[100]

실제 경험이 이를 증명한다. 최근 나는 정부의 리더십에 대한 주제로 저명한 경제학자와 대화를 나누었다. 당신의 대학원생 제자들을 정부기관에 취직하도록 권유하겠느냐는 질문에 그는 "아니요"라고 대답했다. "저는 오히려 막고 싶습니다. 솔직히 말씀드리자면, 저는 최근 뛰어난 제자 한 명에게 블랙워터 사에 들어가도록 권유했습니다." 그의 대답이 모든 것을 설명해준다. 소위 명문대학 출신의 대학원생들이 정부가 아닌 민간 계약자들을 위해 일하고 싶어 하는 것이다. 민간 기업에서 일하는 것이 경쟁력을 높이는 데 더 도움이 될까? 정부보다 민간 군 회사의 인력 모집 시스템이 월등히 뛰어날까? 정부의 인사 관계자들은 이런 질문들을 깊이 생각해보아야 할 것이다.

군은 이라크전쟁에 참전할 인력 수급에 큰 어려움을 겪고 있다.[101] 이라크전쟁이 길어질수록 문제는 더 심각해질 것이다.[102] 군뿐만 아니라 국무부 같은 행정기관들도 이라크전쟁 지원 인력 수급에 어려움을 겪고 있다. 한편에서는 국유 연구기관의 브레인들이 초기 5년 연구계약을 채우지 못한 채 자리를 비우고 있다.[103] 이들은 우리 사회에서 최고의 훈련을 받은 공직자로서 이로 인해 공공 서비스는 큰 타격을 받게 되었다.

공적 서비스를 이끌 리더를 발굴하는 방법이라는 면에서, 볼커위원회는 군의 역량을 높이 평가했다.[104] 군의 리더들은 불확실성과 어려운 환경에 처했을 때 관리 능력이 필요하다. 그들은 특별한 분야에서 좋은 훈련을 받는다. 군은 리더십 교육과 훈련에 많은 예산을 투입하고 노력을 기울인다.[105] 군은 점점 더 많은 인력이 필요한데 민간의 도움을 얻기보다는 최고로 훈련된 리더들이 자리를 이탈하지 않도록 장려하는 방안이 훨씬 좋을 듯하다.[106]

공공 서비스의 최전선에 있는 군사 교육기관의 졸업생들이 제 역할을 포기할 정도라면, 다른 분야도 마찬가지로 어려움을 겪고 있을 것이다. 군사 교육기관에서 리더십 교육을 받은 인력은 5년간 의무복무를 해야 하는데 그후 군을 떠나는 리더들의 숫자가 이를 증명한다. 블랙워터와 관계를 끊을지언정 젊은 리더들을 잃어서는 안 된다. 한 기관에서 오래 머무를 수 없다면 다른 공공부문에라도 머물도록 장려해야 한다. 이 젊고 역량 있는 리더들이 자신의 공무 경력을 자랑스러워하도록 이끌 순 없을까? 이는 간과할 수 없는 당면 과제다.

1. 대담한 제안: 징병제

지난 회기, 하원의원 레인젤은 징병제 부활에 관한 법안을 상정했다.[107] 정치적 관심을 불러일으키려는 시도였지만 사실 비현실적인 방안으로 보였다.[108] 그는 모든 사람이 이라크에 봉사할 기회를 얻어야 하지 않겠느냐고, 특히 자기 부모들이 전쟁을 지지하는 입대할 나이의 젊은이들이라면 그래야 하지 않겠느냐고 질문했다. 징병제가 부모들에게 얼마나 민감한 문제인지를 기억하라. 징병제 논의가 언론에 보도되는 것만으로도 관련 웹사이트 담당자는 부모들의 질문 공세에 대응하느라 눈코 뜰 새가 없어진다. 모병 웹사이트에는 결국 "징병제는 전혀 고려 대상이 아닙니다!"라는 문구가 떴고, 백악관이 징병제 도입을 부인하는 해프닝이 벌어지기도 했다.[109]

징병제는 단순한 정치적 결정 사항이 아니다. 일단 징병제가 시행되면 지원자는 모두 억지로 끌려온 사병으로 대체되고,[110] 군의 전체 규모도 훨씬 커진다. 베트남전쟁 당시를 떠올려보면, 징병제가 얼마나 쉽게 불공평한 제도로 변질되기 쉬운지도 알 수 있다.[111] 1973년, 마침내 징병제 대신 지원병 제도가 도입되었다. 정책 분야 수장들은 아무런 반대를 하지 않았고, 우수한 자원 인력이 빈자리를 메웠기에[112] 펜타곤도 이를 받아들였다.

징병제를 부활시키려 하면 복잡한 행정 절차가 따른다. 우리 사회는 이미 충분히 민주화되었기에 군 복무만을 유일한 선택 사안으로 강요할 수도 없다. 또한 징병 대상자를 어디까지로 할지, 군 복무의 대안은 어떻게 마련해야 할지도 고민해야 한다. 리처드 댄지그, 피터 스잔턴은 병역을 대체할 만한 아이디어를 십수 년 전에 이미 구상해두었다.[113] 징병이나 21세기형 민방위 체제 등은 시민의식 고양에 도움이 될 것이다. 그러나 이를 실행하기 위한 비용이 엄청나기 때문에 당장은 현실성이 없어 보인다.[114] 그뿐만 아니라 당장 필요한 군의 고급인력 수급에도 도움이 못 된다.

그럼에도 불구하고 징병제를 되살리려는 노력은 큰 반향을 일으키고 있으며,[115] 다각적인 대안을 마련해야 한다는 목소리가 높아지고 있다. 현재 참여하는 자원봉사자만 6만 6000명에 이르는 아메리코프AmeriCorp가 확대되고 있는 상황을 보라. 1990년에 설립된[116] 아메리코프 회원들은 현재 학교, 적십자사 등에서 보수 없이 일하는 대신 교육을 받는다. 카트리나 이후에도 이들은 수천 명이 재난 복구에 투입되었다.[117] 공공 서비스를 이런 방법으로 해결할 수만 있다면 가장 이상적일 것이다. 징병제 도입은 정치적인 이유로 한동안은 실현 가능성이 없어 보이는 만큼,[118] 더 많은 지원병을 확보할 수 있는 방안을 고민해볼 필요가 있다.

2. 소박한 제안: 리더십 교육 및 훈련

공적 리더십 부재의 근본 원인은 적절한 훈련 및 복무 동기 부족으로 요약할 수 있다. 이 문제는 징병제보다는 소박한 제안으로 해결책을 모색해볼 수 있겠다. 리처드 포스너는 최근 지구온난화라는 생물학적 테러에 대항하여 사회를 보호하는 방법에 대한 글을 발표했다.[119] 그는 전문성을 갖춘 과학적인 글들이 많이 발표되어야 한다고 주장한다.[120] 즉 과학적으로 사고하는 변호사와 공공정책을 공부하는 학생들이 많아질 때 좋은 정책을 입안할 수 있는 기반이 다져질 수 있다는 말이다. 마찬가지로 과학적인 분석에 익숙한 관리들이 많아질 때 재난 대응력도 높아질 수 있다.[121] 지나치게 일반화하는 느낌은 들지만,[122] 공교육을 폭넓게 확대해야 한다는 주장은 귀 담아 들을 만하다.

이미 전국에는 최고 수준을 자랑하는 각 군의 사관학교들이 존재한다. 교육생들은 군 임무 수행의 일환으로 고급 훈련과 교육을 받고 있다. 볼커위원회는 사관학교식 교육 모델을 일반 공무원의 교육에도 적용할 수 있다고 본다. 군에서 이미 제공하는 교육 외에 '행정' 서비스를 위한 별도 교육이 그리 많이 필요하지는 않다는 얘기다. 실제로 이라크전쟁이 끝나면 남을 군 인력을 다른 국가기관에 배치해 재능 있는 인력을 방출하지 않는 방법도 고려할 만하다. 사관학교 입학 시에 정부기관에서 의무적으로 근무하게 하는 방법도 거론된다.[123] 그러면 고도로 훈련받고 애국적이며 지적인 리더들이 군 안팎의 공직에 머무르도록 유도할 수 있을 것이다.

그러나 사관학교 출신에게만 관심을 집중해서는 안 된다. ROTC 역시 리더십 양성 방법이다. 현재 군 장교의 75퍼센트가 전국 종합대학 및 전문대학(일부 고등학교도 포함된다) ROTC 출신이다.[124] 이 프로그램의 원래 목적은 육군과 해군(콜린 파월이 대표적인 인사다)의 장교 양성이지만, ROTC 수료자들에게 군만이 아닌 다른 국가기관에서도 근무할 수 있는 기회를 줌으로써 여타 행정기관 공직자 양성의 기회로 삼을 수 있다.

한 가지 아이러니한 사실은 ROTC 프로그램도 아웃소싱을 통해 운영된다는 것이다.[125] 이는 1997년 이후의 일로, 군 인사 양성 프로그램을 민간이 경영한다는 논란을 일으켰다.[126] 이라크전쟁으로 부족한 군 인력을 보충하기 위해서라도 적어도 당분간은 이런 상황이 유지되겠지만, 이건 민간의 권한을 넘어서는 역할이라는 지적은 일리가 있다.[127] ROTC 프로그램 수료자들을 여타 기관으로 보내려 할 경우, 교육에 소요되는 비용 부담을 군 당국은 껄끄러워하겠지만, 교육비를 대신 지불할 정부기관은 얼마든지 있어 보인다. 또한 훈련 과정에서 군사적인 부분을 제외할 경우 더 유연하고 넓은 시각으로 공공 서비스에 대한 교육을 실시할 수 있다. '공공 서비스 파트너'[128] 같은 자원봉사 기관도 대학 교육 프로그램에 동참하여 공공 서비스의 덕목을 가르칠 수 있을 것이다.

마지막으로, 군 교육 시스템을 단지 확장하는 데서 벗어나 정부 차원에서 공직자를 양성하기 위한 전문 교육기관을 세우는 방법도 있다.[129] 이들 교육기관에서는 선별된 학생을 대상으로 교육 수료 후 5년간의 의무복무를 조건으로 공직 수행을 위한 최상의 교육(리처드 포스너가 제안한 과학 분야도 포함할 수 있겠다)을 실시한다.

이럴 경우 볼커위원회가 지적한 다양한 공직의 리더십 문제가 일거에 해결된다. 또 정부는 재능 있는 공직자를 안정적으로 공급받을 수 있다. 이 아이디어는 아직 초기 단계에 불과하지만, 관련 법안은 이미 상정된 상태다.[130] 지금 우리에게 필요한 것은 공적 리더를 양성할 수 있는 전문적인 관료 양성 프로그램이다. 이를 통해 유연한 사고와 정치적 판단력을 키워 공공과 민간의 통치가 복잡하게 얽힌 오늘의 세계를 헤쳐나갈 수 있을 것이다.

부정청구방지법의 보존

지금까지 관료제 개혁을 위한 창의적인 시각들을 제안했다. 그런데 기존 제도 가운데 유지해야 할 것도 있다. 예를 들면 부정청구방지법The False Claims Act, FCA[131]이다. 비록 민영화에 의지하는 면이 없지 않지만,[132] FCA야말로 공공과 민간 파트너십의 좋은 예이다.[133] 시민의 눈에 띄어 문제가 된 사건은 이후 법정으로 넘겨진다. 부당한 방법으로 정부의 돈을 챙긴 이들을 고발하고 환수금의 일부를 소송 대리자에게 돌려주는 방법으로[134] 정부는 관찰 및 통제 수단을 확보할 수 있다.

1986년, 관련 법이 개정된 이후 지금까지 170억 달러가 넘는 금액이 정부에 환수되었다.[135] 같은 기간 정부를 대신한 민간의 소송은 5000건이 넘게 제기되었으며 그 수는 날이 갈수록 늘고 있다.[136] FCA 사건의 79퍼센트는 건강보험 및 부정 청구와 관련된 것들로[137] 일단 사법부가 개입할 경우 대부분의 사기 지출은 환수 조치된다.

FCA는 현재 두 가지 이유로 충분히 활용되지 못한다. 우선 사건이 증가함에 따라 기존 70인위원회 말고도 추가 인력이 필요한데 사법부에서는 인력을 충원하지 않았다. 담당자가 더 많았더라면 그만큼 환수 금액도 많았을 것이다. 둘째는 사기로 인해 국고를 유출한 정부기관을 법원이 조사해야 한다는 부담이 있다. 일부 기관은 사법부 조사가 부담스러울 것이다.[138] 해당 기관은 이를 통해 자신들의 주장에 힘을 실을 수도 있으나 지난 과오가 폭로되어 수치를 당할 수도 있다. 상황에 따라 분쟁이 일어나기도 한다. 예컨대 내무부의 경우 공유지에 오일을 유출했던 민간 업자와의 계약이 드러나는 것을 꺼려 사건을 사법부로 넘기지 않았다.[139]

완벽한 정부는 퀴템이 필요하지 않을 것이다. 그러나 우리 정부는 인력난을 겪고 있다. FCA는 시장 메커니즘에 입각하여 민간이 자발적으로 정부를 돕도록 한다. 민간의 수익이 곧 정부의 수익이다. 그들이 경제적인 동기에 따른다 할지라도, 정부 공직자에게 요구되는 국가에 대한 충성심과 헌신을 기대할 수도 있다.[140] 따라서 FCA는 단기 효과를 기대할 수 있을 뿐 아니라 정부가 민간과 계약을 맺어 일하는 과정에서 발생하는 문제들을 해결할 수 있도록 돕는 역할도 한다.

9장 >>

결론

국민이 대리자에게 원하는 것

Outsourcingsovereignty

우리는 이 책에서 국민이 주권의 원천이라는 말의 의미를 진지하게 받아들였다. 국민에게서 나온 주권이 입법, 사법, 행정부의 근간이 되었다. 아마르는 이를 대전제로 "입법자들이 서 있던 그곳"으로 돌아가야 한다고 주장한다.[1] 알렉산더 해밀턴은 《연방주의자 No. 84》[2]를 통해 헌법에 명시된 "국민의 권리"를 강조한다. 정부의 중대한 권리들이 아웃소싱되고 있는 이때, 입법자들이 서 있던 바로 그곳에서 국민의 권리를 강조한다는 말은 도대체 무슨 의미일까?

이 나라의 초석을 다진 이들은 민간과 공공의 차이에 별 관심을 두지 않았다. 특히 독립혁명 시기의 미국은 상대가 누구든 조금이라도 도와주는 세력이 나타나기만을 기다리는 처지였다. 그에 비해 헌법은 좀더 조심스러운 입장이었다. 민간 위임은 단 한 가지, 불법 외국 상선에 대한 나포[3]에만 국한되어 있었다. 한때 해군이 이런 역할을 민간에 위임하기 위해 상정했다가 거부된 적이 있는 법안이다. 하지만 이 조항이 되살아났다 하더라도 민영화를 실제로 추진하기 위해서는 반드시 의회의 승인을 얻어야 하며 연방정부나 주정부가 단독으로 결정할 수는 없기 때문에, 아웃소싱에 대한 우리의 기본 입장이 훼손되지는 않는다.

헌법에 의하면 국민이 국민의 대표기관들에 권한을 위임할 때는, 권한을 직접 위임받은 기관과 이 기관이 인정하는 공직자에 한해 국민을 대신할 수 있는 권한이 부여된다. 이때 기관을 대표하는 공직자는 행정부를 구성하는 인사들이며, 해밀턴도 "좋은 정부가 될지 어떨지는 행정부를 구성하는 인사들을 보면 알 수 있다"고 강조했다.[4]

헌법은 상당히 신중한 자세로 정부 관료의 손에 책임감을 쥐어주었다. 공직자는 단순히 헌법을 이해하고 긍정하는 데 머물 게 아니라, 헌법을 수호하겠다는 맹세를 해야 한다.[5] 국민, 대통령, 의회는 이런 공직자를 이끌 의무와 권리를 가지고 있다. 헌법이 처음으로 구성되던 시절부터 아웃소싱이 범람하는 지금까지 입법, 사법, 행정부는 국민의 뜻을 명확히 알고 이를 엄격히 따라야만 한다. 이 책이 주장하는 바는 바로 이것이다.

행정부 및 국가기관에 바란다

헌법 제2조를 기억하라. 대부분의 민간 아웃소싱은 행정부의 각 부처에서 결정한다. 근래에 정부 기능의 아웃소싱은 피할 수 없고, 특히 군에서는 더 그러하다고들 한다.[6] 여러 이유가 있겠지만, 정부에 필요한 재능이나 인력을 자체 충당하지 못한다는 점이 가장 중요하게 작용했다. 정치적인 이유로는 정부 규모를 줄여 예산을 절감한다는 명분이 크게 작용했다. 정치인들을 후원하는 기관에 대한 이권 문제도 있다. 이유가 무엇이든 아웃소싱을 정당화하지는 못하며, 아웃소싱은 명백히 공익에 반하는 행위다.

1. 군에 바란다

이라크전쟁에서 발생한 민간 군인 사상자 수는 셀 수 없이 많으며, 그 손실은 이 책에서 다 논할 수 없을 정도다.[7] 민간 계약자들은 법적으로 전쟁에 참가해 할 수 있는 일이 많지만, 반면 책임지거나 통제할 수 없는 일도 많다.[8] 아무리 전쟁터라 하더라도 군은 민간 계약자들이 해서는 안 되는 일을 구분할 능력이 있다. 현장 지휘관들은 책임지고 이런 결정을 내려야 하지만, 이런 상황은 바뀌어야 한다. 직접 전투가 벌어지는 상황에서 엄청난 스트레스를 받고 있는 현장 지휘관은 헌법과 공익을 생각할 여유가 없기 때문이다. RAND에서도 국방부에 지속적으로 알리고 있듯이,[9] 정부의 고유한 역할을 과도하게 민간에 위임해서는 안 된다.

현장 지휘관들은 군의 명령체계와 통제 시스템에 속하지 않은 민간 계약자들과 함께 일하기가 어렵다는 사실을 깨닫고 있다.[10] 긴급한 상황이 발생할 경우 민간 군인에 대한 명령권도 정규군 지휘관에게 부여하기 위해 애쓰고 있지만,[11] 그렇다 하더라도 이상적인 대안은 못 된다. 지휘관을 돕는 노련한 참모들이 있고, 적절한 지휘계통을 세울 수 있다면 부적절한 계약자 문제가 불거지진 않을 것이다. 그러나 적절한 지휘계통이란 이라크 같은 전장에서는 얼마나 비현실적인 말인가.[12] 전장에서 언제, 어떻게 민간 계약자들을 활용할지 결정해야 할 사람은 현장 지휘관이 아니라 (국방부 장관을 통하여) 바로 대통령이다. 이는 또한 군의 배치와 활용에 대한 기본 결정과 맞물린 문제다.

한편으로 이는 시장과도 맞물려 있다. 민간보안업체Private Security

Companies, PSCs 시장은 연 1000억 달러에 육박하며 곧 2000억 달러로 늘어날 전망이다.[13] PSCs는 군 대비 2~3배의 연봉으로 전문 전투 인력을 끌어모으고 있어서 베테랑 정규 군인의 수는 상대적으로 줄고 있다. 그러나 민간 군 병력도 애초에 군이 발주했기 때문에,[14] 이런 불균형을 해결할 수 있는 실마리도 군이 쥐고 있다. 군 사력과 관련된 시장에서 (정부)군은 유일한 수요자이며 독점적인 영향력을 발휘해 시장 상황을 변화시킬 수 있다. 즉 군 자체의 결정으로 인한 경쟁의 끈을 끊기 위해서는 간단히 말해 민간 계약이라는 옵션을 버리기만 하면 된다. P.W.싱어[15]도 국방부가 민간 계약자들을 활용할 때는 면밀히 분석해 거듭 신중을 기해야 한다고 주장한다.[16] 이때 신중한 분석의 결과는 민간 계약자 활용을 크게 줄이거나, 심지어는 완전히 배제하고 최고의 훈련을 받은 정규군을 동원하는 것이다.

이를 위해서는 역전의 용사들이 퇴역하기 전에 계속 보충할 수 있는 방안을 찾아야 한다.[17] 지금의 민간 아웃소싱이 시장논리에 따른 것이라면 자체 인력 보충에 드는 비용을 먼저 검토해야겠다.[18] 이를 통해 적절한 아웃소싱과 부적절한 아웃소싱을 가려낼 수 있다. 그러나 단기간에 경제적인 이득이 있든 없든 지원 인력을 제외한 전투병만은 군이 독점해야 한다. 민간 계약자들에게 전투 임무를 맡기지 않는다면 전장에서의 마찰도 최소화할 수 있다. 군에도 민간에도 아부그라이브의 흉터는 잊지 말아야 할 교훈을 남겼다.

여러 문제 중에서도 국방부가 가장 시급히 개선해야 할 문제는 바로 입찰 과정 없이 체결하는 수의계약이다. 전쟁이 시작되던 순

간에는 워낙 시급한 상황이라 그랬다 치더라도 이제 5년이라는
시간이 흘렀으니 입찰 과정을 정상화해야 옳다. 이제라도 계약자
의 수가 아니라 계약을 주관하는 장교의 수를 늘리고, 민간 계약
자들이 자신의 역할과 임무를 충실히 이행하고 있는지를 점검할
인원을 충원해야 할 것이다.

스튜어트 W. 보웬은 이라크 재건사업을 감찰하는 특별감찰관
이었으나, 핼리버튼, 파슨, 베크텔 등의 민간 계약사들의 부당한
지출에 대한 보고서[19] 작성 임무를 성공적으로 완료한 직후 파면
되었다.[20] 국방부는 보웬의 임무를 국방부 감찰실에서 맡겠다고
청원했지만 이 요청은 민간 계약과 관련된 감찰을 수행할 만한 인
력이 없다고 판단한 의회에 의해 기각되었다. 새로운 회기가 시작
되면 이 결정은 뒤집힐지도 모르겠다.

2. 행정기관에 바란다

정부 산하 기관들은 더 큰 문제와 마주한다. 정부 고유의 역할
수행을 위협하는 가장 큰 요인은 소위 '작은 정부'다. 이 와중에
민간 컨설턴트에 정부 역할을 계속 넘겨주는 상황은 상당히 위태
로워 보인다. 한편으로는 전문직 공직자의 자리를 정치적 인사들
이 대신한다. 정치적 인사들로 인한 각 기관의 행정 결손 문제도
심각해지고 있다.[21]

볼커위원회도 지적했듯이, 정치적 인사들의 기용을 줄이자는
제안에 쉽게 동의할 대통령은 없을 것이다. 그러나 국민의 입장에

서 보자면, 특히나 각 기관의 수장들은 능력 있는 공직자들로 채워야 한다. 백악관은 SES를 되살리는 방법을 통해 균형 잡히고 실력 있는 행정직 리더들을 붙잡을 수 있을 것이다.[22] 대사를 임명하는 과정과 비교해보면 이해하기 쉽다. 대사직은 선거 승리에 기여한 사람이라면 누구나 탐내볼 만도 하지만, 이런 눈치를 쉽게 드러낼 수는 없다. 승자의 정치적 동지들은 외교관이 되면 소위 '안전한' 국가로 부임하고, 일급 보좌관들을 대동한다. 그러나 전문직 공직자들도 같은 자리에 눈독을 들이고 있으며 그럴수록 해당 직책을 둘러싼 소란도 끊이질 않는다. 국토보안부나 FEMA의 경우도 바로 이런 사례였다. 최고의 경력을 자랑하는 공직자들이 아쉽게도 새로운 기관에 부임하지 못하고 버려졌다. 차기 백악관은 정부의 주요 기관들이 제 역할을 수행하려면 반드시 그에 걸맞은 능력 있는 인사를 등용해야 한다는 사실을 꼭 기억해야 한다.[23]

계약자들을 고용하는 기관들은 이들의 활동에 지속적으로 책임을 져야 한다. 아주 폭넓게 민간을 활용할 수밖에 없는 에너지국의 경우 책임의 범위는 상당히 넓다. 또한 주권이 위임되는 계약들을 하나하나 살피고 관리해야 한다는 사실을 망각하기도 쉽다. 그러나 정부의 주권을 침식할 가능성이 있는 컨설턴트를 활용하는 기관들도 조금만 노력을 기울인다면 아웃소싱을 해야 할 일과 해서는 안 되는 일을 구분하여 균형을 잡을 수 있다. 예를 들어 새로운 사업과 관련된 법안들을 검토하고 요약하는 일을 맡기는 것은 합당하다. 그러나 한 걸음 더 나아가 새 입법안을 민간에서 제공받는다면 이는 선을 넘은 것이다. 컨설턴트들의 증언을 통해서도 그들이 정부 고유의 기능을 수행했다는 사실을 알 수 있다.

여기에 정부기관을 위한 지침이 있다. 새로운 역할이 요구된다면 정부 내에서 이를 담당할 사람을 기용하라. 다시 한 번 강조하지만 비용 문제도 중요하지만, 정부의 고유 기능은 정부의 통제 아래 있어야 한다.[24]

정부기관은 행정부의 심장이다. 입법부와 행정부의 모든 정책은 결국 이들의 손에 달려 있다. 정부에서 직접 제공할 수 없는 전문 기능이나 민간의 손에 맡겨도 좋은 일들이 있지만, 민간에 위임함으로써 정부가 인지하지 못했던 일들이 발생할 것이며 결국 정부 정책의 효과를 저해하고 말 것이다.

국민의 대리자는 국민과의 약속을 지켜야만 한다. 정치적 인사들과 전문직 공직자들(이들은 충성을 맹세한 사람들이다)로 구성된 국가기관들을 정치적으로 통제하는 데에도 엄청난 기술과 노력이 따르는데,[25] 하물며 그런 충성심을 요구할 수도 없는 민간 컨설턴트들을 관찰하고 통제하기란 결코 쉬운 일이 아니다. 정부기관과 계약을 맺은 민간 계약자들은 의회에 출석할 일도 없고, 많은 경우 정보자유법의 제한도 받지 않는다. 이들을 감찰하고 통제할 정부 공직자의 수는 날로 줄어가는 반면, 민간 계약자에게는 누구도 책임지지 않을 권한을 쥐여주고 있다. 민간 계약자들의 직무수행 평가를 또 다른 민간 계약자가 담당하고 있는 현실을 직시하고 정부는 자신의 책임을 되찾아야 한다.

국회에 바란다

헌법 아래 첫 번째 기관인 의회(입법부)는 지나친 민간 계약으로
잃을 것이 가장 많다. 의회는 이미 대통령과 정부기관이 제공하
는 정보의 부정확성 때문에 힘들어한다.[26] 계약자들은 일반적인
감시 체계와 통제에서 벗어나 일할 때가 많기 때문에 이러한 정
보의 부정확성은 나날이 악화되고 있다. 특히 외국에서 활동하는
계약자들의 경우 보안 문제와 거리상의 제약으로 더욱 통제하기
힘들다.[27]

　의회는 임명 동의, 예산안 동의, 감찰권이라는 중대한 권한을
가지고 정부 공직자들의 책임 있는 행동을 촉구한다. 임명 동의와
예산안 동의의 경우 기관별로 담당 공직자가 있어 이 일로 의회가

컨설턴트를 직접 대면하진 않는다. 그래서 컨설턴트들이 미리 대비한다면 그들의 행위를 제대로 파악하기란 쉽지 않다. 의회는 정부기관의 대표를 통해 해당 기관에서 얼마나 많은 일들을 컨설턴트를 통해 수행했는지 알고자 할 것이다. 그렇다고 국회 소위원회에서 보고 중인 기관 대표에게 "당신이 읽고 있는 보고서를 누가 썼습니까?" 라고 물을 수는 없는 노릇이다.

　의회는 각 기관이 자신의 직무를 충실히 수행하고 있는지, 또 어떤 업무를 계약을 통해 진행하고 있는지를 알아야 한다.[28] 구체적인 정보를 가지고 향후 입법 방향을 조심스럽게 설정해야 하기 때문이다.[29] 정부기관이 자기 임무와 관련된 분석조차 민간 계약자들에게 의존한다는 사실을 파악했다면, 의회는 직접 조처를 취할 필요가 있다. 이를 통해 국민의 권한이 첫 단계에서부터 분산되는 사태를 막아야 한다.

　의회의 위원회 앞에 선 기관의 수장들은 자신이 보고하는 바를 개인적으로 집행하진 않는다. 그렇다고 집적 그 일을 맡은 컨설턴트가 위원회에 출석하는 것도 아니다. 물론 기관장들의 보고 내용은 예산관리국이나 감찰관들이 검증하기 때문에 큰 문제는 아닐 수 있다. 그렇다 해도 의회는 위원회 보고를 통해 각 기관의 직무 수행 절차와 방법이 적절했는지 판단할 수 있는 정확한 정보를 얻어내야 한다.

　헌법 제1조를 수행하는 의회는 언제라도 행정부의 탈선을 지적할 태세를 갖추고 있어야 한다. 헌법이 주권을 3부로 나눈 이유도 바로 이 때문이다. 정치적으로는 상하 양원과 행정부가 분리되었을 때 의회의 견제 기능이 제대로 발휘된다. 2006년 선거를 통해

볼 수 있듯이 의회와 정부가 분리되었을 때 오히려 국민의 힘이 증명되는 것이다. 예를 들어 의회에서 민주당이 다수를 점하고 있었다면 이라크 특별 감찰관 자리가 조용히 사라지는 일은 없었을 것이다. 물론 새로 구성된 의회가 첫 번째로 한 약속 중 하나가 바로 특별 감찰국의 부활이었다.[30] 상하원 의원들은 행정부가 아니라 헌법을 수호할 것을 맹세한 사람들이다. 자기가 속한 정당에 대한 충성심을 가지는 것은 당연하다. 그러나 어느 당이 되었든, 의회에 속한 사람으로서 갖추어야 할 충성심도 잊어서는 안 되겠다.

정부가 민영화될 때, 의회는 입법권을 통해 이를 저지할 수 있다. 의회는 정부의 조직 개편에 적극 참여하는 기회를 활용해왔다. 간접위임법에 따라 계약 과정에도 참여할 수 있다. 정부의 중대한 권한이 미합중국 관료가 아닌 사람이나 단체에 위임될 때 의회는 이 법을 통해 위임을 제한할 수 있다. 정부가 자신의 역할을 민간 계약자에게 위임할 때 이를 허락할 수도, 제한할 수도, 막을 수도 있다.

의회는 지금까지 그 힘을 지혜롭게 잘 사용해왔다(FAIR Act가 대표적인 예다). 국방부 같은 국가기관이 민간 계약을 통해 자신의 권한을 위임하는 상황을 단순히 받아들이기만 하는 역할에 만족할 수 없다. 민간 계약에 대한 감찰 청문회 등은 적절하고 필요한 활동이다. 예산관리국의 A-76 조항이나 회계감사원의 FAIR Act 준수 여부에 대한 감찰도 의회 차원에서 연구할 가치가 있다. 정부 고유의 역할이 민간에 얼마나 위임·관리되고 있는지 파악하기 위해 감사원의 도움을 받아 관련 장부를 요청하고 위임 결과를 직접 가늠해보는 것도 좋은 방법이다.

부정청구방지법은 의회가 창안해낸 감시 메커니즘이다. 정부를 대상으로 한 사기에 민간이 대신 소송하고 궁극적으로는 사법부에 심판을 맡기는 이 법을 통해 정부의 실수를 만회할 수 있다. 특별히 이라크라는 구체적인 환경에서 이 법은 빛을 발한다.[31] 공적 관찰과 통제가 어려운 상황에서 이는 의회의 통제권을 확대하는 중요한 수단이 될 수 있었다.[32]

위임권 관련 조항은 의회에 (상원을 통해) 정부의 고유 임무를 수행할 수 있는 궁극적인 권한을 부여한다. 공직자 임명에는 헌법에 따라 의회의 승인 절차가 반드시 따른다. 즉 의회는 국민의 뜻이 정부를 통해 책임 있게 수행되도록 할 의무를 지고 있는 것이다.

법원에 바란다

국민이 사법부에 걸 수 있는 기대는 더 제한돼 있다. 민주사회에서 사법부의 역할은 법(헌법)을 해석하고 판별하는 의무에 국한된다. 적법절차의 원칙, 대통령의 임명권, 그리고 비위임 원칙은 아웃소싱과 정부의 의무에 관해 명확한 지침을 제공한다. 그러나 수많은 정부 조직을 통해 방대하게 진행되는 아웃소싱 문제를 대할 때 법원은 신중을 기해야 한다. 누군가는 로크너 시기의 절차적 정의가 되살아나기를 바랄지도 모른다. 그러나 이는 현대의 헌법 해석과는 부딪치는 면이 있다.

행정부는 마버리의 원칙에 대항할 만큼 강력한 힘을 갖고 있으며,[33] 3권 분립의 원칙에 따라 법원의 공세에 대응할 수 있는 다양한 무기도 갖추고 있다. 그럼에도 불구하고 법원은 정부가 민간 계약자들에게 고유 의무를 위임할 때 법률에 기반해 합리적으로 결정했는지 판단해야 한다.

정부가 테러와의 전쟁[34]의 일환으로 구금 정책을 펴자 법원이 헌법에 입각해 정부에 대항하던 때만 하더라도 정부의 아웃소싱 상황은 상대적으로 덜 심각한 수준이었다. 당시 법원의 입장은 정당한 헌법 해석에 입각한 것으로 핵심 가치들을 반영한다. 절차적 정의라는 접근법은 민간에 정부 권한을 위임할 때 해당 과정을 공공의 통제 메커니즘 속에서 진행할 것을 요구한다.[35] 임명권 조항은 민간 계약 체결에는 의회의 동의가 반드시 필요하다는 점을 암시한다. 의회는 이를 위해 간접위임법 같은 절차와 지침을 제공했고 법원을 이를 기준으로 엄격히 판단할 태세를 갖추어야 한다.

세브론과 합법성 추정 원칙이 법원의 간접 판단권에 반한다 하더라도 법원은 신념을 가지고 공정한 기준에 따라 결정해야 한다.[36] 행정절차법에 따라 합리적으로 정책을 결정했는지 면밀히 살피는 노력이 요구된다.[37] 정부기관이 중요한 정책을 결정하는 과정(예를 들면 입법안)을 민간 컨설턴트에게 맡긴 사실이 드러난다면, 법원은 해당 기관이 합리적인 이유로 외부에 위임했는지를 반드시 밝혀야 한다. 많은 경우 합리적인 이유가 없었음을 알게 될 것이다.

결국 법원은 정부기관이 A-76 조항을 충실히 이행하도록 돕는 역할을 감당해야 한다. 1996년 이후 연방법원에는 경쟁력 약화로 공개 입찰에서 탈락한 정부기관들의 소송이 끊이지 않고 있다.[38] 무엇을 정부의 고유 임무로 봐야 할지를 법정에서 다루기 위해서는 문제를 제기하는 원고(정부 공직자)가 나타나야 한다. 사실을 밝히기도 힘들지만 변덕스럽고 예측하기 힘든 기준과 씨름하며 누구나 인정할 만큼 공정한 판결을 내리기란 정말 힘든 일이다. 그러나 다시 한 번 강조하지만, 연방정부의 아웃소싱 과정에 대한 규준은 반드시 지켜져야 하며, 법원은 정부기관이 이를 지킬 수 있도록 도와서 정부의 고유 임무를 민간에 위임할 때는 신중을 기하도록 해야 한다.

국민은 공직자들이 면밀한 법적 검토를 거쳐 공공정책을 결정하길 바란다. 좋은 정부란 국민의 이익을 지켜주는 정부다. 책임 있는 정부의 정책 수행 과정에 법원이 참여할 때 우리는 더 나은 민주주의를 기대할 수 있다. 공직자들이 해야 할 일과 그들의 자리를 빼앗지만 않는다면, 민간 계약자들의 지원은 정부의 정책 수행에 큰 도움이 된다. 법원은 입법부, 행정부와 함께 국민의 주권을 위임받은 국민의 기관으로서 다른 기관들이 제도적인 실수를 범하려 할 경우에 경종을 울려야 한다. 이것이 바로 민주 사회에서 법원이 헌법과 법률을 살피며 해야 할 일이다.

결론

국민의 헌법은 묻고 있다. 성실한 공직자나 정부기관이라면 여기에 대답해야 한다. 정부 공직자가 수행하는 고유한 정부 기능을 민간 계약자에게 위임하는 것은 민주공화제를 위험에 빠뜨리는 길이다. 미래에는 아웃소싱을 줄여야 한다. 복잡하게 얽힌 아웃소싱 문제가 하루아침에 해결되리라 기대할 수는 없다. 그러나 테드 소렌슨이 위험한 상황을 두고 호소했듯이, 우리에게도 야경꾼이 필요하다.[39] 전례 없이 주권을 아웃소싱하는 시대를 사는 우리에게는 공적 가치를 지키고 보존하는 데 앞장서는 누군가가 절실히 필요하다.

1장 머리말: 왜 아웃소싱은 민주주의를 위협하는가

[1] DSS 홈페이지를 참고해 안보서비스(DSS)를 살펴보라. 정부의 우편 서비스를 받지 못하는 공무원은 전국적으로 200만 명이 못 된다. *infra*를 참고하라. n.32.

[2] 심포지엄, *Public Values in an Era of Privatization*을 참고하라.

[3] 전반적인 아만Aman의 연구를 참고하기 바란다. *The Democracy Deficit* 제3장(지구촌화가 미치는 공공의 책임감 파괴 경향)에서는 미국의 민영화에 비슷한 우려를 표한다. Freeman의 연구, *Extending Public Law Norms Through Privatization*(공공법적 용어인 publicize를 이용해 민영화 움직임을 설명한다)도 살펴보라.

[4] 민영화와 아웃소싱은 같은 의미로 사용할 수 있다. 단, 민영화란 말이 국가의 존재 이유를 흐리고 희석시킨다는 의미가 아니라면 말이다. *infra* n.6을 참고하라. 또한 아웃소싱이란 미국 내에서의 정부 서비스 계약을 의미한다. 따라서 외국의 아웃소싱은 이 책의 주된 관심사가 아니다. Gross의 연구, *Why "Outsourcing" May Lose Its Power as a Scare Word*(아웃소싱을 통해 국내 일자리가 줄어드는 상황을 연구했다)를 참고하라.

[5] 주권에 대해서는 많은 사람이 논의했다. 이는 로크와 홉스의 철학적 논의로 거슬러 올라가며, 이 책의 뒷부분에서 더 많이 다루었다. 이번 장 E에 일부 정의를 소개했다.

[6] Priest & Hull의 연구, *Soldiers Face Neglect, Frustration At Army's Top Medical Facility*를 참고하라.

[7] Cloud, *Army Secretary Ousted in Furor on Hospital Care*(하비는 열악하고 비참한 재활시설을 운영하는 민간 계약자들보다는 정부 담당자들을 고발한다)를 참고하라.

8   Koppel, *These Guns for Hire*에는 용병을 기용해야 하는 다섯 가지 이유
     가 기술되어 있다.

     이라크전쟁에 대한 대중의 환상이 깨지고, 전 세계적으로 끝없이 이어지는 테러리
     즘의 공포 속에서 우리의 상비군과 예비군은 더 이상 전력을 유지할 수 없는 상태
     가 되었다. 유엔을 포함한 다국적군은 이러한 상황에 적절히 대처하지 못하기 때
     문에 무섭고 잔인한(다르푸르와 콩고의 상황을 보라) 상황을 신속히 제어할 수 있
     도록 미국에서 멀리 떨어진 곳에서도 작전이 가능하며, 전투에 능하고, 적에게 비
     우호적인 협력자가 필요하다.

9   *Id.*

10   《뉴욕 타임스》에 보낸 편지 참고, *Waging War with Private Forces.*

11   *Id.* 역설적인 사실은 미국이 더 민주적이었던 시절에는 징병제를 운용했
     다는 점이다. 베트남전쟁은 의무복무제와의 상관관계를 보여준다. 지원
     병제에 이르러 이러한 상관관계는 약화되었고 민간 군에 이르면 완전히
     사라지고 만다. 국가를 위한 의무병제의 부활에 대해서는 8장 C '통치인
     가 정부인가: 시장주의 정부'에서 논할 것이다.

12   *Id.*

13   《뉴욕 타임스》에 소개된 편지들이 대중의 선호를 반영하지는 않는다. 그
     러나 보수적인 출판물들조차 군대에 자부심을 가져달라고 호소한다.

14   Shane & Nixon, *In Washington, Contractors Take on Biggest Role
     Ever*(2000년에서 2005년에 이르기까지 2000억 달러에서 시작된 정부 계약이
     4000억 달러를 돌파하기까지의 과정과 제4부라는 이름을 얻게 된 과정을 논의
     한다.)

15   Pierce, Shapiro & Verkuil, 행정 관련 법령 및 과정, 2, 3장 참고.

16   Donahue, *The Privatization Decision: Public Ends, Private Means* 제
     10~11장을 참고하라(효율성이야말로 그보다 사회화된(민주주의적) 책임의 문
     제이다).

17   헌법의 상당 부분은 정치적 가치의 보존에 집중돼 있기 때문에, 경제적
     관점으로 볼 때는 비효율적으로 보일 수 있다. Burger 대법관이 *INS v.
     Chadha* 사건에서 내린 유명한 판결문을 살펴보라. "만약 헌법에 위배된
     다면, 그 자체로 아무리 효율적이건, 뛰어나건, 편리하건, 실용적이건 관

계없이 위법이다." 462 U.S. at 944. 그의 주장이 지나치게 형식주의적이라는 비판을 받기는 하지만, 경제와 정치가 항상 같은 영역에서 움직이는 것은 아니라는 사실을 명확히 보여준다.

18 전국납세자모임은, IRS가 경제적으로 비효율적이고 권력을 남용한다는 이유로 민간 부채 상환 계약자들에 대해 불만을 토로해왔다고 주장한다. Browning의 연구, *I.R.S. Use of Private Debt Collectors Is Criticized*를 참고하라.

19 Krugman, *Tax Farmers, Mercenaries and Viceroys*(IRS의 아웃소싱을 포함하여 민영화에는 책임감의 문제가 전혀 없다는 주장을 한다)를 참고하라.

20 Lipton의 연구를 참고하라. *Billions Later, Plans to Remake the Coast Guard Fleet Stumbles.*

21 *Id.*

22 Krugman, *Outsourcer in Chief*

23 인사와 관련된 관료들은 아웃소싱을 통해 얻을 수 있는 혜택이 상대적으로 적기 때문에 부패할 가능성이 낮다. 그러나 정치적으로 지명된 사람에 의해서 자신의 결정권이 계약자에게 넘어갈 경우 큰 충격을 받을 가능성이 있다. 7장을 참고하라.

24 카트리나 사태 이후 체르토프 장관은 각 기관들이 반응할 수 없도록 만들어버렸다. Hsu의 연구, *Messages Depict Disarray in Federal Katrina Response*를 참고하라. 또 Ervin, *Open target,* 제2장(DHA의 전 감시관은 민간 계약으로 낭비되는 예산에 관련된 문서를 남겼다)을 참고하라.

25 Lipton, *Former Antiterror Officials Find Industry Pays Better.*

26 *Id.*(Mr. Hutchinson이 가지고 있는 주식 20만 주는 당초 2만 5000달러에 거래되었지만, 실제 가치는 120만 달러에 달하는 것으로 보고되었다.)

27 *Id.*(Scott Amey, 정부 감독 프로젝트의 총괄 고문)

28 *Id.*(정부 관료로 있던 사람이 사임 직후 외부에서 계약을 수주한다 하더라도 아무런 제재가 없었다. 그러나 DHS 고위 관료들의 요청으로 이와 관련된 세칙들의 효율성 또한 약화되었다.)

29 DHS의 첫 번째 감사감독관은 관료들과 관련된 문제 중 상당수가 새로운 기관이 생길 때, 혹은 경쟁 대상이 없어서 이들을 극복했다는 자부심이 없을 때 생긴다고 했다. Ervin, *Open Target,* 제4-9장, 17장을 참고하라.

30 Wysocki, *Is U.S. Government 'Outsourcing its Brain'?*

31 Harrison, Morgan & Verkuil의 연구, *Regulation and Deregulation*; Verkuil, *Is Efficient Government an Oxymoron?*; Verkuil, *reverse Yardstick Competition*을 전반적으로 참고하기 바란다.

32 이 책이 보여주듯, 아이러니하게도, 기준에 대한 합의의 부재는 아웃소싱을 부추기기도 하고 막기도 한다. 교통안전국을 예로 들 수 있을 것이다. 3장을 통해 살펴보자.

33 이라크에서 용병이 개입함에 따라 발생하는 민주주의적 결함에 대해서는 《타임스》의 편지에 조심스럽게 표현되어 있다. 어떤 편지에 따르면, 만약 이라크전쟁에 참여하려는 지원자 전원이 전장에 배치되지 못한다면 이것이 바로 각자의 노력이 민주적으로 발현되지 못하는 증거라고 볼 수 있다. 미주 11번 참조.

34 현재 연방정부에서 일하는 공무원은 190만 명이 못 된다(우체국 제외). 1990년에는 225만 명이 넘었다. 국방부의 경우 1990년에서 2003년에 이르는 동안 몸집이 반 이하로 줄었다. *The Fact Book*, 8-9장 참고. 물론 모든 공무원의 비중이 동일하진 않겠지만, 최고 수준의 직무 능력을 수행하는 공직자들의 수도 급격히 주는 추세다. 2장 참고.

35 Light, *The True Size of Government*, 제1장("'정부의 그늘'이라고 묘사한 부분 (······) 1270만 개의 동등한 일자리로 구성됨"). 민간 계약자의 수는 정부 공무원 수의 여섯 배에 달하며, 이보다 중요한 문제는 계약을 관리, 감독해야 할 최고 수준의 공무원들이 속속 자리를 비우고 있는 것이다.

36 Shane & Nixon, *In Washington, Contractors Take on Biggest Role Ever*(CACI International은 감사원을 대신해 이라크에서 심문자를 제공한 계약자들이 "본질적으로 정부의 역할"을 잘 수행하고 있는지를 살폈다).

37 예를 들어, 감사원의 보고에 따르면 DOD의 경우 민간 계약자에 비해 효율이 3분의 1에 못 미친다. 적어도 부분적으로는 직원들의 수준차로 인한 결과다. *GAO Report on Improving Surveillance*, 2-3장.

38 관료제 아래서의 책임감에 대한 정의는 Dean Ed Rubin이 잘 정리한 바 있다. "책임감이란 한 행위자가 취한 행동에 대하여 다른 이들이 이해할 수 있도록 설명할 수 있고 정당화할 수 있는 능력을 말하며, 이를 기준으로 보상이나 처벌을 할 수 있게 하는 것이다." Rubin, *The Myth of Accountability and the Anti-administrative Impulse*, 2119(행정부 상황에 따른 책임감의 이점을 논한다).

[39] 예를 들면, 민간항공위원회의 항공편 규제를 들 수 있겠다. 물론 모든 탈규제가 프로그램의 종료를 의미하는 것은 아니고, "새로운 규제"가 탈규제로 이어질 수도 있다. Harrison, Morgan & Verkuil, *Regulation and Deregulation,* 16-19 참조; Aman, *The Democracy Deficit,* 93-96도 함께 참고하라(시장에 맡겨둔 법적 위임의 종류를 소개한다).

[40] Parker, *The Empirical Roots of he "Regulatory Reform" Movement* at 360 참조.

[41] *Id,* at 360 n.1(그들은 "세밀하게 나뉜" 그룹으로 불린다).

[42] 유럽 국가들의 민영화는 정부의 비국가화라는 또 다른 의미를 지닌다. 정부 자산(항공사, 방송국, 공공 기구들이 좋은 예이다)을 민간에 넘김으로써 정부의 크기를 줄일 수 있다. Petretto, *The Liberalization and Privatization of Public Utilities and the Protection of Users' Rights,* 99-106을 전반적으로 살펴보기 바란다(공공 기구의 규제완화를 전반적으로 다룬다).

[43] Norris, *In the Bush Years, Government Grows as the Private Sector Struggles*(부시 행정부 들어 GDP 가운데 정부가 차지하는 비중이 얼마나 늘었는지를 보여준다. 클린턴 행정부 말기에 GDP의 16퍼센트를 사용했으나 부시 대통령 취임 이후 "17.4퍼센트"를 기록했는데 이런 예산이 관련자들에게 임금으로 지불된 상황을 설명한다). 또한, Brooks, *How to Reinvent the G.O.P.,* 32-35(공화당은 어떻게 작은 정부의 이상을 무너뜨렸는가를 설명한다)를 함께 보기 바란다.

[44] Total Quality Management와 재건축이 가장 선호되는 개념이다. Osborne & Gaebler, *Reinventing Government* at xix, 21-22, 159-160을 참고하라; Verkuil, *Reverse Yardstick Competition,* 4-9(레이건, 아버지 부시, 클린턴 행정부 기간의 민영화에 대한 정부의 노력을 기술한다); Verkuil, *Understanding the "Public Interest" Justification for Government Actions,* 147 참고.

[45] Rosenbaum, *Bush to Return to 'Ownership Society' Theme in Push for Social Security Changes* 참고.

[46] Guttman, *Inherently Governmental Functions and the New Millennium* 40-46 참고.

[47] 그렇게 함으로써, 조정 과정에서 참신한 민간 영역의 참가를 허용할 수 있다. Ayres & Braithwaite, *Responsive Regulation,* 3-4장(규제 방안을 만드는 데 민간 영역이 참가할 수 있도록 제안한다); Lobel, *The Renew Deal:*

The Fall of Regulation and the Rise of Governance in Contemporary Legal Thought, 376–79 참고(규제 대상이 어떻게 스스로를 제어하는 규제의 구축 과정에 참여해야 하는지를 설명한다).

48 그러나 미주 15번을 참고하라. 제4부는 다름 아닌 계약자 자신이다.

49 *Iran-Contra Report*, xvi.

50 *Cheney v. U.S. Dist. Court*, 542 U.S. 367, *on Remand, In re Cheney*, 406 F.3d 723(연방정부고문단 설립에 관한 법률을 있는 그대로 해석하는 이유는 권력 집중을 막기 위해서이다. 대통령이 소환하여 모이는 위원회의 경우 그들이 투표할 권리가 있는 경우만 소환에서 제외된다).

51 Means, *Bush's Credibility Tank is on Empty; Friedman, A New Grip On 'Reality'*를 참고하라.

52 *Iran-Contra Report*, 4-8 참고. 이 내용들이 낯설지 않게 들리는 이유는 최근 니카라과 대통령 선거에서 오르테가가 승리했기 때문이다. 반대 진영에는 올리버 노스가 있었다. Kinzer, *The Marxist Turned Caudillo*를 참고하라.

53 그 은밀한 계획을 통해 한 명의 인질이 풀려났다. *Id.*

54 e.g. North, *Under Fire*(요구 불충족); Abrams, 미출판물(당국에 대한 질타); Walsh, *Firewall*(당국 옹호).

55 Walsh, *Firewall*, xiv장(사우디아라비아가 매달 100만 달러를 2년간 콘트라 반군에 지원한 사실이 정리되어 있다) 참고.

56 *Iran-Contra report*, 4-8. 이 펀드는 스위스 은행에 은폐되어 있었다.

57 *The Tower Commission Report*, 467 참고.

58 Greenstein, *The Hidden-Hand Presidency*, ix장 n.2 를 참고하라.

59 *Iran-Contra Report*, 15-16(Secord와 Hakim이 스위스에 있는 자신들의 개인 구좌를 사용한 정황을 묘사한다).

60 *Id.* at 21

61 Pub. L. No. 92-463, 86 Stat. 770(1972); Pub. L. No. 105-153, 111 Stat. 2689(1997). *supra* n.46 을 참고하라.

62 이 시점에 체니는 이미 의회 투어가 끝나면 가게 될 닉슨 백악관의 한 자리를 얻고 있었다. 아버지 부시 정부의 국방부장관을 거쳐 아들 부시 정부에서는 부통령직을 차지했다.

63 *Iran-Contra Report*, at 437.

64 *Id.*

65 Woodward, *State of Denial,* at 230(백악관과 국방부에 의한 파월 국무장관 및 국무부의 무력화를 묘사한다).

66 4장을 보라.

67 볼랜드 수정법, Pub. L. No. 97-377, §793, 96 Stat. 1833, 1865(1982). *Iran-Contra Report,* at 473.

68 Youngstown Sheet and Tube Co. v. Sawyer, 343 U.S. at 635-38.

69 *NSA Spying Memo,* at 19-20.

70 Mayer, *The Hidden Power*(데이비드 애딩턴, 1980년대 이후 지속적으로 관계를 맺어온 "체니의 동지").

71 *Id.* 애딩턴은 다시 닉슨 시대로 돌아가지 않았지만 체니는 그랬고, 제인 하만에게도 돌아갔다. 민주당원들을 특정 위원회로 몰아넣고는 "닉슨 체제로의 회귀에 최선을 다했다". *Id.*

72 *The Torture Paper-The Road to Abu Ghraib*("고문의 기록"을 모았으며 부시 행정부에서 만들었다)를 살펴보라.

73 Savage, *Bush Could Bypass New Torture Ban*을 살펴보라.

74 Pub. L. No. 109-102, 119 Stat. 2172, 2186, 2188(2005).

75 *supra,* n. 65 및 연관된 문서들을 확인해보기 바란다; 또한 콜롬비아 국회의 CRS Report: Plan Colombia Legislation and Assistance at 10(클린턴 행정부 프로그램들과 콜롬비아 플랜에서 민간 회사들의 활용에 대해 논한다)을 참고하라.

76 John M. Broder and Robin Toner, *Report on Iraq Exposes a Divide within the G.O.P.*(Mr. Perle은 이라크연구그룹을 언급하면서 "잘못된 모험"으로 묘사한다).

77 이라크연구그룹 보고서, at 50.

78 Krugman, *Outsourcer in Chief.*

79 Shane, *Latest Blue-Ribbon Panel Awaits Its Own Ultimate Fate*(해당 그룹의 일원인 새 국방부장관 Robert M. Gates를 언급하면서, 그의 백악관 영입이 도움이 될 것으로 전망한다).

80 권리 청원에 대한 지주의 법 개정, Rushworth's Hist. Coll. 1659, i.

81 막스 베버에게 국가의 범위는 합법적인 힘을 행사할 수 있는 독점적 영역에 국한된다. *From Max Weber: Essays in Sociology,* at 78.

82 Chayes & Chayes, *The New Sovereignty: Compliance with International Regulatory Agreements*를 참고하라.

83 Slaughter, *A New World Order*, at 34-35.

84 Jacobson, *The Private Use of Public Authority: Sovereignty and Associations in the Common Law*(주권이란 광범위한 비중앙집권화를 동반할 수 없다는 개념을 상기시킨 후 일반법 아래서의 주권 요소들을 지적한다).

85 Krasner, *Sovereignty: Organized Hypocrisy*, at 3-4, 20-21("잘 조직된 위선"이 드러나는 경우가 아니라면 국제 정치기구들이 국가의 주권과 더는 타협할 수 없는 상황임을 설명하며 크래스너는 우선 베스트팔렌 조약에 우려를 표한다).

86 예를 들면, 국제적인 정당성을 획득하고 있는 체제는 사병에 의한 무력 사용의 정당성을 물을 수 있다. *Id.* at 14-15를 또한 살펴보라.

87 Wood, *the Creation of the American Republic*, at 344-89를 보라.

88 *Id.*, at 528.

89 *Id.*, at 530-32.

90 Wood, *The American Revolution*, at 160-61.

91 Amar, *America's constitution: A Biography*, at 7-8.

92 *Id.*

93 대통령의 권위는 제1조(직접적으로)와 제2조(의회의 위임에 의해)에 명기되어 있다.

94 6장을 참고하라.

2장 주권 아웃소싱

1 *Farewell Radio and Television Address to the American People*, at 421.

2 Office of Mgmt & Budget Watch Home Page; Federal Spending Organization Home Page를 방문해보라.

3 2000년에서 2005년까지 연방정부의 민간 계약 발주 금액은 1730억 달러에서 3810억 달러로 증가했다. *Id.* 참고.

4 정부의 가장 큰 군수 계약자인 록히드 마틴 사는 이제 국경보안과 관련된 서비스도 제공한다. 록히드 마틴 사의 홍보기사, *Lockheed Martin*

*Delivers Secure Border Initiative Proposal*을 참고하라.

5 Guttman, *Inherently Governmental Functions* at 43−44를 살펴보라; Gutman & Wilner, *The Shadow Government*(NASA와 DOE의 노동력을 묘사한다)를 전반적으로 살펴보기 바란다.

6 *Id.*

7 실제 적용에서는 반대로 생각하는 사람들도 있기 때문에 여기서 "안정감"이라는 단어는 조심스럽게 사용하고자 한다. 그러나 감옥을 운영하는 이들은 대부분 각 주와 긴밀한 협력을 통해 서비스를 제공하고 있으며, 이는 연방정부와 계약을 맺고 일하는 사병보다는 더 낫다.

8 가장 잘 알려진 아웃소싱 서비스 영역은 저소득층을 위한 의료 및 복지 서비스에 관한 정책 결정이다. Smith & Lipsky, *Nonprofits for Hire: The Welfare State in the Age of Contracting*을 전반적으로 살펴보라.

9 Osborne & Gaebler, *Reinventing Government* at 26−28.

10 미합중국 헌법 art. I, §8을 살펴보라. 의회는 국가안보와 관련된 정책을 수행할 수 있는 권한을 가지고 있다.

11 Singer, *Corporate Warriors* at 230, 이 글을 인용하는 나 또한 그 말이 틀렸다고 말하기는 힘들었다.

12 독립선언서에는 "외국 용병을 이용하여 죽음의 작업을 끝내도록……" 했던 왕에 대한 반감이 잘 묻어나 있다. *Id.* at 33−34를 참고하라(뉴욕에서 영국과 독립군 사이에 벌어졌던 전투에서 전율이 흐를 정도로 잔인했던 헤센 용병들의 행위가 묘사되어 있다).

13 Singer, *Corporate Warriors*와 Avant, *The Market for Force*를 가장 많이 참고했다. 싱어를 통해 일반적인 비판과 경계를, 아반트를 통해 애중과 동시에 이를 뒷받침하는 견해를 끌어냈다.

14 Singer, *Corporate Warriors* at 242.

15 *Id.* at 78(2010년에는 현재 시장의 두 배로 성장할 거라는 전망을 내놓고 있다).

16 미국에서 군사 관련 서비스를 제공하는 회사들을 알기 원한다면, Avant, *The Market for Force,* at 10을 살펴보기 바란다.

17 Blackwater USA 홈페이지.

18 블래워터 사는 미국 정부와 계약을 맺고 있지만, CIA나 다른 비밀 정보기관의 활동을 대신하지는 않는다. 물론 그런 역할을 하는 회사들도 있다. Singer, *Corporate Warriors* at 48.

19 언론 보도 자료, Blackwater USA, *Blackwater Continues to Support Katrina Devastated Areas*.

20 PSCAI는 이라크의 군사 관련 계약자들이 정보를 공유하고 공동으로 로비를 진행하기 위해 설립한 비영리단체다. PSCAI는 "정부 최고위직에게서 최신 정보를 수집"한다(U.S., Coalition, and Iraq). Blackwater USA 홈페이지 참고. 물론 이런 정보가 홈페이지에 게재되지는 않지만, 사실이라면, 이들의 안전도 보장되어 있을 것이다.

21 핼리버튼과 KBR으로 흘러들어가는 자금의 상당 부분은 비은행권을 통해 움직였을 것이다. Teather, *Halliburton Accuse of Not Justifying £1 Billion Army Bills* at 17 참고; 또한 사설, *Sharing the Rishes of War in Iraq*, N.Y. Times at A16을 참고하라(핼리버튼 사의 이라크 군사 서비스는 150억 달러어치였다).

22 Singer, *Corportate Warriors* at 80(발칸 반도에서 핼리버튼이 수주한 수지맞는 계약에 대해 언급한다).

23 Miller, *Blood Money-Wasted Billions, Lost Lives and Corporate Greed in Iraq* at 72-75(체니 부통령과 핼리버튼 사의 관계를 논한다).

24 *Hearings on Private Security Firms Operating in Iraq*, 109th Cong. (IPOA 회장 더그 브룩스의 증언).

25 Singer, *Corporate Warriors* at 235("……위험한 전쟁일수록 가능한 한 민간 계약자들과의 계약을 유지하라."); Michaels, *Beyond Accountability* at 1020-24(전투가 개입되는 민영화와 이에 따른 민주주의의 훼손에 대한 논의)를 함께 참고하기 바란다.

26 Singer, *Corporate Warriors, id.* 참고.

27 전투에 투입되는 민간 사병은 당연히 모두는 아니고, 대부분도 아니고, 이라크에 주둔하고 있는 미군 13만 명의 반이 넘는 수치다.

28 Army Field Manual No.3-100.2 를 참고하라.

29 RAND는 계약자 활용과 정규군 활용의 위험 요소를 비교 분석하는 연구를 진행했다. Camm & Greenfield, *How Should the Army Use Contractors on the Battlefiled* at 26-28.

30 Hersh, *Chain of Command* at 32-33 참고.

31 Finding Arabic 대변인들이 전투 자원이 될 용의는 있겠지만, 능숙하지는 못할 것이다. Elliot, *For Recruiter Speaking Arabic, Saying 'Go Army' Is*

a Hard Job at A1 참고.

[32] Schooner, *Contractor Atrocities at Abu Ghraib* at 555.

[33] Avant, *the Market of Force* at 22; Santora & Glanz, *Five American Secuirty Employees Killed in Baghdad Helicopter Attack*(블래워터 직원들이 호위 업무를 수행하다가 죽음을 당하게 된 상황을 묘사한다).

[34] Woodward, *State of Denial* at 296-97(블랙워터 고용인들의 죽음으로 인해 폴 브레머가 계획을 바꿔 팔루자의 이라크 반군과 평화를 모색하게 된 과정과 대통령에게 어떤 영향을 미쳤는지를 묘사한다).

[35] 미 회계감사원, *Commercial Activities Panel: Improving the Sourcing Decisions of the Government: Final Report* at 7(또한, 정부는 "판정, 집행, 규제, 정책 결정" 역할을 수행해야 한다고 한다).

[36] Minow, *Outsourcing Power* at 1016; Michaels, *Beyond Accountability* at 1020-22를 함께 살펴보라.

[37] Freedberg, *How We Fight* at 36을 보라.

[38] 징병제는 1973년에 끝났다. *Id.* at 34-36 참고.

[39] 군 지원자에 대한 연금, 봉급, 수당은 일인당 35만 달러를 초과한다. 제2차 세계대전 당시 1인당 5만 달러(2005년 기준가)에 불과했던 것과 비교해 보라. *Id.* at 34.

[40] 이라크전쟁 수행 인력 부족에 대한 비판은 인력 부족을 심각하게 지적했던 신세키 장군을 경질한 대통령과 (전) 국무장관 럼스펠드에게 돌아갔다. Kirchgaessner, *Powell 'Gave Warning' on Iraq Troops* at 4; Galloway, *Army Shake-Ups Clear Path for Rumsfeld's Vision* at A3 참고.

[41] 펜타곤은 2003년 이후 이라크에 15만 명을 배치했지만 배치 기간과 교체 주기가 너무 짧고 주방위군을 지나치게 활용한다는 지적이 있다. 사설, *America's Army on edge*, N.Y. Times at A9 참고.

[42] 8장에서는 징병제와 국가 서비스를 세밀하게 다룬다. 1장에서 이미 다룬 것처럼, 징병제는 강제성을 띠지만 민주적인 요소도 많다. 징병제를 통해 파견 병력을 양성하면 징병 대상자와 가족들은 정부가 이라크에서 불필요한 모험을 계속하는 것에 반대하여 압박을 가할 것이다. Vennochi, *A Military Draft Might Awaken Us* at A11 참고.

[43] Camm, *Policy Issues Relevant to Civilianizing Billets in the Department of Defense*; Camm, *Thinking Strategically about Military to Civilian*

Conversion을 함께 참고하라.

44 Camm, *Thinking Strategically about Military to Civilian Conversion* at 2, 제5장에서는 이와 관련된 논의를 폭넓게 다루고 있다.

45 Camm, *Policy Issues Relevant to Civilianizing Billets in the Department of Defense* at 4.

46 at 미주 17-19의 논의를 살펴보라.

47 PSCAI, 미주 20의 논의를 살펴보라.

48 더구나 계약자가 군 출신이라면 야전사령관은 그들을 활용하기 더욱 좋을 것이다. RAND 보고서도 이것을 잘 알고 있다. "법적인 문제는 잠시 접어두고 얘기하자면, 계약자가 군 출신일 경우 군사령부의 명령체계 및 통제에 잘 따르기 때문에 활용하기가 더 용이하다." Camm, *Policy Issues Relevant to Civilianizing Billets in the Department of Defense* at 5를 참고하라. 블랙워터 사는 바로 이런 이유 때문에 군 출신자들을 선호한다.

49 블래워터의 웹사이트에는 지원자의 자격 요건이 크게 제시되어 있지 않다. 바로 "연방정부, 주 혹은 지역의 고용 차별 반대에 관한 법"에 저촉받지 않기 위해서다(원문 강조되어 있음). 군대의 묻지마 관행으로 해고된 게이나 레즈비언 등은 블랙워터에서 계속 군사 활동을 하며 새로운 보금자리를 찾는다. Niejelow, *The Derivative Effects of Don't Ask Don't Tell* at 28-29를 참고하라. 블랙워터는 명예퇴직자를 선호한다. 하지만 이 때문에 부적격자를 고용할 위험도 있다.

50 무력을 사용하는 경우가 있다 하더라도 시민군을 정규군으로 대체하는 쪽이 더 적절할지 모른다. 하지만 머릿수 늘리기는 쉬울지 몰라도 정부는 다시 민간 계약자에게 눈을 돌릴 수밖에 없을 것이다. 6장의 논의를 참고하라.

51 미주 48 인용을 살펴보라.

52 결국 민간 계약자들의 임무 수행과 명령 복종을 전적으로 기대할 수는 없다.

53 Hsu & Glasser, *FEMA Director Singled Out by Response Critics* at A1.

54 Camm, *Policy Issues Relevant to Civilianizing Billets in the Department of Defense* 참고.

55 DHS의 구조와 임무는 1장에서 설명한다.

56 Horne, *Breach of Faith* at 91-99(DHS, FEMA, 부시 대통령, 블랑코 주지사, 나긴 시장의 실패를 논한다); Ervin, *Open Target* at 179-87(전 감사관의 DHS 비판)을 함께 살펴보라.

57 Daniels et al., *On Risk and Disaster: Lessons from Hurricane Katrina*(카트리나를 통해 "무너진" 권위에 관한 다양한 글들을 소개한다)를 전반적으로 살펴보기 바란다.

58 Horne, *Breach of Faith* at 90(FEMA는 적십자사에 후송 기간에 구호활동을 하지 말라고 명령했다) 참고.

59 Blackwater USA 홈페이지 참고.

60 루이지애나 주지사는 주방위군을 이라크에서 철수시키도록 전화를 해야 했다(어차피 그들 중 일부는 교대근무를 해야 했다). 이는 이라크의 군 인력 문제를 전에 없이 부각시키는 계기가 되었다. 만약 이라크에 있던 주방위군이 다른 이유로 본국에 돌아와야 했다면(허리케인뿐 아니라 다른 국경문제가 불거질 수도 있다) 이라크를 비롯한 외국 작전지역의 다른 절반은 어떻게 해결할 수 있을까?

61 백악관이 배포한 보도자료, *President Addresses Hurricane Relief in Address to the Nation*.

62 Woodward, *State of Denial* at 427-28(럼스펠드가 앤드루 카드의 제안을 거부하고 어떻게 대통령에게 직접 전화해 반대했는지 묘사한다)을 보라.

63 물론 군 관계기관은 재난 구호를 위한 군사 업무들을 핼리버튼 같은 민간업체에 계약을 통해 넘겼다.

64 대통령은 루이지애나의 주방위군을 연방정부 관할로 돌려 카트리나 복구작업을 통제할 수 있을 것이라고 생각했다. The Posse Comitatus Act, 18 U.S.C. §1385(2006), 연방군이 직접 개입하는 것을 금지한다. 블랑코 주지사는 대통령의 제안을 거절했다. 당시 루이지애나 주방위군의 거의 절반에 해당하는 1만 3268명이 이라크에 파병 중이었다. Horne, *Breach of Faith* at 96-97을 참고하라.

65 Bier, *Hurricane Katrina as a Bureaucratic Nightmare* at 252-53(몇 주후에는 걸프 지역에서 수만 명의 구호를 책임지게 되었다).

66 The Corps of Engineers도 같은 의미에서 지역에 속하지만, 중앙정부가 직접 관할한다. 그러나 구출작전에 전혀 투입되지 않았고 이후 강력하게 비판받는다. Horne, *Breach of Faith* 참고.

67   Bier, *Hurricane Katrina as a Bureaucratic Nightmare* at 248-50 참고.

68   예를 들어, 구호작전에 들어가기 전에 블랑코 주지사로 하여금 필요한 모든 "자료"를 제출하도록 했다.

69   *id.* 참고. 블랑코 주지사는 사태수습을 위해 정부의 고유한 역할들을 계약을 통해 민간에 위임했다. Horne, *Breath of Faith* 참고.

70   Goodnough, *Chertoff Pushes for More Hurricane Readiness* at A16 참고.

71   FEMA 호송 차량은 뉴올리언스 지방에 한 번도 나타나지 않았다. Horne, *Breach of Faith* at 95 참고. 1만 1000여 개에 달하는 트레일러가 줄지어 있었다, 152 Cong. Rec. H612(daily ed. Mar 7, 2006)(FEMA가 1만 1000개의 트레일러를 4억 3100만 달러에 구입한 경위를 다루고 있음).

72   미주 69 참고.

73   8장 A '공적 봉사자와 민간 계약자의 차이: 여우와 고슴도치' 참고(FEMA 와 DHS가 연계된 후 FEMA의 경력 있는 공무원들의 지위를 논한다).

74   Harrington, *Rethinking Disaster Policy after Katrina*를 전반적으로 살펴보라.

75   Trebilcock & Daniels, *Rationales and Instruments for Government Intervention in Natural Disasters* at 89-103 참고.

76   Kunreuther, *Has the Time Come for Comprehensive Natural Disaster Insurance?* at 175-202를 살펴보라.

77   Posner, *Catastrophe: Risk and Response*를 보라.

78   Earthquakes are harder to anticipate and pandemics even more difficult to predict. *id.* at 21-24, 29-30 참고.

79   FEMA가 주도한 허리케인 Pam 훈련을 통해 카트리나 사태에 대비했다. 그러나 전체적으로 준비가 잘된 것은 아니다. Horne, *Breach of Faith* at 51, 147 참고.

80   Trebilcock & Daniels, *Rationales and Instruments for Government Intervention in Natural Disasters* at 89-103(자유주의적 관점에서의 논의) 참고.

81   Lipton, *Seeking to Control Borders, Bush Turns to Big Military Contractors* at A1을 보라.

82   *Id.* 백악관은 최근 국경 안보와 관련된 일을 외부에 넘기기 전에 대통령의 승인을 거치도록 하는 입법을 고려하고 있다. Swarns, *House G.O.P.*

Planning Recess Hearings at A20.

83 미국 방문객과 국경경비에 관한 홈페이지, About SBInet을 참고하라. 입찰 유인책으로 국토보안부는 "[방문객과 국경 보호]에 관한 근본적으로 다른 접근법"을 찾는다고 설명한다. U.S. Customs and Border Protection, *SBI Industry Overview.*

84 Yoest, *Procurement for Secure Border Initiative Should Be Finished in September, Officials Say.*

85 Lipowicz, *Teams Vie for SBInet* at 11; SBI Industry Overview at 4.

86 언론사 배포 자료, *Lockheed Martin Delivers Secure Border Initiative Proposal.*

87 Lipton, *Seeking to Control Borders, Bush Turns to Big Military Contractors* at A1; Hsu & Pomfret, *Technology Has Uneven Record on Securing Border* at A1.

88 Lipton, *Seeking to control Borders, Bush Turns to Big Military Contractors* at A1.

89 6장의 논의를 참고하라.

90 Lipton, *Seeking to Control Borders, Bush Turns to Big Military Contractors* at A1; Hsu & Pomfret, *Technology Has Uneven Record on Securing Border* at A1; Strohm, *Appropriators Skeptical of Promised Secure Border Initiative.*

91 Lipton, *Seeking to Control Borders, Bush Turns to Big Military Contractors* at A1.

92 Hsu & Pomfret, *Technology Has Uneven Record on Securing Border* at A1. 입찰에 응한 기업들은 다양한 경험을 가지고 있었다. 노스롭 그루만은 America's Shield Initiative(ASI)를 맡아서 진행한 경험이 있었지만 SBI에 관련 프로젝트가 편입되면서 계약이 종료되었다. Lipowicz, *Teams Vie for SBInet* at 11. 록히드 마틴은 해안경비대 관련 사업에, 레이시언은 브라질의 감찰 사업과 우크라이나, 중동 지방의 국경안보 사업을 맡아 진행한 경험이 있다. *Id.*

93 Lipowicz, *Teams Vie for SBInet* at 11. 500개 가까이 주문한 카메라 가운데 거의 반이 설치조차 되지 않았다. 땅에 묻힌 센서들은 야생동물과 기차의 움직임 때문에 92퍼센트 가까이 오작동했으며, 단지 1퍼센트만이

유용했다. Lipton, *Seeking to Control Borders, Bush Turns to Big Military Contractors* at A1; Hsu & Pomfret, *Technology Has Uneven record on Securing Border* at A1.

94 Strohm, *Department Moving on Massive Border Security Project.*

95 Hsu & Pomfret, *Technology Has Uneven record on Securing Border* at A1. 650만 달러를 들여 만든 무인정찰기가 감사를 받은 지 7개월 만에 멕시코 국경에서 추락했다. Id.; Lipton, *Seeking to control Borders, Bush Turns to Big Military Contractors* at A1.

96 미주 21번의 논의를 보라.

97 Lipton, *Seeking to Control Borders, Bush Turns to Big Military Contractors* at A1.

98 GAO가 개입하여 정부의 고유한 역할이 넘어가고 있는지를 검토할 수 있다. 6장의 논의를 참고하라.

99 미주 43-46번의 논의를 참고하라.

100 Lipton, *Former Antiterrorism Officials Find Industry Pays Better* at A1.

101 *Id.* 이외에도 부장관, 아사 허친슨과 연관된 사례 등이 있다. 그는 수십억 달러에 달하는 정부 사업의 로비를 담당한다. 1장의 논의를 살펴보라.

102 *Id.*

103 Ervin, *Open Target* 을 살펴보라.

104 GS-14 정부 계약을 추진하려는 정부 공무원은 민간 기업의 대표로 나온 이전 상사를 만날 수도 있다.

105 국토보안부 IG로 임명받았던 Clark Ervin은 체르토프의 리더십을 칭송할 지도 모르겠다.

106 Miller, *Blood Money-Wasted Billions, Lost Lives and Corporate greed in Iraq* at 73-75(이라크에서 수행한 핼리버튼의 역할은 체니 부통령과의 커넥션 때문이라고 언급한다).

107 전례 없는 사병의 활용; DHS가 수행해야 할 정부의 고유 기능이 민간으로 위임되고 있다. 전에 없던 일이다.

108 예를 들어, Dolovich, *State Punishment and Private Prisons*(민간 교도소의 내규와 관리 상황의 실패상을 논한다)를 살펴보라.

109 Rosky, *Force, Inc.* at 879.

110 미국 전역에는 200만이 넘는 사람이 투옥되어 있으며, 대략 10만 명이 민

간 교도소에 수감되어 있다. Harrison & Karberg, *Prison and Jail Inmates at Midyear 2003.*

111 Sklansky, *The Private Police* at 1168을 보라.

112 예외가 있다. 국방부와 GSA는 민간 보안업체와 군대, 다른 정부 단체들을 고용한다.

113 *Richardson*, 521 U.S. 399를 보라.

114 Sklansky, *The Private Police* at 1240(사례연구); 또 *id.* at 1253-54(주 법령의 "공적 기능"에 대한 논의)를 참고하라.

115 *id.* at 1253을 보라.

116 4장, 공공/민간의 구분에 대한 논의를 보라.

117 18 U.S.C. §3261(2006). DOJ는 아부그라이브의 MEJA와 계약을 맺은 사업자에 대해 조사했다. Avant, *The Market for Force* at 234 참고.

118 Coalition Provisional Authority Order No.17(Revised) at 4(이라크의 사병들은 계약에 따른 업무를 추진할 때 이라크법의 제한을 받지 않는다); Carney, *Prosecuting the Lawless: Human Rights Abuses and Private Military Firms* at 330-36(근대의 용병들은 법을 무시한 채 활동한다고 주장)을 보라.

119 n.19의 논쟁을 보라. 바그다드의 거리를 누비던, 전쟁에 익숙한 군인들이 뉴올리언스를 장악하면 노략질도 없어지겠지만, 시민들도 마음 편히 다니지 못할 것이다.

120 Sklansky, *The Private Police*(왕의 평화를 지키는 정치가 근본적으로 공적인 기능을 수행했지만, 이후에는 공적인 영역이 사라지고 있다고 주장한다).

121 *id.* at 1187-88을 보라.

122 Dolovich, *State Punishment and Private Prison* at 5 참고.

123 여기서의 "주"는 연방정부와 각 주를 통칭한다. 교도소나 구치소는 양자 모두 운영한다. *id.* at 8(통계자료 참고)을 보라.

124 Corp. of Am. 홈페이지 참고. CCA는 안보와 건강관리, 기본 교육, 학대 문제를 다루고 있다. 95퍼센트에 달하는 재계약률을 기록한다. CCA의 목적은 공공 서비스를 제공함으로써 정부와의 파트너십을 확보하는 것이다. 2005년 보고서에 따르면 12억 달러에 달하는 매출을 기록했으며 매출이 급증하고 있다. 2005년 보고서에는 교도소의 침대가 공급에 비해 턱없이 부족한 "의미 있는 기회"의 시기를 맞고 있다고 기록되어 있다.

125 n.17의 논의를 살펴보라.

126 Harding, *Private Persons and Public Accountability* at 2-3.

127 Dolovich, *State Punishment and Private Prisons* at 8을 보라.

128 Donahue, *the Privatization Decision* at 171을 보라.

129 Dolovich, *State Punishment and Private Prisons* at 29(실증 연구를 설명).

130 *id.*

131 *Richardson*, 521 U.S. 399.

132 ·42 U.S.C §1983(2006)은 헌법이 명시하는 권리를 박탈당한 시민의 법적 구제수단을 다룬다.

133 수정헌법 제8조와 같은 헌법의 위반 사실을 알린다. 예를 들어, *Estelle*, 429 U.S. at 106(진료가 필요한 사람에 대한 "고의적 무관심")을 살펴보라.

134 섹션 1983의 보급에 의한 소송과 공무원들의 자세 변화는 이렇다 할 상관관계가 없다. 뉴욕 시의 예를 들면, 경찰의 불법 행위에 대한 소송이 경찰관의 태도를 바꾸는 데 별 역할을 하지 못한다. Treaster, *Mollen Panel Says Buck Stops With Top Officers* at A21; Mollen, *Report of the Commn. to Investigate Allegations of Police Corruption and the Anti-Corruption Procedures of the Police Dept*를 살펴보라. 그러나, Bandes, *Patterns of Injustice; Police Brutality in the Courts* at 1275(경찰의 과격한 행동에 대해 법원은 조직의 시스템 측면에서 바라보기보다 소수의 "나쁜 녀석들"이 저지르는 문제로 간주한다)도 살펴보라.

135 n. 45의 논의를 살펴보라.

136 팔루자에서 네 명의 블랙워터 직원들이 난도질당한 이라크에서의 군사 활동은 극단적으로 예측하기 어려운 경우일 것이다. n.33의 논의를 보라. 그러나 폭도들이 있고 폭력을 사용해야 하는 교도소의 경우도 충분히 예측 불가능한 돌발사태가 일어날 수 있기 때문에 계약을 통해 이를 막을 필요가 있다.

137 예를 들어, A-76 조항에 의하면 무력 사용은 전적으로 공공의 영역에 속한다. 6장에서 다루겠지만, 연방 교도소도 마찬가지로 민간 교도소와 계약을 맺고 있다. 따라서 공공의 고유한 영역과 그렇지 않은 영역을 명확히 구분할 필요가 있다.

138 Dolovich, *State Punishment and Private Prisons* at 35-42를 보라.

139 *id.* at 35-36(CCA가 운영하는 교도소에서 자행되는 폭력을 다루고 있다).

140 *id.* at 43, 46을 보라; 또 Ratliff, *The Due Process Failure of America's*

*Prison Privatization Statutes*도 참고(가석방을 하지 않음으로써 얻게 되는 경제적 "인센티브"를 설명하고 있다).

141 Hersh, *Chain of Command* at 54–55를 보라.

142 *id*. 참고.

143 Shane, *Torture Victim Had No Terror Link, Canada Told U.S.* at A10(고문을 당했던 Maher Azan이라는 캐나다 시민을 시리아로 보내는 데 캐나다 정부가 미국에 어떻게 협조했는지를 설명한다).

144 미국 정부는 범죄자 이송이나 고문을 공식 부인한다. 또한 라이스 장관은 비밀 감옥에서 얻은 정보로 생명을 구했다고 말한다. Brinkley, *U.S. Interrogations Are Saving European Lives, Rice Says* at A3; Woodward, *State of Denial* at 80–81(9·11 이후 만난 자리에서 부시 대통령이 바달 왕자에게 심문을 도와달라고 말한 상황을 묘사했다).

145 Jehl & Johnston, *Rule Change Lets C.I.A. Freely Send Suspects Abroad* at A11(한 고위직 공무원에게 관련 정보가 제공되었다).

146 CIA는 심문을 목적으로 테러 용의자 이송에 직접 관여했다. CIA는 용의자들이 고문을 당하지 않았다고 말하면서도, "24시간 그들과 함께 앉아 있지 않은 한, 100퍼센트 장담할 수는 없다"고 했다. *id*. 를 참고하라.

147 *Hamdi*, 542 U.S. 507.

148 Sanger & Schmitt, *Cheney's Power No Longer Goes Unquestioned* at A1(Stephen J. Hadley는 부시 대통령의 국가안보 고문이다).

149 Greenstein, *The Hidden Hand Presidency-Eisenhower as Leader*(아이젠하워의 공개되지 않았던 메모들이 소개되어 있다).

150 1994년판 서문에서 그린스테인 교수는, 이라크-콘트라 사태의 진행 상황을 전혀 알려고 하지 않았던 레이건 대통령을 "손 놓은" 대통령이라고 부른다.

151 Sanger & Schmitt, *Cheney's Power No Longer Goes Unquestioned* at A22를 보라.

152 네 번째 사례는 미납 세금 징수를 민간 계약자에게 맡긴 것이다. 국세청이 직접 관련 업무를 수행하면 경제적으로도 더 큰 효과를 볼 수 있지만, 의회(그리고 행정부)의 거부로 외부에 넘기게 되었다. Johnson, *I.R.S. Enlists Outside Help in Collecting Delinquent Taxes, Despite the Higher Costs* at A1을 참고하라.

[153] *e.g., Chem. Found.*, 272 U.S at 14("일정률에 대한 가정이 공무원들의 공식 활동을 돕는다...") ; *gregory*, 534 U.S. 1(같은 내용); 6장에서 소개되는 모건 사례도 함께 참고하라.

[154] 상황에 따라 법률사무원을 두는 것 자체가 논쟁으로 이어질 때도 있다. 영국에서는 판사의 분석과 결정에 영향을 끼칠 수 있기 때문에 법률사무원을 쓰지 않는다.

[155] 6장 B '계약을 통한 위임과 A-76 조항' 의 논쟁을 참고하라.

[156] RAND의 미션: "RAND는 비영리기관으로서 연구와 분석 활동을 통해 정책 수립과 결정에 도움을 준다." RAND 홈페이지 참조.

[157] McKinsey & Co. Home Page. McKinsey는 기관의 주요 영역인 영리 파트와 비영리 파트로 구성되어 있다. 정부와 함께하는 업무는 그리 중요하게 취급하지 않는다. RAND는 정부 업무가 가장 주요한 부분이며 비영리로 컨설팅을 수행한다.

[158] Executive Office of the President, *Report to the President on Government Contracting for Research and Development*(David Bell은 예산관리국 국장을 지낸 바 있다)를 참고하라.

[159] *Id.*

[160] *Id.*

[161] Guttman, *Inherently Governmental Functions* at 2-10(이러한 염려로 인해 어떻게 "정부의 고유한 영역"을 Federal Activity Inventory Reform Act에 반영했는지를 잘 설명한다)을 보라.

[162] *id.* at 13-15 참고.

[163] *Letter from Charles A. Bowsher, Comptroller General, to Hon. David Pryor*(Dec. 29, 1989) 참고.

[164] Goodsell, *The Case for Bureaucracy* at 147; Kattl, *Sharing Power* 제5장(다른 예들이 소개되어 있다)을 함께 참고하라.

[165] EPA의 전 대표 고문이었던 Don Elliott과 저자의 논의. 2007년 1월 31일.

[166] DOT, 고문보 Neil R. Eisner와 저자의 논의.

[167] FOIA의 요청만으로는 잘 드러나지 않는 문제다. 일반적인 지원 계약은 역할의 한계가 명확하지 않으며 실제로 정책 결정 과정에서 계약자들이 개입한다. Guttman, *Inherently Governmental Functions* 참고.

[168] 2장 B '국가비상사태에 대한 민간의 해법' 3. 국가안보 주식회사를 참고

하기 바란다.

3장 사례연구: 교통안보에 대한 정부와 민간의 접근법

1   *The 9/11 Commission Report* § 12.4, at 357–58("매년 300개가 넘는 바다와 강의 항만을 통해 3700개가 넘는 창고로 수백만의 컨테이너와 승객이 쏟아져 들어온다. (……) 항공과 마찬가지로 그 많은 물품과 사람의 이동 가운데 위험 요소는 얼마든지 있다.")을 참고하라; Scott, *Slipping Through the Net and into Our Ports*, 이후의 논의 nn. 93–95 그리고 연계된 문헌을 함께 참고하라.

2   2장; Singer, *Corporate Warriors*(해외에서의 사병 활용에 대해 설명한다) 참고.

3   Dempsey, *Aviation Security* at 721.

4   Ervin, *Open Target* at 110(민간 사업자를 끌어들이면 공항보안에 치명적인 약점이 생길 것이다)을 참고하라.

5   부수적인 임무로 치부될 수밖에 없다. 항공사의 지원을 받는 보안업체들은 최소한의 임금과 비용으로 역할을 완수하는 데 가장 큰 관심이 있었다. 9 •11을 통해 드러난 이들의 부실한 안보의식은 결국 정부가 조장한 것이다.

6   Aviation and Transportation Security Act, 115 Stat. 597(2001)(codified at 49 U.S.C.A.§ 114.)

7   Freeman, *Extending Public Law Norms through Privatization* at 1285("공영화"라는 용어를 "민영화"의 대응어로 쓴다)를 보라.

8   다섯 개의 공항은 TSA의 감독 아래 계속해서 민간 요원을 두기로 했다. 이후의 논의 n.26 참고.

9   Verkuil, *Public Law Limitation on Privatization of Government Functions*를 참고하라.

10   Treverton, *Governing the Market State* at 104–05(TSA를 두고 국가의 민영화 움직임에 반하는 사례로 지목한다)를 보라.

11   14 C.F.R. § 108.9(2001)(항공사의 안보 책임을 구체화한다).

12   Dempsey, *Aviation security* at 721 참고.

13   Hessick, *The Federalization of Airport Security: Privacy Implications*

at 46.

14 *Id.*(DOT 1999 보고서 인용).

15 *Id.* at 47.

16 S. 1447, 107th Cong., 2d Sess.(2001).

17 Shesgreen, *Bush Offers Compromise on Aviation Security Bill; It Stalls on Provision to Make All Screeners Federal Employees.*

18 H. R. 3150, 107th Cong.(2001). 의회는 민간 요원에 대해 승인함. 그러나 section 3은 "모든 요원들은 유니폼을 입은 TSA 관리자들의 통솔을 받아야만 한다"고 규정한다. 147 Cong. Rec. H7631, H7632(Nov. 1, 2001)(available at 2001 WL 1347343).

19 *Id.*

20 《워싱턴 포스트》여론조사에 따르면 82퍼센트의 미국인, 상원의원 전원, 주지사 대부분이 찬성했다. Hessick, *The Federalization of Airport Security: Privacy Implications* at 50 참고.

21 앞선 논의, n.6 참고.

22 Branum & Dokupil, *Security Takeovers and Bailouts* at 459.

23 미국 시민권자로 제한하려 한 이유는 기존 공항 근로자 중에서 외국 이민자의 비중이 컸기 때문에 그들을 재고용하지 않기 위해서였다. 그러나 이런 기준은 미군에게도 적용하지 않는다. Michael Hayes, *Improving Security* at 60-61 참고.

24 Hessick, *The Federalization of Airport Security: Privacy Implications* at 53.

25 수하물 검사 요원들은 TSA로부터 특별히 자격에 관한 검사를 받아야만 한다. DHS, Office of Inspector General. 승객에 대한 연방 공무원과 공항 수하물 검사 요원의 경력 검사에 대한 리뷰 참고.

26 5개 공항에 대해서만 외부 인력으로 보안을 확보할 수 있도록 허가를 얻었다. 샌프란시스코, 캔자스시티, 로체스터, 잭슨 홀, 튜펠로. Transportation Security Administration, *TSA Releases Performance Report On Comtract Screeners At Five* U.S. *Airports* 참고.

27 Branum & Dokupil, *Security Takeovers and Bailouts* at 461.

28 Sen. 1447, 107th Cong.(2001년 9월 21일)

29 H. R. 3150, 107th Cong.(2001년 10월 17일)

30   *e.g.* White House Off. of the Press Sec., *Press Briefing by Ari Fleishcer*(2001년 11월 6일)(가장 좋은 시스템은 정부와 민간 요원을 함께 배치하는 것으로, 이를 통해 정부 요원들이 더 높은 기준을 정해 안보 역할을 수행할 수 있게 될 것이다).

31   Verkuil, *Public Law Limitation*, at 401-02를 전반적으로 살펴보기 바란다.

32   *Cf.* NPR Talk of the Nation: Federalizing Airport Security Personnel, 2001 WL 4190170, 2001년 10월 25일(매케인 상원의원은 대통령이 원할 경우 해고할 수 있도록 하고 정부가 모든 보안요원을 고용하도록 했다).

33   Hayes, *Improving Security* at 59(TSA 6만 4000명 고용) 참고.

34   *e.g.* Part C, 이후의 논의.

35   Verkuil, *Public Law Limitations* at 428-31(서약의 중요성을 역사적 관점에서 논한다) 참고. 세 번째 상징적 요구사항은 미국 시민권과 관련된 것이다. 이후의 논의, 23페이지의 논의를 보라.

36   Pub. L. No. 170-71, §118(a), 115 Stat. 597, 625(2001); 49 U.S.C. § 44940(a)(1)(A).

37   행정부는 유럽의 사례를 들어 공항보안을 전적으로 정부가 담당하는 상황에 대응하려 했다. 앞선 논의, n.32(로이 블런트의 견해).

38   Rosky, *Force, Inc.* at 979-81(민간 요원과 정부 고용 인력의 충성심에 대한 논의).

39   Corwin, *The President: Office and Powers* at 107-10(행정상의 규율에 의한 충성 서약에 대한 논의).

40   7장의 논의를 참고하라.

41   Rosky, *Force, Inc* 참고.

42   Singer, *Corporate Warriors* 참고.

43   보안 유지를 민간에 넘기는 것도 법안의 일부로서 이때 민간 업체는 공공 보안요원과 같은 자격 요건을 갖추어야 한다. 49 U.S.C. §§44919-20 참고. 자격 요건을 갖춘 보안업체는 반드시 미국 시민이 소유한 업체여야 한다. 49 U.S.C. §44920(d)(2).

44   Rosky, *Force, Inc.*(공항을 포함해, 보안 병력의 민간, 공공 활용을 비교해 설명한다)를 전반적으로 살펴보라.

45   Federal Document Clearing House, *Presidient George W. Bush Signs the Aviation Security Bill.*

46 TSA가 고용한 사람들이 최고의 조사관들은 아니다. Kocieniewski, *El Al Asks U.S. to Let It Do Extra Screening at Newark*(El Al이 고용한 조사관들은 공항 검색대를 통과한 사람들이 비행기로 들어가는 길에 두 번째 검색을 하도록 TSA의 승인을 받았다).

47 Exec. Off. of the Pres., Off. of Mgt. & Budget, OMB Circular A-76, at A-2. 또 6장(OMB의 A-76 조항에 관한 부분을 자세히 살핀다)을 함께 보라.

48 *id.* 참고.

49 이 논의는 공화당의 예산안 부과와 맞닿아 있다. 앞선 논의, n. 29 참고.

50 9·11의 결과를 두고 대중이 공무원들에 대해 느끼는 감정은 무시할 수 없다. 예를 들어, 당시 뉴욕의 경찰과 소방관들은 영웅의 지위를 누렸지만, 지금은 FDNY/NYPD 모자나 티셔츠는 더 이상 사람들의 사랑을 받지 못한다. *The 9/11 Commission Report* §9, at 260("영웅주의와 호러").

51 앞선 논의, n.32 참고(공화당 블런트 의원은 유럽의 모든 국가들이 "민간이 운용하는 공적 서비스를 받아들이되, 정부가 그들을 총괄하여 관할"하는 시스템을 가지고 있다고 주장했다).

52 통계치를 살펴보면, 유럽의 경우 이는 맞는 말이다. 그러나 모든 정부들은 공기업 민영화에 맞서 싸우고 있다. *Public Services and Citizenship in European Law 2-10*(유럽의 민영화와 공/사 제3의 움직임).

53 Regulation(EC) No. 2320/2002(Dec. 16, 2002)(민간 항공보안을 위한 일반법 수립)를 참고하라.

54 *id.* at arts. 7-9 참고.

55 Metz, *Simplification of the Public Administration: The "Lean State" as a Long-Term Task* at 651-54(독일의 민영화 계획인 Lean State 프로그램 소개)를 참고하라.

56 *id.* 이 요구사항은 다른 민간 활동에도 적용될 수 있다. 자동차나 다른 개인적인 안전 장구, 교통 통제 등. n.52 참고.

57 앞선 논의, n.47을 참고하라.

58 Aman, *Privatization, Prisons, Democracy, and Human Rights* at 514 참고.

59 Aman, *The Democracy Deficit* at 1-3.

60 Regulation(EC) No. 2320/2002 art. 7(Dec. 16, 2002) 참고.

61 *e.g. Gibbons v. Ogden*, 22 U.S. at 1(Marshall, C.J.)을 보라. 유럽연합 법정

의 최고 판사는 국가 간 상거래를 존중해야 한다고 말한 바 있다.

62 *Treaty Establishing the European Economic Community*, art. 48(인신의 자유로운 통행과 "공적 서비스의 제한 없는 취업"에 대한 설명)을 보라.

63 *e.g. Commission v. Belgium*, [1982] E. C. R. 1845; *Bleis v. Ministere de l'Education*, [1991] E. C. R. I-5627(중고등학교 교사직을 프랑스인에게 허용)을 참고하라.

64 *Bleis v. Ministere de l'Education*, [1991] E. C. R. I-5627.

65 앞선 논의 n.23 참고.

66 각 주를 넘어 자유롭게 이동할 수 있는 권리는 미국 헌법에서 요구하는 최우선 조항이다. *The Passenger Cases*, 7 How. [48 U.S.] at 492("우리는 모두 미합중국의 국민이다. 따라서 한 사회의 구성원이며 아무런 제한 없이 한 국가 내에서 오가듯 원하는 곳을 방문할 수 있어야만 한다.")를 참고하라.

67 앞선 논의 n.47 참고.

68 물론 아무리 미국 정부가 계약을 통해 민간에 많은 책임 영역을 위임하려 해도 미국 정부의 고유한 직무 영역을 민간에 위임할 수는 없을 것이다.

69 6장 참고. 그 과정을 자세히 설명한다.

70 Singer, *Corporate Warriors* 참고.

71 2장 C '민간 교도소, 민간 경찰의 출현'의 논의를 참고하라.

72 예를 들어, 승객의 억류 같은 일은 정부 공무원만이 할 수 있다. n.77 논의를 참고하라.

73 의회는 다섯 개 공항에서 민간 조사관들의 고용을 허가했다. n.26 논의 참고.

74 정부의 고유한 역할에 대한 문제 제기가 별 소용이 없다면, TSA 고용 인력들은 제2단계의 "경쟁"을 시작할 수 있을 것이다. 이때 상대적인 비용의 문제뿐만 아니라 중요한 요인 중 하나인 업무수행 기록 문제가 남는다. 그러나 이를 정확히 판단할 수 있는 시스템은 마련되지 않았다. n.46 논의 참고.

75 앞선 논의 n.22 참고.

76 5장을 보라.

77 조사 과정은 고압적이며 개인의 프라이버시를 침해하기 일쑤다. 우리는 일반적으로 경찰관이 그런 역할을 할 것으로 생각한다. 그러나 이는 범죄에 대한 대응이며, 공항의 경우는 상황이 다르다. 그럼에도 불구하고 검

색 도중에 이를테면 마약이 발견될 경우 이는 범죄의 문제가 된다. *e.g.*
United States v. ramsey, 81 Fed. Appx. 547 참고.

78 앞선 논의 n.26 참고.

79 Williamson, *Public and Private Bureaucracies: A Transactions Cost Economics Perspective* at 308-26(이전 비용이 적다면 아웃소싱을 고려하는 것이 옳다)을 참고하라.

80 Ervin, *Open Target* at 110(민간 보안업체보다 TSA 직원들의 조사 능력이 결코 뛰어나지 않다는 사실을 인정하면서도 여전히 공적 통제를 선호한다)을 보라.

81 제정법상의 가이드라인이 항상 최적의 통제 환경을 제공하는 것은 아니다. 국토보안부와 FEMA의 경우 카트리나로 인한 피해를 사전에 막거나 해결할 수 있는 권한을 가지고 있었음에도 불구하고 적절한 역할을 수행하지 못했다. 그러나 적어도 법적으로 사건에 대한 책임이 누구에게 있는지는 확인할 수 있다. Neuman, *Report Details Katrina Communications Fiasco*를 참고하라. 그러나 Varney, *Fact-Finding Senators Feel Stiffed by FEMA*도 함께 참고하기 바란다.

82 앞선 논의 n.79 참고.

83 Williamson, *The Economic Institution of Capitalism* at 398-402(정부 구조와 계약 법안의 관계를 논의한다) 참고.

84 7장 A의 계약/위임 논의를 참고하기 바란다.

85 Donahue, *The Privatization Decision*을 보라.

86 *id.* at 38(제1장의 제목은 "The Architecture of Accountability"이다).

87 도나휴는 책임감이란, "공중의 가치를 지켜내는 것"이라고 정의했다. *id.* at 12. 효율성도 이와 관련지어 서술한다. *id.* 도나휴는 단순히 공공과 민간이 어떻게 임무를 수행하는가를 비교해 민영화를 따질 수는 없지만, "대부분의 경우 공적 역할은 어렵고 힘들다"고 말한다. *id.* at 215.

88 Verkuil, *Public Law Limitations* at 424-25; Metzger, *Privatization as Delegation*(민간 위임 시에는 적절한 절차에 따라야 한다)을 참고하라.

89 Verkuil, *Public Law Limitations* at 455-59(안보와 방어를 공공재로 소개)를 참고하라.

90 Donahue, *The Privatization Decision* at 78("구체적으로 잘 정의된 계약은 책임감을 강화한다").

91 앞선 논의 n.22 참고.

92 2장 A '민간 군인의 등장' 참고.

93 예를 들어 Walsh, *For Coast Guard, Priorities Shifted on September 11; Focus Is on Defense Against Terrorism*; Sweeney, *New York Harbor 'Ripe' for Al Qaeda Style Attack*; Clendenning, *Most Ports Dawdle Over Beefing Up Security; Few Nations Likely to Meet July Deadline*을 참고하라.

94 Ortolani & Block, *Keeping Cargo Safe from terror-Hong Kong Port Project Scans All Containers; U.S. Doesn't see the Need*를 참고하라.

95 Ervin, *Open Target*, ch. 4(DHS의 전 감사관이 CSI의 해외 항만 조사 시스템의 부적절성을 지적한다)를 보라.

96 예를 들어 뉴욕과 뉴저지의 항만 관할국에는 세 개의 공항(뉴욕, 라구아디아, 케네디)이 있다. The Port Authority of NY & NJ, *Homepage*를 참고하라.

97 The Peninsular and Oriental Steam Navigation Co.는 세계에서 네 번째로 큰 항구 소유사로 19개국에서 여든다섯 개의 항구를 소유한다. Off. of Sen. Charles Schumer, *Press Release: Multi-Billion Dollar Company that Operates NYC Port to be Taken Over by United Arab Emirates Government-Owned Firm Today*를 참고하라.

98 백악관은 2006년 2월 21일, 대통령 담화로 다음과 같은 내용을 발표했다.

이 거래로 인해 미국의 안보가 위협받는다면, 거래는 더 이상 진전되지 않을 것이다. 해당 회사는 미국 정부와 오랫동안 협력해왔다. 이 회사는 항만보안을 담당하지는 않을 것이다. 우리 항만의 보안은 우리의 해안경비대와 세관이 담당할 것이다. 또한 이 회사는 우리와 함께 손을 잡고 테러와의 전쟁을 수행하고 있는 국가 소속이다. 전 세계에 걸쳐 수많은 항구를 운영하고 있으며 지금도 미국과 상당량의 교역을 진행한다.

White House Off. Of the Press Sec., *Fact Sheet: The CFIUS Process and the DP World Transaction*.

99 CBS News, *Coast Guard Warned of Ports Deal Gaps*("의회에서는 양당 모두 강력하게 반대하는 가운데, 대통령은 일요일 DP World와의 거래를 통해 발생할 수 있는 안보문제를 두고 협의를 진행했다")를 참고하라.

100 Lautenberg 상원의원은 UAE의 로열 패밀리 가운데 1999년 아프가니스

탄에서 빈 라덴과 비밀리에 만난 사람이 있다고 주장했다. 152 Cong. Rec. S1936–S1937(2006).

101 152 Cong. Rec. S1941–S1942(2006)(존 워너의 기조연설. 그는 UAE에 대한 군사적 접근이 얼마나 중요한지를 설명하고 있는 Peter Pace 장군과 John P. Abizaid 장군의 편지를 읽었다)를 참고하라.

102 Samuelson, *The Dangers of Ports (and Politicians)*를 참고하라.

103 DP World는 미국에 자회사를 두고 있다. 언론 보도, DP World, Statement by H. Edward Bilkey, Chief Operating Officer, DP World 참고.

104 Timmons, *Dubai Port Company Sells Its U.S. Holdings to A. I. G.- Political Hot Potato Handed Off*를 보라.

105 8장, 공공과 민간의 파트너십 구축의 필요성을 논한다.

106 Samuelson, *The Dangers of Ports (and Politicians)* 참고.

107 Lipton, *U.S. Requiring Port Workers to Have ID's and Reviews* (18억 달러의 비용이 든다는 사실을 지적한다)를 참고하라.

108 예를 들어, TSA와 마찬가지로 하역 노동자들의 이력 추적은 불가능하다. n.43의 논의 참고. 불법 이주자만 아니라면 부두에서는 노동할 수 있다. *id.* 참고.

109 이후 DP World는 영국계 회사 Doncasters Group Ltd.,를 인수했다. 슈머 상원의원도 이에 대해서는 반대하지 않았는데 이유는 회사가 서비스가 아닌 상품을 제공하기 때문이었다. Blustein, *Dubai Firm Cleared to Buy Military Supplier* 참고.

110 Auerswald et al., *Where Private Efficiency Meets Public Vulnerability: The Critical Infrastructure Challenge*를 참고하라.

111 Hsu, *Messages Depict Disarray in Federal Katrina Response, On Risk and Disaster: Lessons from Hurricane Katrina;* Ervin, *Open Target* (국토보안부 전 감사관의 보고서로, 민간 계약으로 허비되는 예산에 대해 보고한다)을 비교하여 살펴보기 바란다.

1   *General Theory of Law and State* at 207.

2   Moe, *Governance Principles* at 37.

3   민주주의와 파시즘의 구성요소 사이에는 공공과 민간의 영역에 대한 견해 차이가 있다. Paxton, *The Anatomy of Fascism* at 11(파시즘은 "개인은 사회의 이익을 벗어나서는 아무런 권리를 가지지 못하는 체계"로 설명한다)을 참고하라.

4   Dicey, *Introduction to the Study of the Law of the Constitution*. 미국법에서는 헌법이 행정법과 관련된 많은 부분을 포함한다. n.10 참고.

5   Rodin & Steinberg, *Introduction: Incivility and Public Discourse* at 7–11. Jean L. Cohen & Andrew Arato, *Civil Society and Political Theory*(시민사회에 대한 설명)를 전반적으로 참고하라.

6   Smelser, *A Paradox of Public Discourse and Political Democracy* at 179.

7   Taggart, *The Province of Administrative Law Determined?* at 4.

8   Justinian's Digest: "법학은 공법과 민법, 두 가지가 있다. 공법은 로마의 공동번영 노력에 관련된 것이며, 민법은 개인의 이익을 위한 것이다." Dig. 1.1.1.2 1 The Digest of Justinian 1.

9   Faulkner, *Public Services, Citizenship and the State: The British Experience 1967–97* at 36–37(시민법의 전통이 어떻게 공익을 규정한 공법과 연계되는지를 설명한다)을 전반적으로 참고하라; Freedland, *Law, Public Services, and Citizenship–New Domains, New Regimes?* at 33–34; Harlow, *Public service, Market Ideology, and Citizenship* at 49.

10 유럽의 시민법과 달리 미국과 영국의 공법은 충분히 발달하지 못했다. 그러나 우리 시스템에서는 행정법과의 상호작용으로 미비점이 보완된다. Pierce et al., *Administrative Law and Process* at 1.1.을 참고하라. Tomkins, *Public Law*(영국 공법의 발전상을 설명)를 전반적으로 참고하라.

11 Verkuil, *Separation of Powers, the Rule of Law and the Idea of Independence* at 340–41(공익과 법의 역할을 연계); Verkuil, *Understanding the "Public Interest" Justification for Government Actions* at 142(공익에 대한 다양한 설명과 법적 개념을 활용한 정의)를 참고하라.

12　예를 들어, Silver & Cross, *What's Not to Like About Being a Lawyer?* at 1479(사익을 추구하는 개인 변호사가 "사회복지에 경제적으로 얼마나 많이 기여하는가"를 논한다)를 참고하라.

13　Schlesinger, *The Coming of the New Deal* at 87-102, 319-34(NRA의 창설과 Tennessee Valley Authority에 대한 설명) 참고.

14　Verkuil, *Reverse Yardstick Competition* at 4-5(뉴딜에 레이거노믹스가 도전) 참고.

15　예를 들어, Krugman, *The Fighting Moderates* at A19("부시의 사회안전망 계획을 보지 않으려고 한다면 결국 뉴딜의 중요한 성과를 허물고 말 것이다.")를 참고하라.

16　Sunstein, *Free Markets and Social Justice* at 271-82(규제를 동반한 공익이라는 역설로 사회의 이익이 보장되지 않는다).

17　선스타인 교수는, "비용효과에 집착하는 정부"는 규제의 효과를 테스트할 수는 있어도 규제를 없애지는 못한다고 주장한다. *id.* at 13장 참고.

18　Dig. 1.1.1.2-4 1 유스티니아누스 법전 1(민법의 몇몇 문제들은 공익을 위한 것이며, 민법은 자연법, 국법, 시민법 세 갈래로 나뉠 수 있다)을 참고하라.

19　프랑스에서도 공공과 민간의 구분은 항상 까다로운 문제다. 이 문제는 때로 법정으로 가게 된다. Brown et al., *French Administrative Law* a 144-45 참고.

20　영국의 상식과 공법에서 공공과 민간의 구분에 관한 논쟁의 표본은 Loughlin, *The Idea of Public Law* at 6, 77-80을 참고하라.

21　보통법의 상당 부분은 성문화되었기 때문에 입법부의 역할은 민법을 공공화하는 것이다. 물론 계약은 공공의 법령을 통해서만 구속력을 가진다. Hayek, *The Constitution of Libery* at 230-32; Calabresi, *A Common Law in the Age of Statutes* at 135-38을 참고하라. 또한 Ripstein, *Private Order and Public Justice: Kant and Rawls*(민법이 공적 정의를 개혁한다)를 참고하라.

22　예를 들어, Age Discrimination in Employment Act(ADEA)("민간의" 불법 행위를 정부의 규제 프로그램으로 대체) 참고.

23　*Lawrence v. Texas*, 539 U.S. 558(동성애법), *Bowers v. Hardwick* 참고.

24　예를 들면, 수정헌법 제1조에 따른 교회와 국가의 분리는 종교를 "민간 영역"으로 편입했다. 관련 조항들은 민간의 영역을 훨씬 확장했다.

Lawrence Texas, 539 U.S. at 567, 578-79(합의에 의한, 개인의 성관계에는 동성애법을 적용하지 않기로 한다); Franke, *The Domesticated Liberty of Lawrence v. Texas* at 1401-04("개인적인 자유의 권리"를 선포한 사건)를 비교하여 보라.

25 Ryfe, *Deliberative Democracy and Public Discourse* at 40, 42-45(개인의 권리에 대한 심의민주주의와 사회선택 이론을 비교하면서, 많은 미국인들은 "개인적인 자유의 권리"를 선호한다고 주장한다)를 참고하라. 그러나 Posner, *Law, Pragmatism, and Democracy*(심의민주주의에 대한 일반적인 비판을 소개한다)와 비교하여 보라.

26 민영화에 대한 질문은 "공적이 것에 대한 개인의 판단이" 얼마나 사회에 스며들게 되는지를 묻는 정치적 문제로 바뀌었다. Moore, *Introduction to Symposium, Public Values in an Era of Privatization* at 1218(민영화에 대한 보수와 진보 진영의 토론을 다룬다)을 참고하라.

27 Ayres & Braithwaite, *responsive Regulation*(자율규제의 의무라는 개념을 소개한다)을 보라.

28 Hampshire, *Justice Is Conflict* at 4. 햄프셔는 인간 본성에 저항하는 "적대적 생각"을 설명하는 강력한 사례를 제시한다. *id.* at 12 참고. 민영화가 진행되는 상황에서, 절차적인 정의가 지켜지지 않는다면 예의 적대적인 태도는 사라지지 않을 것이다. nn. 148-49의 논의를 참고하라.

29 존 로크에서 존 롤스로 이어지는 사회계약설은 시민사회에서의 정부 역할과 제한을 규정한다. 로크에게 정부(공리)는 개인의 소유와 시민사회 양자 모두를 대변하는 목소리를 내는 조직이다. 그러나 지배자의 역할은 "공익"을 위하는 것으로 제한된다. Locke, *Two Treatises of Government* 124-25; Rawls, *A Theory of Justice* at 11-17. 로크와 롤스의 견해차 중 하나를 들자면, 로크는 자신의 존재를 지킬 수 있는 권리를 가진 "공동체"의 존재를 받아들이는 반면, 롤스는 공동체로서의 정치사회 개념을 부정한다. Josephson, *The Great Art of Government-Loke's Use of Consent* at 11-12를 참고하라.

30 Lovejoy, *The Glorious Revolution in America* at 235-70(1688년 영국의 명예혁명을 식민지에서는 어떻게 받아들였는지를 설명한다)을 참고하라. 헌법의 성립과 독립선언에 로크가 미친 영향은 잘 정립되어 있다. Wood, *The Creation of the American Republic, 1776-1787* at 14(아메리카 거주자들

이 다른 사상가보다 존 로크의 사상에서 얼마나 많은 영향을 받았는지를 묘사한다)를 보라; *Mistretta*, 488 U.S. at 420-21(Scalia, J., dissenting)(정부의 법적 권한을 누구에게도 양보할 수 없다는 로크의 견해를 수용한다)을 보라. Hayek, *The Constitution of Liberty* at 169-71(명예혁명 이후 헌법 초안에 대한 로크의 지대한 영향)을 전반적으로 보기 바란다.

31　이 같은 로크 해석은 스피노자를 통해 뒷받침된다. 그는 공공과 민간의 이분법을 종교적 소수자에 대한 권리로 이해했다. Nadler, *Spinoza's Beresy* at 19-22를 보라. 스피노자의 정치철학은 "종교정치적 문제"에 관한 것으로 정교분리 사상의 뿌리이기도 했다. Smith, *Spinoza, Liberalism, and the Question of Jewish Identity* at 1-27; Smith, *On Leo Strauss's Critique of Spinoza* at 751-52를 참고하라. 로크와 토머스 제퍼슨도 스피노자의 글을 읽었을 것으로 보인다. Goldstein, *Reasonable Doubt* at A13.

32　Von Humboldt & Burrow, *The Limits of State Action*을 전반적으로 참고하라. Von Huboldt의 고전 작품들은 존 스튜어트 밀의《자유론》에 큰 영향을 미쳤다.《자유론》에서 정부는 개인의 자유를 침해할 수 없도록 철저히 감시해야 할 대상이다.

33　헌법에서는 "공공"이란 용어가 다양한 방식으로 언급된다. "공금" U.S. Const. art. I, §9, cl. 7; "공적 행위" U.S. Const. art. IV, 1; "공적 위험" U.S. Const. amend. V; "공적 부채" U.S. Const. amend. XIV, 4. 적법절차에 관한 조문에서 "민간"이라는 단어가 "소유"와 직접 연계되어 언급되지는 않지만, 실제로는 함께 사용되고 있다. 그러나 여기서 "소유"의 개념이 다른 구문에서 언급되는 소유와 같지는 않다. Merrill, *The Landscape of Constitutional Property* at 893, 954-56을 보라. 또한 *E. Enterprises*, 524 U.S. at 557(Breyer, J., dissenting)("소유는 상이한 목적을 위해 혼용되는 용어다. 따라서 해석에 주의해야 한다.")을 참고하라.

34　헌법 제9조와 제10조의 목적이며, "국민에 의해" 혹은 "국민에게" 남은 권리를 말한다. U.S. Const. amends. IX & X를 참고; Barnett, *Restoring the Lost Constitution* at 354-57(사회계약설을 거부하고 제9조, 제10조의 내용을 기반으로 자유를 보호해야 한다고 강조한다)을 참고하라.

35　Dicey, *Introduction to the Study of the Law of the Constitution* at 179-201, 324-401(영국의 헌법과 행정법의 전통적 역할, 한계를 설명한다)을 전반

적으로 참고하라.

36 U.S. Const. amend. V("공적인 목적을 위해 적절한 보상 없이 민간 소유를 강취할 수 없다").

37 법정은 이를 의회와 정부 입법이 결정하도록 전반적인 결정권을 넘겼다. 예를 들어, *Midkiff*, 467 U.S. at 239-43(state); *Berman*, 348 U.S. at 32-33(federal). Meidinger, *The "Public Use" of Eminent Domain: History and Policy*(공적 이용에 관한 정의 변화를 추적한다)를 전반적으로 참고하라.

38 *Kelo*, 843 A.2d 500(강력한 반발에도 불구하고 각 주정부와 연방정부는 민간에 의한 경제발전 입장을 고수한다.) 참고, aff., 545 U.S. 469; *Hathcock*, 684 N.W.2d at 788(비즈니스 공원의 공적 활용에 대한 유죄판결) 참고.

39 *County of Wayne v. Hathcock*, 684 N.W.2d 765.

40 상동. at 786-87(*Poletown Neighborhood Council*, 304 N.W.2d 455).

41 *Hathcock* 법원은 다음과 같은 상황에 한하여 공적 목적으로 개인의 소유를 다른 이에게 위임할 수 있다.(1) 공적 필요 (2) 공적 통제(3) 공적 염려. 상동 at 781-83 참고. 언급된 제한을 통해 공적 책임(통제)에 관한 관점을 엿볼 수 있다.

42 843 A.2d 500, *aff'd*, 545 U.S.469(5-4); n.38의 논의와 관련된 부분을 살펴보라.

43 *Kelo*, 843 A.2d at 561-62.

44 Sterk, *The Federalist Dimension of Regulatory Takings Jurisprudences* at 222-26(연방주의적 기능이 발휘되어 혼란스러운 결과가 나타난 사례들을 설명한다)을 보라.

45 *Kelo*, 545 U.S. at 506(Thomas, J., 반론)

46 *id.* at 488 참고.

47 오코넬 판사는 3가지 업무 영역을 정의했다. 민간 소유를 공공 소유로 이전하는 것(예, 도로), 공적 사용(예, 철로에 대한 통행권), 공적 목적을 위한 이동의 제한. id. at 497-98(O'Connor, J., 반론) 참고. 켈로는 세 번째 카테고리와 관련이 있고, 두 번째 카테고리에 대해서는 다음 파트에서 다룰 것이다.

48 id. at 505.

49 id. at 506-09. 토머스 판사는 공적 활용에 관해 훨씬 좁은 의미의 헌법 배경을 설명한다. *id.* at 505-06.

50   Epstein, *Supreme Folly* at A14 참고.

51   nn. 33-36 논의 참고.

52   *Charles River Bridge*, 3 U.S. at 549-52; Butler, *Nineteenth Century Jurisdictional Competition in the Granting of Corporate Privileges* at 138-42(특별 인가권의 남용에 대해 논한다) 참고.

53   Trustees of Dartmouth Coll. v. Woodward, 17 U.S.(4 Wheat) at 707-12(정부는 법인화를 통해 민간기관의 기존 권한을 박탈할 수 없다는 점을 설명한다) 참고.

54   Epstein, *Bargaining with the State* at 107(경제성장을 위해 부채의 제한이 얼마나 중요한지를 설명한다).

55   94 U.S. 113.

56   id. at 123-25; 또한 Loughlin, *The Idea of Public Law* at 77-80(공공과 민간의 구분에 대한 영국 법의 부상을 설명한다).

57   Hale, *The History of Common Law of England*(영국 법에 대한 개괄). 그러나 일반법은 독점적 힘을 행사하는 민간 업자들을 충분히 통제할 만한 힘을 갖지 못했다.

58   그럼에도 불구하고 철도 같은 특별 케이스는 있을 수밖에 없다. Homles, *the Common Law* 155-62; Verkuil, *Privatizing Due Process* at 670-71; *the Civil Rights Cases*, 109 U.S. at 37-38(Harlan, J.,반론) 문의 공적 활용에 대해 논한다.

59   198 U.S. 45.

60   문 결정 이후 서먼 법을 거치면서 독점에 대한 규제는 강화되었다. 공익을 위한 규제의 일환으로 공급을 규제할 수 있도록 법제화했다. Sherman Act of 1890, 1887을 참고하라. ICC는 시장점유율과 관련된 규제를 시작했다. Nelson, *The Roots of American Bureaucracy* at 130-33 참고.

61   Strauss, *Why Was Lochner Wrong?* at 374-75(로크너의 실수는 계약의 자유를 너무 높이 친 것이라고 주장한다)를 보라. 그러나 Epstein, *The Perils of Posnerian Pragmatism* at 654-55(로크너에 대한 스트라우스의 도전)도 참고하라; Posner, *Pragmatic Liberalism Versus Classical Liberalism* at 61(엡스테인의 "계약의 자유는 최고 헌법적 원리"라는 주장을 집요하게 공격한다.)도 함께 참고하라.

62   Barnett, *Restoring the Lost Constitution* at 211-18, 222-23(로크너와 그

부활을 극찬한다); 또 Morrison, *Lamenting Lochner's Loss: Randy Barnett's Case for a Libertarian Constitution* at 840-45(자유주의적 헌법 정신을 비판한다)를 함께 참고하라.

[63] *Lochner*, 198 U.S. at 74-76(Holmes, J. 반론)("제14조는 허버트 스펜서의 사회 정역학을 발한 적이 없다") 참고.

[64] *Nebbia*, 291 U.S. at 538-39(우유 소매가격에 대한 정부 규제를 허가하면서 "공익을 위해" 독점적 지위를 인정하지 않았다). 그러나 *Mayflower Farms, Inc.*, 297 U.S. at 274(경쟁자를 원천봉쇄하려는 뉴욕의 우유 규제는 철폐했다)를 함께 참고하라. Cushman, *The Great Depression and the New Deal*(Nebbia 이후의 뉴딜과 독점에 대한 설명이다)을 전반적으로 참고하라.

[65] Horwitz, *The History of the Public-Private Distinction* at 1426-27; Kennedy, *The Stage of the Decline of the Public-Private Distinction* at 1351-57(discussing the merger of public and private)도 참고하라. 그러나 Sunstein, Lochner's *Legacy* at 874-75(보통법의 중립성에 관한 로크너의 전제를 재확인한다)도 함께 보라.

[66] Buchanan & Tulloch, *The Calculus of Consent*(공적 선택 이론을 공공기관의 자기충족적 결정과 연계한다) 참고. Harrison, Morgan, & Verkuil, at 56-120, 250-421(공적 선택의 눈으로 본 규제 비판)을 전반적으로 참고하라; Verkuil, *Understanding Public Interest* at 146-50(공익이 여전히 작동하는 사례를 논의한다).

[67] 재미있게도, 로크너의 실제적인 법 적용 절차가 되살아난다면 바넷 교수의 주장을 살펴볼 만하다. Barnett, *Restoring the Lost Constitution* at 120-24. 공익의 정당화는 이에 수반되는 독점적 행위로 인해 비판받을 수 있다. Ackerman, *Social Justice in the Liberal State* at 264066("정부 규제의 개념"에 대한 비교)을 함께 보기 바란다.

[68] 예를 들어, Schlesinger, *The Age of Jackson* at 45-47(잭슨 대통령의 "공무 순환제" 독트린과 연계된 시스템에 대해 설명한다)을 참고하라.

[69] Nelson, *The Roots of American Bureaucracy*, at 119-25(19세기 후반 시민 서비스 개혁기에 대한 전반적인 분석이다) 참고.

[70] Civil Service(Pendleton) Act, 22 Stat. 403(1883) 참고.

[71] 영국에서는 시민 서비스에 대한 개념이 미국보다 한 발 앞서 있다. Dicey, *Introduction to the Study of the Law of the Constitution* at 384-87 참고.

290

72 넬슨 교수는 영국 개혁가들의 "시민 서비스"라는 개념 정립에 큰 기여를 했다. Nelson, *The Roots of American Bureaucracy* at 119. "시민 서비스"와 "시민사회"의 연계에 대해서는 nn.13-14의 논의를 참고하라.

73 Verkuil, *Understanding Public Interest* at 146-49(법 개념에서 바라본 공익의 역사적 개념을 설명한다)를 참고하라.

74 Hampshire, *Justice is Conflict* at 4-5(절차적 정의에 대한 찬반 논의를 정리했다); n.28 및 관련 텍스트를 참조하라.

75 *Nebbia* 이후 실제적 규제에 대한 반대파는 힘을 잃었다. Karl, *The Uneasy State* at 131-39(뉴딜의 사회적 파장을 설명) 참고.

76 Verkuil, *Understanding public Interest* at 142("공익, 편리, 필요"에 의해 규제를 펼친 뉴딜 시기의 정부기관들을 나열한다) 참고; 또한 Landis, *The Administrative Process* at 40-41(규제기관의 가치를 평가한다) 참고; Sandel, *Democracy's Discontent* at 250-55(국가재건위원회와 다른 규제기관을 비교한다) 참고.

77 뉴딜을 통해 관료들은 다양한 측면에서 새로운 도전을 통해 힘을 얻는다. Irons, *The New Deal Lawyers*(최고의 법학대학원 출신자들로 구성된 정부 요원들을 소개한다.); 또 Lilienthal, *The Journals of David E. Lilienthal-The TVA Years, 1939-1945* at 10-13, 549(저자의 하버드 로스쿨 시절과 펠리스 프랭크푸르트와의 관계를 이야기한다)를 참고하라.

78 *Lebron*, 513 U.S. at 394(Scalia, J.)(뉴딜을 "협력의 시대"로 묘사한다)를 참고.

79 Harrison, *Yardstick Competition: A Prematurely Discarded Form of Regulatory Relief* at 466 참고.

80 Lilienthal, n.77(TVA의 사례 소개)을 전반적으로 참고하라.

81 Roscoe Pound, 뉴딜 정책의 "행정적 완벽주의"를 주창했던 대표적 인물이다. *63 A.B.A. Rep. 339-46*(1938) 참고; Verkuil, *The Emerging Concept of Administrative Procedure* at 268-70(법의 역할에 대한 기존 견해를 공격하는 뉴딜의 도전)을 전반적으로 참고하기 바란다.

82 Verkuil, *The Emerging Concept of Administrative Procedure* at 270-72(절차적 보수주의자들과 규제 자유주의자들의 논쟁을 설명한다. 이로 인해 Administrative Procedure Act가 타협안으로 제시된다)를 참고하라.

83 5 U.S.C. §§551-559, 701-706.

84 Pierce, Shapiro, & Verkuil, *Administrative Law and Process* at 2.3(APA

의 역할을 설명한다)을 전반적으로 참고하라.

[85] 321 U.S. 649.

[86] 326 U.S. 501.

[87] *Marsh*, 326 U.S. at 506("컴퍼니" 타운이 공적인 기능을 수행하고 헌법의 제한을 받는다는 것을 증명한다); *Smith*, 321 U.S. at 663-64(선거 행위의 공적 기능을 지적한다); *Terry*, 345 U.S. at 469(동일한 내용); Metzger, *Privatization as Delegation* at 1422-24(공적 기능에 대한 설명) 참고.

[88] *The Civil Rights Cases*, 109 U.S. at 25-26; Verkuil, *Privatizing Due Process* at 670(시민의 권리를 지키기 위한 절차적 정의의 확립에 대법원이 얼마나 인색한지를 설명한다)을 참고하라.

[89] Flagg Bros., 436 U.S. at 162 참고. Metzger, *Privatization as Delegation* at 1444(법원의 실패 사례를 언급한다)를 함께 참고하라.

[90] 예를 들어, *Jackson*, 419 U.S. at 348(제14조에 의하면 민간 소유에 대한 규제는 "국가의 활동" 영역에 속하지 않는다); Verkuil, *Privatizing Due Process* at 674-75(잭슨 사건 이후 정부의 역할은 한 걸음 물러서게 되었다고 설명한다)를 참고하라.

[91] nn. 49-53의 논의와 관련된 본문을 참고하라.

[92] 419 U.S. 345.

[93] 436 U.S. 1.

[94] *Munn*, 94 U.S. at 130(새로 등장하는 민간 회사들에 대한 정부 규제를 "공익을 위한" 행위로 보고 있다) 참고. 잭슨 사건에서 랜퀴스트 판사는 전통적으로 고수해오던 정부의 민간 독점에 대한 통제를 부정한다. 419 U.S. at 353-54. 예를 들어, *Pollak*, 343 U.S. at 462(적법절차를 설명하기 위해서 법정은 콜럼비아 거리의 공공 비즈니스나 공공교통 시스템의 독점에 대해서는 언급하지 않았다). 잭슨 건에서는 대다수가 규제를 정당화하기 위해 공공사업이 꼭 독점적일 필요는 없다는 점을 강조한다. *Moose Lodge No. 107*, 407 U.S. 163에 의지하여 잭슨 건은 민간에 관한 문제로 전환된다.

[95] 브레넌 판사와 마셜 판사는 각각 반론을 통해 경솔하게 청구된 영장을 취소하는 게 이득일 것이라고 주장했다. Jackson, 419 U.S. at 365-74(Brennan, J. & Marshall, J., 반론)(원고의 소장이 근거박약하다는 주장) 참고. 마셜 판사는 또 서비스가 끝나기 전에 이에 대한 이해관계자에게 그 사실을 통보하는 것이 좁은 의미의 절차적 의무라고 가정했다. id. at

373(Marshall, J., 반론)(서비스 종료 전에 그 사실을 알릴 필요가 있다는 것을 설명). 이미 제공 중인 서비스의 요금에 대해서도 같은 의무가 있다. id. at 345 n.1 참고.

96 크래프트 건에서 파월 판사의 견해는, 단순히 알리는 게 아니라 절차적 정당성을 확보하기 위해서는 요금을 지불해야만 한다는 것이다. 436 U.S. at 12-13.

97 id. at 22(Stevens, J., 반론)

98 *Sandin*, 515 U.S. 47, *Goss*, 419 U.S. 565(최소한의 절차적 정의에 관한 예시와 설명)를 함께 비교해보라.

99 339 U.S. 33(APA의 공식적인 이민 관련 판결에서 행정절차적 정의와 동일시한다) 참고. 그 결정은 의회를 통과하지 못했지만 일반적인 절차에 대한 기준을 획득하게 된다. *Marcello*, 349 U.S. 302(AP의 틀에 박힌 판결과 법률적 예외를 지지한다) 참고. APA 산하에서 변칙적인 사법행위가 벌어진 것은 아니므로, *Goldberg* 건을 다룰 만한 적합한 틀을 찾기란 어렵다.

100 397 U.S. 254.

101 Pierce, *The Due Process Counterrevolution of the 1990s* at 1996(권리와 특권이 다시 구분될 거라고 내다본다) 참고. 피어스는 정부의 역할이 적절한 법 절차에 의해 보호되어야 한다고 보았다. 이후에는 시민 서비스 혹은 계약에 관한 부분만 남을 것으로 내다보았다.id. at 1992-94; 또한 *Bd. of educ. of Paris Union Sch. Dist.*, 466 U.S. 377, *aff'g* 06 F.2d 1435(포스너 판사의 반론. 정부가 고용한 사람들의 권리가 적법절차에 의해 유지되어야 한다)를 참고하라.

102 예를 들어, 식당 노동자 레이첼 브라우너에게 무슨 일이 있었는가? 공부를 많이 한 것도 아니고, 특별한 기술도 없는 그녀는 피어스의 예외에 속한다. 아마 직장을 잃을 것이다. *Cafeteria & Rest. Workers Union*, 367 U.S. 886(레이첼 브라우너의 소송을 예로 들며 골드버그 건의 의미를 다시 살펴본다) 참고. 아마도 그녀가 속한 노동조합의 도움이나 직장의 현상 유지를 지지하는 법원의 판결에 의해 고용이 유지될 것이다. nn.118-21과 관련 본문을 참고하라.

103 최근의 사례, *Town of Castle Rock v. Gonzales*, 545 U.S. 748을 참고하라.

104 Alstyne, *The Demise of the Right-Privilege Distinction in American Constitutional Law*(권리와 특권을 구분하더라도 정부에 대응해 개인의 권리를

지키는 데 별 도움이 안 된다고 주장한다) 참고.

[105] Shapiro & Levi, *Government Benefits and the Rule of Law: Towards a Standards Based Theory of Due Process* at 148-49(반 알스타인의 방법과 본인의 기준에 의한 접근법을 비교한다) 참고.

[106] Metzger, *Privatization as Delegation* at 1394-1400(정부 기능의 민영화와 관련한 대안적 절차적 정의) 참고.

[107] Pierce, *The Due Process Counterrevoution of the 1990s* at 1996(적법절차에 대한 민간 차원의 절차적 대안) 참고.

[108] Resnick, *Procedure as Contract*를 참고하라.

[109] Verkuil, *Privatizing Due process* at 987-89(계약을 통한 민영화 과정에서 일어나는 절차의 문제가 얼마나 심각한지를 설명한다. 주정부 및 연방정부의 관련 법이 규정하는 필요사항을 심각하게 왜곡한다)를 참고하라.

[110] The Personal Responsibility and Work Opportunity Act 110 Stat. 2105(1996)(codified at 42 U.S.C) 참고; 또 Farina, *On Misusing "Revolution" and "Reform": Procedural Due process and the New Welfare Act* at 608-09(복지에서 적법절차가 사라지고 있다는 주장에 대한 반론이다)를 참고하라.

[111] *Arnett*, 416 U.S. 134(Rehnquist, J.)(정부 고용자들의 권익을 위한 적절한 조처) 참고.

[112] 예를 들어, *Unnamed Physicians v. Bd. of Trade*, 113 Cal. Rptr. 2d 309(민간 영역으로 넘어간 절차적 권리); Verkuil *Privatizing Due Process* at 676-78(관련 법률 및 판례를 다루고 있다)을 전반적으로 참고하라.

[113] nn. 55-58 참고.

[114] 1970년대에 미국 대법원에서 다룬 적법절차에 관한 사건이 총 293건이 었는데 반해, 1994년 이후 같은 기간에 적법절차에 관한 사건은 단 109 건에 불과했다. 1990년대 이후 이런 경향은 지속되었다. 1992-93년에는 서른네 건, 1994-96년에는 스물두 건, 2002-03년에는 열아홉 건에 불과하다.

[115] Verkuil, *Privatizing Due Process* at 690-92(정부 기능의 민영화에 새로운 APA를 적용할 것을 제안한다)를 참고하라.

[116] Metzger, *Privatization as Delegation* at 1437-42.

[117] id. at 1456.

118 민간 조사관들은 군법에 의해 처벌되지 않는다.

119 물론, 여러 이유로 이라크 죄수들이 소송을 제기하는 일은 거의 없다.

120 *Bi-Metallic Investment Co.*, 239 U.S. 441(Holmes, J.)(모두가 "동등하게 대접받는다면" 적법절차에 관한 사건은 일어나지도 않을 것이다).

121 5 U.S.C. §552.

122 *Robbins Tire & Rubber Co.*, 437 U.S. at 242.

123 2001년 10월, 애시크로프트 법무장관은 정부기관의 기밀 유지에 관한 내용이 담긴 내부 문서를 방출했다. *Ashcroft Memorandum to Heads of All Departments and Agencies*(Oct. 12, 2001) 참고.

124 Shapiro & Steinzor, *The People's Agent: Executive Branch Secrecy and Accountability in an Age of Terror*(정부의 투명성 대신 기밀 유지가 더 중요하게 여겨지는 상황을 기술한다)를 참고하라.

5장 헌법에 입각한 통치

1 McCullough, *Truman* at 467; Truman, *Where the Buck Stops* 참고.

2 Breyer, *Active Liberty: Interpreting Our Democratic Constitution* at 3(공적 자유란 전제정권으로부터 개인의 자유를 지키는 것 이상으로, 정부활동에 동참할 수 있는 자유를 의미한다.) 참고.

3 U.S. Const. art. II, §2.

4 이 점에 의심의 여지가 없었던 것은 트루먼 대통령이 한국전쟁의 확전을 주장하며 항명했던 맥아더 장군을 해임했기 때문이다. McCullough, *Truman* at 836-45 참고. 이는 쉬운 결정이 아니었다. 닉슨 상원의원은 맥아더의 복직을 요구했고, 태프트 상원의원은 법적 대응을 준비하고 있었다. id. at 844. 딘 러스크는 트루먼의 행동이야말로 "군의 민간 통제"를 보여주는 사례로 보았다. id. at 855.

5 *Myers v. United State*, 272 U.S. 52(Taft, C.J.); *Williams v. United States*, 1 How. [42 U.S.] at 296-97 참고.

6 U.S. Const. art. II, §2.

7 id. at §3.

8 대통령 선서에는 대통령의 의무가 잘 나타나 있다. "나는 미합중국의 대통령으로서 성실하게 주어진 임무를 수행할 것이며, 최선을 다하여 미합중국의 헌법을 수행하고 수호할 것을 선언한다." U.S. Const. art. II, §1, cl. 8.

9 U.S. Const. art. I, §8, cl. 11.

10 Marshall, *Putting Privateers in Their Place: The Applicability of the Marque and Reprisal Clause to Undeclared Wars* at 963-63을 전반적으로 참고하라.

11 John Yoo & James C. Ho, *Marque and Reprisal* at 130-31 참고.

12 *Constitutional Limits on "Cntracting Out" Department of Justice Functions under OMB Circular A- 76*, 14 Op. Off. Legal Counsel at 96(관직법의 수평, 수직적 영향을 설명한다)을 참고하라.

13 *Buckley v. Valeo*, 424 U.S. 1(관직 임명과 관련된 의회의 역할을 제한한다) 참고; *Myers*, 272 U.S. 52(공직자 해임에 대한 상원의원의 힘을 제한한다) 참고.

14 *Humphrey's Executor*, 295 U.S. 602(독립 기관에 대한 대통령의 해임 권한을 설명한다) 참고; *Weiss*, 510 .S. 163(관직법에 규정된 군 사법관의 의무) 참고.

15 헌법 제2조 2항에 의하면 의회는 "대통령, 사법기관, 혹은 각 부처의 수장"을 통해서만 고위 공직자를 임명할 수 있다. U.S. Const. art. II, §2, cl. 2. 그러나 국민 서비스를 보호하기 위해 일부 공직은 임명할 수 있다. *Perkins*, 116 U.S. 483(시민 서비스와 관련된 법); *Myers*, 272 U.S. at 162(시민 서비스와 관련되었다 하더라도 고위 공직에 대해서는 제한이 있다); 또한 *Freytag*, 501 U.S. at 886("부처의 수장"에 대한 정의)을 참고하라.

16 *Buckley v. Valeo, 424 U.S.* at 125-26 참고.

17 군 장교는 모두 상원의 인준을 받아 대통령이 임명한다. *Weiss*, 510 U.S. at 170(모든 장교는 미국 공직자이다.) 그들은 대통령이 임명한다. *Perkins*, 116 U.S. at 484(기술훈련생도는 해군참모총장이 임명한다); OLC Memo to General Counsels, May 2, 1996 at 47 n. 55 참고.

18 Singer, *Corporate Warriors* at 206-07(콜롬비아에서 벌어진 마약전쟁을 기술한다. 여기에는 국방부와 계약을 맺은 민간 군이 투입되었다.); 또한 Avant, *The Market for Force* at 7-16(다양한 민간 군사계약과 관련된 설명)을 참고하라.

19 *Constitutional Limits on "Contracting Out"*, 14 Op. Off. Legal Counsel

at 96 n.3(*Northern Pipeline Constr. Co. v. Marathon Pipeline Co.*, 458 U.S. 50, *A.L.A. Schechter Poultry*, 295 U.S. 495) 참고. 두 건은 모두 헌법 제3조의 권한이 법원, 정부, 의회 간에 양도된 사례로, 민간인이나 민간 계약이 개입되었다고 볼 수 없다. 그러나 *Carter v. Carter Co.*, 298 U.S. 238(민간 그룹에 위임) 참고; Verkuil, *Public Law Limitations*, at 422-24.

20 *Flast v. Cohen*, 392 U.S. at 105-06(종교 관련 학교에 대한 납세자들의 소송)을 참고하라.

21 *Shankland v. Washington*, 30 U.S.(5 Pet.) at 391.

22 의회권력 제한의 원리는 프레머의 의회 헤게모니에 대한 염려에서 비롯되었다(당시에는 가장 위험한 집단이었다) *Bowsher v. Synar*, 478 U.S. at 726(의회는 법을 집행하거나 누군가를 선임, 해임할 수 있는 권리가 없다); *Buckley v. Valeo*, 424 U.S. at 122-23(*per curiam*)(same); *compare Mistretta v. United States*, 488 U.S. at 411 n. 35 참고.

23 Singer, *Corporate Warriors* at 20-25 참고.

24 *Youngstown Steel & Tube Co. v. Sawyer*, 343 U.S. at 635-37(Jackson, J., concurring) 참고. 곤살레스 장군의 메모를 참고하라. *NSA Spying Memo* at 19-20 참고.

25 *Youngstown*, 343 U.S. at 637. 또한 Carter Coal에 대한 7장의 논의를 살펴보라.

26 Shapiro, *OMB's Dubious Peer Review Procedures*(민간 계약자들에게 적용 불가능한 FACA의 피어 리뷰) 참고.

27 1장 C '이란-콘트라 사건과 아웃소싱'; Truman, *Where the Buck Stop* 96(마거릿 트루먼은 자신의 아버지가 "비밀 정부를 단련시키기 위해" 노스와 포인덱스터를 치려 했다고 말한다) 참고.

28 298 U.S. 238.

29 49 Stat. 991(1935), 15 U.S.C. §§801 *et seq.*(1936).

30 Carter Coal 사건이 일어난 시기에 대해 쓴 Jaffe 교수는 비위임 원칙과 관련된 부분은 고려할 필요가 없으며 모든 결정은 적법절차에 따라 이루어졌다고 생각했다. Jaffe, *Law Making by Private Groups*; Verkuil, *Public Law Limitations* 참고.

31 Tribe, *American Constitutional Law* at 993 참고.

32 석탄 회사와 조합 대표들은 실제 결정권자들이었으며, 모든 결과물에 대

한 이익을 공유하는 이해당사자들이었다. 민간인들이 결정을 내렸다는 것 자체는 문제가 아니다. *Thomas. Union Carbide Agc. prods. Co.*, 473 U.S. 568(정부가 민간 중재자를 활용한 사실을 기술한다) 참고.

[33] 질리언 멧저의 비위임 독트린, 즉 민간 계약의 절차 통제를 말한다. Metzger, *Privatization as Delegation* 참고; Freeman, *Extending Public Law Norms Through Privatization*(민영화에 맞서 "공공화"를 주장)을 참고하라.

[34] FACA는 대표성에 있어서 투명성과 균형을 요구한다. 두 기준은 모두 민주적 의사결정의 요소이다. Croley & Funk, *The Federal Advisory Committee Act and Good Governemnt* 참고.

[35] 정부의 지배적 특권은 종종 정부 의사결정의 투명성을 흐리는 데 사용된다. Lipton, *White House Declines to Provide Storm Papers* at A1, A17(카트리나에 대한 의회의 보고서를 제작하거나 중인 기록을 남기는 것에 저항했던 정황을 묘사한다)을 참고하라.

[36] Carter Coal의 결정권자들은 포괄적인 판결권을 행사했다. 임금과 자신들의 이익이 배치되는 상황이었기에 중립적일 수 없었다. *Tumey v. Ohio*, 273 U.S. 510; *Bonham's Case*, 77 Eng. Rep 646. 대부분의 FACA 위원들은 판결권이 없으며, 그러므로 적법절차는 기술적으로 적용되지 않는다. 하지만 정책 결정권자들에 대한 절차적 정의의 기준은 언급될 가치가 있다. Tribe, *Structural Due Process*(입법 과정에서의 절차적 정의를 기술한다) 참고.

[37] Breyer, *Active Liberty* at 5-6(법적인 관점에서 접근할 경우 헌법의 "민주주의적 관점"을 강조해야 한다.) 참고.

[38] *Buckley v. Valeo*, 424 U.S. at 125-26 참고.

[39] 마셜 대법관은 "공무원도 고용된 사람이지만, 고용된 사람이라고 모두 공무원은 아니다"라고 지적했다. *United States v. Maurice*, 26 F. Cas. at 1214. 공무원과 일반 고용인과의 차이는 복잡한 논의를 불러일으켰다. 예를 들어, *Burnap v. United States*, 252 U.S. t 516-19(조경사는 정부 고용인이지만, 공무원은 아니다) 참고.

[40] 버클리 법정은 "공무원"이라는 단어를 정의할 때 간헐적이거나 일시적인 의무를 지는 이들은 단호히 제외한다. *Aufmordt v. Hedden*, 137 U.S. 310(특별한 무역상에 대한 판례) 참고; *United States v. Germaine*, 99 U.S.

508(공무원이 아닌데도 연금을 신청했던 외과의사 관련 판례) 또한 참고하라.

41 False Claims Act, 31 U.S.C. §§3729 이하 참조(2006). 퀴템 소송은 사법부가 연관되지 않은 한 정부를 대신하여 민간이 소송을 제기할 수 있도록 한다. Caminker, *The Constitutionality of Qui Tam Actions*를 전반적으로 참고하라.

42 *Constitutionality of the Qui Tam Provisions of the False Claims Act*, 13 Op. Off. Legal Counsel 29 참고.

43 정부 내에서도 이 문제에 관해서는 견해가 엇갈린다. OLC는 퀴템이 위헌적이라고 주장했지만, 법무실은 반대 의견을 제시했다. id. 또 헌법 제3조를 위반하는 것이며 권력 분립의 원칙과도 배치된다는 주장도 있다.

44 대부분의 반대자들은 민간 계약자들로서 정부를 상대로 부정한 수단을 강구한 경험이 있을 거라는 의심을 받는다. IRS는 최근 원래 세금보다 포탈로 인한 추가 징세 규모가 더 커지고 있으며 이에 대한 업무를 외부에 위임한다고 발표했다. Johnston, I.R.S. *Enlists Outside Help in Collecting Delinquent Taxes, Despite the Higher Costs;* 제장 A n.18(IRS의 아웃소싱 결정에 대한 비판) 참고.

45 *Vt. Agency of Nat. Resources,* 529 U.S. 765(Scalia, J.)(False Claims Act에 대한 헌법 제3조를 지지하면서도 헌법 제2조에 대한 의문을 남기고 있다) 참고.

46 *The Constitutional Separation of Powers Between the President and Congress,* 20 Op. Off. Legal Counsel 124 n. 65("우리는 이제 임명권에 대한 이전 해석을 배격한다").

47 독립 기관 여부는 형사 절차가 본질적으로 공무에 속하느냐 아니냐에 대한 판단에 따라 다른 결론이 날 수 있다. 다음을 비교하여 참고하라. Lessig & Sunstein, *The President and the Administration* at 15–16, Carter, *The Independent Counsel Mess.* 또한 *Morrison v. Olson,* 487 U.S. 654(헌법의 관점에서 볼 때 독립적인 협의체라는 것을 지지한다)를 참고하라.

48 7장 B '계약과 경쟁'의 논의를 참고하라.

49 예를 들어, Yoo, Calabresi & Colangelo, *The Unitary Executive in the Modern Era,1945–2004;* Calabresi & Prakash, *The President's Power to Execute the Laws*(대통령이 형사 소추와 관련한 통제권을 가져야 한다는 주장이다) 참고.

50 Prakash, *The Chief Prosecutor* at 575–77, 590–91(대통령이 형사소추와 관

런된 권한을 갖는다 하더라도 퀴템을 포함한 여타 민간 형사사건들은 여전히 헌법의 보호를 받을 수 있다고 주장한다) 참고.

51 민간 계약자들이 헌법 제2조 2항을 피할 수 있는 방법 중 하나는 현직에 있는 공직자가 아니라, 자신들에게 필요한 계약을 가져다줄 수 있는 사람을 고용하는 것이다. 3권분립을 강조했던 클린턴 행정부 시절에는 오히려 쉬운 일이었다. *The Constitutional Separation of Powers Between the president and Congress*, 20 Op. Off. Legal Counsel 124 n. 60 참조. 아버지 부시의 방법은 "중대한 권위"의 수행을 위해서라도 민간에 정부 역할을 위임하는 것이었다.

52 *Weiss*, 510 U.S. at 170 참고.

53 예를 들어 법률자문국은 오직 "공직자"만이 국가 소유물을 처분할 권한을 가지고 있다고 조언한다. *Constitutional Limits of "Contracting Out"*, 14 Op. Off. Legal Counsel 94 참고.

54 n.40 논의 참고.

55 예를 들어 *Allen v. Wright*, 468 U.S. 737; *United States v. Richardson*, 418 U.S. at 179를 참고하라.

56 2장 D '분석 업무 아웃소싱: 공공행정의 보이지 않는 손' 참고.

57 Innovative Emergency Management, Inc., *IEM Team to Develop Catastrophic Hurricane Disaster Plan for New Orleans & Southeast Louisiana*.

58 버클리는 연방정부의 공직자들로 인해 이 문제를 이슈화하지 않았고, FEC는 자신들의 일을 민간 계약자에게 넘기지 않았다.

59 298 U.S. 468.

60 일반 고용인과 결정에 대한 책임을 지는 고위 공직자 사이에는 설명하기 어려운 차이점이 있다. *Freytag v. Commr. of Internal Revenue*, 501 U.S. 868; 또한 *Landry v. FDIC*, 204 F.3 1125(FDIC의 행정법 법관은 정부 고위 공직자보다 고용을 통해 인력을 확보하기로 결정)를 참고하라.

61 그 같은 위임은 카터 석탄회사 사건처럼 절차 및 위임의 문제를 야기할 수 있다. nn.28-31의 앞선 논의를 참고하라.

62 *Morgan*, 313 U.S. 409; Gifford, *The Morgan Cases:A Retrospective View* at 238을 함께 참고하라.

63 *Moffat v. United States*, 112 U.S. at 30("모든 공직자는 (……) 자신이 선서한

것을 기반으로 행동해야 하며 자신의 의무를 다해야 한다."); *U.S. Postal Service v. Gregory,* 534 U.S. 1(같은 내용)을 함께 참고하라.

64   *Schweiker v. McClure,* 456 U.S. 188.

65   Pierce, Shapiro, & Verkuil, *Administrative Law and Process* § 6.4.6.

66   2장의 논의를 참고하라.

67   법정 조사 기능은 정책을 결정한 국가기관의 공직자가 자신이 결정을 내리기 이전에 진행된 상황을 실제로 검토했는지 확인하는 것이다. 예를 들어, *Motor Vehicle Mfrs. v. State Farm Mun. Auto. Ins. Co.,* 463 U.S. at 43(국가기관은 대안을 다각적으로 검토해야 한다)을 참고하라. 의회는 이에 대한 기준을 정립했고 법원이 강화했다.

68   *Chevron U.S.A., Inc. v. Natural Resources Defense Council, Inc.,* 467 U.S. 837(법률이 허용하는 범위에서 각 기관의 합리적인 법 해석은 절대적인 권한을 가지고 있었다).

69   Sunstein, *Beyond* Marbury: *The Executive's Power to Say What the Law Is* at 267-08 참고.

70   Pierce, *Waiting for* Vermont Yankee II 참고.

71   Verkuil, *The Wait is Over:* Chevron *as a Stealth* Vermont Yankee II 참고.

72   Miles & Sunstein, *Do Judges Make Regulatory Policy? An Empirical Investigation of* Chevron(보수주의적인 판사는 자유주의적인 판사에 비해 정부기관의 손을 덜 들어주었다)을 참고하라.

73   Peter L. Strauss, *Within marbury: The Importance of Judicial Limits on the Executive's Power to Say What the Law is*(법원의 독립적인 역할을 강조한다)를 참고하라.

74   *Citizens to Preserve Overton Park, Inc. v. Volpe,* 401 U.S. at 420(행정부 관리를 증인석에 세우는 것이 얼마나 부적절한 행위인지를 설명한다)을 참고하라.

75   Guttman, *Governance by Contract: Constitutional Visions* at 323(정부 공직자가 정부 일을 수행할 능력을 잃어버렸을 경우 질서의 원칙이 소용없다)을 참고하라.

76   전문가들은 행정부 공직자들의 서약이 향후 민간 계약자들과 자신을 구분하는 중요한 요소가 될 것이라고 지적한다. *The Constitutional Separation of Powers Between the President and Congress,* 20 Op. Off. Legal Counsel 124 n. 9 참고.

77 민간 계약자에게도 물론 책임전가를 하지 않았다.

78 Lipton, *Homeland Security Chief Outlines FEMA Overhaul*(카트리나 피해 복구 과정에서 보인 FEMA의 실패 사례를 설명한다)을 참고하라.

79 설명하기 어려운 기준이 있다. RAND는 "종신직" 컨설턴트의 지위를 얻은 예가 될 것이다. RAND는 1947년 공군이 시작했는데 이후 정부 계약을 지속적으로 얻어내고 있다. RAND Copr., *History and Mission*, *http://www.rand.org/about/history/*를 참고하라.

80 *Compare Lujan v. Defenders of Wildlife*, 504 U.S. 555(Scalia, J.)(공법을 강화하는 데 맹세로 서약한 정부 공직자의 역할이 얼마나 중요한지를 강조한다)를 참고하라.

81 Amar, *America's Constitution: A Biography* at 62-63(맹세와 선서가 헌법에서 얼마나 중요한 역할을 하는지 설명한다) 참고.

82 Bar Ass'n, 추천과 보고서(대통령이 자신의 서명이 있는 성명을 과도하게 사용하는 것을 비난하는 내용이다) 참고.

83 Flaherty, *The Most Dangerous Branch* at 1788-98(공정한 법 집행을 포함하여 관련 조항에 대한 역사적 의미를 설명한다)을 참고하라.

84 U.S. Const. art. II, § 2, cl. 2. 참고.

85 이 책에서는 깊이 다루지 않지만 의회의 조언과 승인 기능을 강화할 경우 의회의 전횡에 대한 우려가 생길 수 있다. 예를 들어, *Myers*, 272 U.S. 52; *Humphrey's Executor* 295 U.S. 602를 참고하라.

86 물론 의회는 정부의 중대한 권한을 부적절하게 민간에게 위임한 공직자를 탄핵할 수 있는 권리가 있다.

87 *The Constitutional Separation of Powers Between the President and Congress*, 20 Op. Off. Legal Counsel 124 nn. 60-62 참고.

88 Verkuil, *Public Law Limitations* at 422-23; Metzger, *Privatization as Delegation* at 1440-42 참고.

89 적법절차는 일반 법정뿐만 아니라 군법에 의해서도 평가될 수 있다. *Hamdi v. Rumsfeld*, 542 U.S. 507 참고. 군 법정도 적법절차의 준수에 대한 평가에서는 행정부서와 같은 역할을 감당한다. *Compare Crowell v. Benson*, 285 U.S. 22.

90 사법부의 역할 중 하나는, 판결을 위한 심사를 수행함으로써 정치기관들이 자신들이 감당해야 할 분석과 평가 기능을 외부 컨설턴트에게 맡기는

상황에 경종을 울리는 것이다. nn.68-73의 논의를 참고하라.

6장 민간 위임에 대한 법적, 행정적 제한

1   *J. W. Hampton, Jr & Co.,* 276 U.S. 394(Taft, C.J.)(대통령이 관세와 관련한 권
    한을 가지고 있어야 한다는 주장이다).

2   비위임 원칙을 강압적으로 밀고 나갈 경우의 부작용에 대해서는 Pierce,
    Shapiro & Verkuil, *Administrative Law and Process* at 48-49를 참고하
    라. 비위임 원칙 지지자들은 여전히 존재한다. Larson, *The Rise and the
    Rise of the Administrative State* at 1239(민간 위임이 "도를 지나칠 때"에 대
    하여)를 참고하라.

3   U.S. Const. art. VI, cl.3(모든 연방 기구들과 주의 입법, 사법, 행정권을 존중하
    겠다는 내용의 선서 혹은 서약의 필요성)을 참고하라. *Webster,* 486 U.S. at
    613(Scalia, J., dissenting)(헌법을 수호하겠다는 선서의 부작용을 설명한다)도 참
    고하라.

4   *Mistretta,* 488 U.S. at 415(Scalia, J., dissenting)("우리 의회의 의원들은 모든
    권력을 대통령에게 위임하는 내용의 투표를 할 수도 없고, 그걸 기대할 수도 없
    다") 참고. 스칼리아 판사는 또한 입법자의 의무도 다른 누군가에게 양도
    할 수 없다고 말했다. id. at 425. 이는 각 지방의회의 권한에도 적용되는
    내용이며, 특히 기준을 만드는 기구의 역할 또한 민간으로 위임할 수 없
    다는 주장도 나온다. Tribe, *American Constitutional Law* at 982(입법권
    과 관련한 권한은 위임할 수 없다)를 참고하라.

5   비교. Strauss & Sunstein, *The Role of the President and OMB in
    Informal Rule-making* at 190(조례 제정과 관련한 부통령의 역할에 의문을
    제기한다).

6   고위 공직자들의 의무는 법적 서약과 맹세뿐만 아니라 헌법 제2조에 의
    거 상원 결의의 한계 때문에 다른 누군가에게 위임할 수 없다. n.3 참고.
    상원의 결의를 통해 공직자로 승인된 경우 대통령과 의회에 직접적인 책
    임을 진다. 이는 공직자 자신 이외의 민간 계약자에 대한 승계를 인정한
    바 없기 때문이다. 뿐만 아니라 의회는 민간에 위임된 권한에 대한 책임

을 질 수 없기 때문에 공직자 탄핵권을 가지고 있다. 5장을 참고하라.

7   *Young,* 481 U.S. at 802-09(정부 대변자의 의무와, 민간에 대한 위임이 어떤 법적 문제를 일으키는지 설명한다) 참고.

8   법무장관이 미국을 대변하는 소송을 총괄하는 현 헌법은 민간이 정부를 대변할 수 있도록 허용하는 퀴템 소송법과 조정을 거쳐야 한다. 5장의 논의를 참고하라. 퀴템과 관련한 정신은 초기 헌법 시대부터 이어져 내려왔지만, 그 성격상 헌법 제2조에서 제한하는 주권의 위임을 부추기는 경향이 있기 때문이다. *Vermont Agency of Nat. Res.,* 529 U.S. at 778 n.8 (Scala, J.); *FEC v. Akins,* 524 U.S. at 34-37(Scalia, J., dissenting)을 참고하라.

9   3 U.S.C. §§301-302(2000)(대통령이 필요한 공직자를 임명할 수 있는 권한으로 상원의 조언과 합의를 거쳐야 한다).

10 광범위한 위임이 가능하지만, 비위임 관점에서 도전받은 적은 없다. Posner & Vermeule, *Nondelegation: A Post-Modern* at 1335("우리가 아는 한 아직 아무도 간접위임법이 헌법에 위배된다는 지적을 한 사람이 없다"). 또한 간접위임법은 공직자에 한하여 대통령의 권한을 제한하고 있기 때문에 카터 석탄회사 사례와는 아무런 연관이 없다.

11 예를 들어, Calabresi & Prakash, *The President's Power to Execute the Laws* at 571(헌법 제2조에 대한 변호)을 참고하라. 중앙집권적 정부라면 간접위임법과 대치되는 법적 근거들을 부정할 것이다. 스택 교수에 의하면 대통령은 이미 법적, 헌법적 권한을 모두 획득했다. Stack, *The Statutory President* at 541-46(우리 의회가 어떻게 모든 권력을 직간접적인 채널을 통해 대통령에게 전달하고 있는지를 설명한다)을 살펴보라.

12 물론, 자신의 권한 일부를 민간에 위임하는 것도 대통령의 중요한 권한 중 하나일 것이다. 중앙집권적 접근방식은 그렇게까지 멀리 나아가지 않았다. 5장 n.47의 논의를 참고하라.

13 메릴 교수의 배타적 위임 이론의 장점은 간접위임법 외에는 어떤 위임 기준도 고려하지 않아도 된다는 것이다. Merrill, *Rethinking Article I, Section I: From Nondelegation to Exclusive Delegation* at 2179를 참고하라.

14 간접위임법은 1951년에 발효된 재조직법을 기반으로 한 것으로 후버위원회의 재조직 플랜에 기초를 두고 있다. *The Hoover Commission*

Report on Organization of the Executive Branch of the Government at 433-39를 참고하라.

15 지난 수년 동안 법원이 행정부의 위임에 대해 반대한 경우 모두 이 법이 근거가 되었다. *Cudahy Packing Co.*, 315 U.S. at 788(이전 논의를 재정리했다); *U.S.* Telecom Ass'n v. *FCC*, 359 F.3d at 567-68(독립적 정부기구의 외부 위임을 제한하는 사례) 참고.

16 359 F.3d at 565.

17 누구나 인정하듯, 이 법은 정치권력을 제한하지 않는다. 3 U.S. C.§302(대통령의 위임권이 제한되는 때는 오직 법률이 "국가 공직자만이 다룰 수 있는 특정한 업무"라고 규정하는 일에 한한다). 위임을 받는 민간 측에 대해서는 어떠한 제한도 두지 않고 있다.

18 Johnston, *I.R.S. Enlists Help in Collecting Delinquent Taxes, Despite the Higher Costs* at A1(IRS가 직접 세금 징수 업무를 담당할 경우 비용을 훨씬 절감할 수 있음을 증명한다)을 참고하라.

19 6장 B의 A-76 조항에 대한 논의를 참고하라.

20 대통령은 특정 정치인이나 내각에 모든 권력이 집중되지 않도록 하는 의회의 결정을 무시할 수 없다. Strauss, *Presidential Rulemaking* at 986(대통령이 의회의 제한을 교묘히 피해 가면서 행정권을 휘두르고 있다고 주장한다); Schubert, *Judicial Review of the Subdelegation of Presidential Power* at 684-89(간접위임과 관련해 대통령의 권한을 제한하는 경우)를 참고하라.

21 *Marbury*, 5 U.S.(1 Cranch) at 165-66.

22 대통령의 임명권과 해임권의 예는 무엇이 의회의 통제를 받지 않는 대통령의 고유 권한인지를 잘 보여준다. *Humphrey's Executor*, 295 U.S. at 629(준법무관에 대한 의회의 해임제한권 승인); *Myers*, 272 U.S. at 176(아무리 말단 공직자―예를 들어 우편배달부―라 할지라도 의회가 함부로 해임할 수 없다); *Perkins*, 116 U.S. at 484-85(행정공무원에 대한 제한이 헌법적이라는 설명이다).

23 Monaghan, *Marbury and the Administrative State* at 15-17(Marbury의 엄정성에 관한 법적 리뷰)을 참고하라.

24 *Cheney* v. U.S. *Dist.* Ct., 542 U.S. at 375-77. 체니 부통령은 에너지 정책과 관련하여 민간의 자문을 받았으나 이것이 행정부의 특권이라는 이유로 .면책을 요구했다. 그리고 이는 수용되었다. *Cheney*, 406 F.3d at

728(en banc)(체니 부통령은 에너지 정책과 관련한 결정 권한이 민간에 넘어가지 않았다는 사실만 입증하면 되었다고 설명한다)을 참고하라.

25 Guttman, *Governance by Contract* at 326–29(아이젠하워와 케네디 행정부 당시에도 외부로 많은 직무를 위탁하려 했다고 설명한다)를 참고하라.

26 7장의 논의를 참고하라.

27 Palmer, *Performance-Based Contracting "Not Working," Industry Leader Says*(2004년 국세 수입 가운데 416억 6000만 달러가 경쟁 없이 계약을 맺어 특정 민간에 지출되었다) 참고.

28 Swain, *Making a Killing* at 40–45(이라크의 민간 군사 서비스 계약을 통해 이라크에서 가장 큰 군사력은 미군 다음으로 민간 군이라고 설명한다) 참고.

29 예를 들어, Shane & Lipton, *Stumbling Storm-Aid Effort Put Tons of Ice on Trips to Nowhere* at A1(FEMA가 태풍으로 인한 희생을 처리하는 과정에서 저지른 계약 실수를 설명한다)을 참고하라.

30 *Improving the Sourcing Decisions of the Government, Final Report* at 15(예를 들어 국방부 412, 756 계약 같은 정부 계약을 나열한다)를 참고하라.

31 id. at 7 참고.

32 id. at 19 참고.

33 Office of Mgmt. & Budget, Executive Office of the President, OMB Circular A-76, 단서 조항 A, pt. B 1(a)(A-76 조항)(2003) 위임이 불가능한 정부 기능에 대한 언급이 "결정권의 집행"에서 "간접적인 결정권의 집행"으로 바뀌었다; Vernon, *Battlefiled contractors: Facing the Though Issues* at 376. A-76 조항은 정부 계약을 통한 업무를 다음과 같이 정의한다.

반복되는 업무로서, 민간 계약자들에게 아웃소싱 계약이나 업무에 대한 공급 계약을 통해 제공할 수 있으며 정부기관의 통제를 받는다. 계약을 통해 위임이 가능한 업무는 국익에 큰 영향을 미치지 않으며 공무원이 실행하지 않아도 되는 업무에 한한다. 계약을 통한 업무는 정부 각 기관과 각 기구를 통해 위임될 수 있다.

34 A-76 조항과 관련된 보고서는 http://www.whitehouse.gov/omb/index.html을 통해 언제든지 열람할 수 있다. 2004년 5월 OMB는 2003년에 체결된 계약에 대해 보고서를 제출했는데, 전체 기관에서 662건의 "경쟁 입찰"이 진행되었고 이로 인해 11억 달러의 재정 지출이 보존되어

15퍼센트에 달하는 지출 절감 효과를 얻었다고 발표했다. *Competititve Sourcing: Report on Competitive Sourcing Results Fiscal Year 2003* at 2.

35 A-76 조항 부수 조항 A, pt. B, 1(a).

36 Federal Activities Inventory Reform Act, 31 U.S.C §501 note.

37 A-76 부수조항 A. pt. A, 1("정부 조직은 그해에 실시된 사업 가운데 계약을 통해 진행된 일과 정부 당국자가 직접 수행한 일에 대한 리스트를 작성, 보고해야 한다.")

38 E.g., *69 Fed. Reg. 30, 341-02*(2004년 5월 27일); *69 Fed. Reg. 3401-02*(2004년 1월 23일). 2004년 보고서에 따르면 GAO는 2002년 외부 계약에 대한 보고를 충실히 하지 않았다. U.S. Gen. Accounting Office, *Competitive Sourcing: Greater Emphasis Needed on Increasing Effieciency and Improving Performance* (GAO의 경쟁 입찰에 관한 부분 이하).

39 2002년 11월, 부시 대통령은 백악관이 향후 200만 명이 조금 못 되는 일반행정 공무원직 85만 명 분량에 달하는 업무를 경쟁력 있는 민간에 위임할 계획을 세웠다고 발표했다. Guttman, *Governance by Contract* at 330, n.23(Stevenson, *Government May Make Private Nearly Half of Its Civilian Jobs* at A1을 인용함); Office of Mgmt, *The President's Management Agenda* at 17-18(2002)(행정부가 지출을 줄이기 위해 아웃소싱을 선택했다는 내용이다)을 전반적으로 참고하라.

40 Guttman, *Governance by Contract* at 332 n.33 참고.

41 GAO Competitive Sourcing at 2(USDA, DOD, EDUCATION, HHS, DOI, TREASURY, VA 등 국가 기구에 대한 자료조사를 통해 외주를 줄 수 있는 일의 84퍼센트가 계약을 통해 넘겨졌다고 설명한다)를 참고하라.

42 Comm. Activities Panel, n.30, at 10.

43 id. at 3 참고.

44 id. at 5.

45 id. at 6.

46 id. at 7.

47 Guttman, *Governance by Contract* at 327.

48 Deloitte Consulting, *Calling a Change in the Outsourcing Market* at 4("아웃소싱은 문제를 복잡하게 만들고 비용을 증가시키며 말썽을 일으킨다")를

참고하라.

49 7장 B '계약과 경쟁'을 참고하라.

50 Guttman, *Governance by Contract* at 327 참고.

51 Chris Strohm, *TSA Examines Conflict of Interest Charges Against Contractor*(교통안전국이 공항 검색을 위해 록히드 마틴 사와 체결한 계약에서 드러나는 문제); nn. 91-96과 관련 본문의 내용(전쟁터에서 민간 계약자들을 활용하는 것에 대한 RAND의 보고서 내용)을 참고하라.

52 Guttman, *Governance by Contract* at 332-34 참고.

53 Paul Light's 12 to 1 ratio, Light, *The True Size of Government* at 1(1996년 정부 공무원의 숫자) 참고.

54 Nash & Cibinic, *Contracting out Procurement Functions: "The Inherently Government Function" Exception,* at 45("정부의 고유한 기능"에 대한 정의와 정부의 적용)를 전반적으로 참고하라.

55 n. 53 참고.

56 FAIR Act는 A-76 조항에 이미 수록되어 있었던 "정부의 고유한 기능"을 다시 성문화했다. *OMB Transmittal Memorandum #20*(FAIR Act는 기존의 "정부의 고유한 기능"에 대한 정의를 그대로 차용했으며 민간에 맡길 수 있는 역할에 대한 목록을 만들라는 이전 개념을 재정립했다). 10 U.S.C. §2464(b)는 "A-76 조항에 의해 국방부가 진행하는 사업을 지원하기 위해 계약을 맺어 비정부기구나 인력을 조달할 수 없다"고 규정한다.

57 nn. 35-36의 논의를 참고하라.

58 Office of Mgmt. & Budget, Executive Office of the President, OMB Circular A-76, at A2.

59 OMB는 기존 국가기구의 편성을 "재구성"하여 A-76 조항하에서도 더 많은 아웃소싱이 가능하도록 내용을 수정했다. 68 Fed. Reg. 48961(2003년 8월 15일) 참고.

60 Federal Activities Inventory Reform Act, 112 Stat. 2382(1998), 31 U.S.C. §501(2003).

61 Verkuil, *Public Law Limitations on Government Functions,* at 452-54(법적, 행정적 검토의 개괄과 그 한계, 가능성) 참고.

62 2005년 회계 연도에 국방부는 2729억 달러의 계약을 체결했는데 이는 정부 전체 계약액의 71.5퍼센트에 해당하는 금액이다. OMB Watch,

OMB Watch Launches FedSpending.org 참고.

63 U.S. Gov't Accountability Office, *Contract Management: Opportunities to Improve Surveillance on Department of Defense Service Contracts* 1(감찰이 개선된 이후의 GAO 보고서 이후를 참고하라).

64 n. 34의 논의 및 관련 본문을 참고하라.

65 물론 계약 조항을 명확히 하지 않았다가 온갖 뭇매를 맞은 민간 계약자들에게도 악몽이었을 것이다. 그들은 정부 활동에 나쁜 인상을 갖게 되었다.

66 Bergner, *The Other Army* at 29, 30

67 Avant, *the Market for Force,* at 1 참고.

68 Singer, *Corporate Warriors*(발칸, 콜롬비아, 아프리카, 이라크에서 활동했던 민간 군인들의 활동상을 서술한다)를 참고하라.

69 Avant, *the Market for Force,* at 5-7 참고.

70 Schmitt, *Abuse Panel Says Rules on Inmates Need Overhaul: Command Chain Faulted* at A1(*Final Report o the Independent Panel to Review Department of Defense Detention Operations*를 요약 정리한다); Schooner, *Contractor Atrocities at Abu Ghraib* at 555-57(정부의 계약 담당자로 인해 발생하는 문제를 논한다)을 참고하라.

71 Harris, *Technology Contract Used to Purchase Interrogation Work*(CACI, Inc., Premier Technology Group, Inc.와의 "조언"과 "지적, 기술적 지원"을 위해 맺은 계약을 설명한다) 참고.

72 군은 이라크 수용소에서 저질러진 열 건의 살인사건에 대한 조사를 받고 있으며, 그 가운데 한 명 이상은 민간 계약자가 살해했다. Graham, *Army Investigates Wider Iraq Offenses* at A1 참고. 아부그라이브에서는 민간 계약자가 심문한 경우가 적지 않았다. Schmitt, *Abuse Panel Says Rules on Inmates Need Overhaul: Command Chain Faulted* 참고.

73 Lococo, *titan Competing with Northrup, L-3 To Keep Its Largest Contract* 참고.

74 n.33의 논의를 참고하라.

75 n.35의 논의를 참고하라.

76 도널드 럼스펠드 국방부장관은 2004년 5월 7일에 열린 군사각료회의에 참석하기 앞서 "이번 사건은 본인이 국방장관으로 재임하는 중에 일어난 사건이다. 이에 대한 책임은 내게 있으며, 모든 책임을 질 것이다"라

고 말했다. Graham, *Rumsfeld Takes Responsibility for Abuse* at A1 참고. 럼스펠드 장관은 회의 참석자들에게 "관련 사진과 비디오테이프가 있다. 그러나 이것이 공중에 공개되면 문제는 더욱 심각해질 것이다"라고 말했다. *id.*

77 군사 기능의 아웃소싱 자체에 대해서는 반론이 적다. 국방부가 A-76 조항을 무시하려고 했을 때(경제적으로는 효과적이었을 것이다), 정부기관이 A-76의 요구사항을 고의로 포기할 수 있는가를 둘러싼 논쟁이 일어났다. 전쟁 수행에 필요한 아웃소싱과 관련된 많은 문제 가운데 단 하나만 A-76 조항이 제기하는 "정부 고유의 역할"에 대한 추궁을 받았다. *Federal Employees Union Appeals Decision to Outsource Logistics Jobs* 참고.

78 군법은 민간인에 대해 전혀 효력을 발휘할 수 없다 *Grisham,* 361 U.S. at 279-80; *Gatlin,* 26 F.3d at 220-23 참고.

79 사법부는 CIA가 고용한 민간 계약자가 억류자에게 고문을 가했고 이후 사망한 사실을 알고 있었다. Oppel & Hart, *Contractor Indicted in Afghan Detainee's Beating* at A1 참고. 이에 적용할 수 있는 다른 법으로는 전쟁 중 범죄에 관한 법률 1996, 18 U.S.C. §2441(2002); 고문방지법 2000, 18 U.S.C §2340(2000); 고문에 의한 희생자 보호법 1991, 28 U.S.C. §1350(2000) 등이 있다.

80 Perlak, *The Military Extraterritorial Jurisdiction Act of 2000: Implications for Contractor Personnel* at 95(해외의 계약자에 대한 이 법의 모호성을 설명한다) 참고.

81 치외법권 지역에서의 군사 행동에 관한 법률을 예로 들면, 국방부를 위해서 일하는 인력에게만 적용되며 CIA 같은 연방정부와 관계된 인사 등에는 효력이 없다. Singer, *War, Profits, and the Vacuum of Law* at 523-24(민간 군 조달 회사를 처벌하는 일의 어려움을 설명한다)를 참고하라.

82 이라크전쟁은 목적을 정당화하기도 어려웠지만, 민간 계약과 관련해서는 더 큰 어려움을 겪었다. Shanker & Schmitt, *Rumsfeld Seeks Leaner Army, and a Full Term* at A1 참고.

83 민간 계약자들도 부상을 입고 피해를 보았지만, 이들은 군 사망이나 부상자 통계에 포함되지 않는다. 일부 통계에 따르면 200~500명의 민간 군 사상자가 발생했다. 다양한 집단과의 대화를 통한 자료.

84 Vernon, *Battlefield Contractors: Facing the Tough Issues* at 376–77 참고.

85 nn.33–35의 논의 및 관련 본문을 참고하라.

86 그 간극은 2003년 6월에 있었던 이라크 고소 건에 대한 민간 군의 보호 명령으로 인해 더욱 벌어졌다. Mariner, *Private Contractors Who Torture; Coalition Provisional Authority Order Number 17(Revised)* ("민간 계약자들은 이라크에서 자신들이 행한 어떤 일에 대해서도 법적인 책임을 지지 않으며 계약에도 구애받지 않는다")을 참고하라.

87 nn.71–72의 논의와 관련 본문을 참고하라.

88 *The Torture Act* of 2000, 18 U.S.C. §2340A(법에 해당되는 사람들의 목소리) 참고.

89 Circular A–76 at Attachment A, pt. B, 1(a)(3).

90 nn. 27–28과 관련 본문을 참고하라.

91 Camm & Greenfield, *How Should the Army Use Contractors on the Battlefield?* at iv. 5장의 논의를 참고하라.

92 *id.* at 25–28(군 혹은 민간 인력 가운데 누군가를 선택했을 때 직면할 수 있는 위험을 요약 정리한다) 참고.

93 *id.* at 146–49 참고.

94 전장에서 지휘관들은 부하에게 명령하듯 민간 계약자들에게 쉽게 작전 명령을 내리지는 못한다. 또한 전투가 진행되는 혼란한 상황(전쟁의 안개) 때문에 적절한 통제와 감독도 불가능하다. *id.* at 152–53 참고.

95 *id.* at 170.

96 *Defense Federal Acquisition Regulation Supplement; Contractor Personnel Supporting a Force Deployed Outside the United States,* 70 Fed. Reg. 23, 790(2005년 5월 5일)(48 C.F.R. pts. 207, 212,225, 252) 참고.

7장 정부 서비스의 아웃소싱: 계약의 이론과 실제

1 Comm. on Gov. Reform, Min. Staff, Special Invest. Division(Henry A. Waxman)(June 2006).

2 id. at 3, 8.

3   id. at 6.

4   그러나 Guttman, *Inherent Governmental Functions and the New Millenium* at 62-64에서 언급하는 공통점도 참고하라.

5   2장의 논의와 *Lochner*, 198 U.S. 45(절차적 정의와 관련된 조항에서 표현된 자유와 소유권 계약에 대하여)를 참고하라.

6   *Nebbia*, 291 U.S. 502 참고.

7   로크와 루소, 롤스로 이어지는 사회계약 이론은 사법이 공법을 정의하는 가, 아니면 부분에 불과한가의 문제로 씨름했다. 그러나 확실한 것은 둘은 서로 관련돼 있다는 것이다. 예를 들어, Ripstein, *Private Order and Public Justice: Kant and Rawls* at 15-16을 참고하라.

8   Singer, *Corporate Warriors* 참고.

9   예를 들어, 재난 구재 의무를 지는 FEMA가 소속된 국토보안부의 경우 공적 기능을 민간에 위임하는 대표적인 국가기관으로 볼 수 있다. 때로는 이들 기관에 있던 공직자들이 민간으로 자리를 옮기면서 혜택을 누리기도 한다. Lipton, *Former Antiterror Officials Find Industry Pays Better*를 참고하라.

10   Williamson, *Public and Private Bureaucracies: A Transactions Cost Economics Perspective*(업무 비용을 절감하기 위한 아웃소싱)를 참고하라.

11   298 U.S. 238; 5장 참고.

12   오래된 비위임 사례는 *A.L.A. Schechter Poultry Corp.*, 295 U.S. 495와 *Panama refinining Co. v. Ryan*, 293 U.S. 388이다.

13   Jaffe, *Law Making by Private Groups* at 248 참고; 3장의 논의도 참고하라.

14   서덜랜드 판사는 각 주 사이의 교역과 비위임에 대한 자신의 논점을 보완하기 위해 Schechter Poultry 사건을 인용했다. *Carter Coal*, 298 U.S. at 306-09. 카도조 판사는 브랜다이즈, 스톤 판사와는 반대 의견을 내놓는다. 그는 *Nebbia v. New York* 사건을 언급하며 주 사이의 거래에 집중하여 최대, 최소 가격 제한을 통한 위임의 유효성을 주장했다. *id.* at 327-30.

15   id.

16   NIRA §3에 의하면, 무역협회는 대통령에게 "공정한 경쟁 조항"을 지켜줄 것을 요청할 수 있다. 이는 특정 산업을 적절히 대표하는 단체의 경우, 또 독점적 이득을 목적으로 하지 않을 경우에 가능하다. *A.L.A. Schechter*

Poultry Corp. 295 U.S. at 283-84 참고.

카터 석탄회사 사건에서 BCA가 공정하지 못했다는 것이 다수 의견인데 이와 대조적으로, BCA는 모든 노동자의 3분의 2 이상이 동의한다고 보았다. *Carter v. Cater Coal Co.,* 298 U.S. at 283-84. 서덜랜드 판사는 "대다수가 동의하는 것에 반하는 소수의 견해는 결정권을 가지지 못한다"고 보았다. 그럼에도 불구하고 강제 위임이 일어난다면 이는 가장 불쾌한 형태의 위임인데, 특히 공적인 일이 특정한 이득을 위해 민간에 위임될 경우 더더욱 인정할 수 없다고 말했다. 298 U.S. at 311.

[17] 세크터 및 카터 석탄회사 사건의 피고 측 변호사는 이런 구분에 대해 논의하지 않았다. Swaine, *The Cravath Firm* Vol. II at 556-67, 697-700(두 사건의 변호사로서 회사의 노력을 서술한다)을 참고하라.

[18] *Friedman v. Rogers,* 440 U.S. 1(절차적 정의에 대한 도전을 거부) 참고.

[19] *Compare Texas Boll Weevil Eradication Foundation,* 952 S.W. 2d 454 참고.

[20] *Gibson v. Berryhill,* 411 U.S. 564(법원의 절차적 정의 조항 적용 사례); Bonhams Case, 77 Eng. Rep. 646("아무도 자신에 대한 판결을 할 수는 없다") 참고.

[21] *Oil, Chemical and Atomic Workers Int'l Union,* 214 F.3d 1379(5 U.S.C. §701(a)(2)를 통해 억제된 노동자들의 시각을 DOE의 실패를 통해 부각한다)를 참고하라.

[22] 스탠퍼드 법안에 따르면 주정부의 요청에 따라 연방정부가 개입할 수 있다. 고문 관련 법률 같은 면제에 대한 예외조항이 있을 수 있다. 42 U.S.C. §5148; 28 U.S.C. §2680(a)도 참고하라.

[23] 2장 및 5장의 논의를 참고하라.

[24] *Whitman v. Am. Trucking Ass'ns,* 531 U.S. 457 참고; 4장의 논의를 참고하라.

[25] Scalia, A matter of Interpretation at 41-46("Living Constitution"의 불확실성에 대한 논의) 참고.

[26] 비위임과 절차적 정의의 원칙은 구분이 가능하며 카터 석탄회사 사건에서는 서로 다른 기준으로 작용되었다.

[27] Locke, *The Second Treatise of Government*("사회적 계약"이 개인의 자유를 어떻게 옹호하는가를 설명)를 참고하라. 독립선언문을 작성한 토머스 제

퍼슨 사상의 토대가 되었던 로크의 견해로 오랫동안 영향력을 누리고 있다. Becker, *The Declaration of Independence* at 27 참고.

28 Freeman, *The Private Role in Public Governance* at 548-49 참고.

29 Grismore, *Effect of a restriction on Assignment in a Contract; Cook, The Alienability of Choses in Action* 참고.

30 123 Mass. 28.

31 *Lawrence v. Fox*, 20 N.Y. 268 참고.

32 *Macke Co. v. Pizza of Gaithersburg, Inc.*, 270 A.2d 645(피고의 창고에 있던 자판기의 제3자 위임을 허가함) 참고.

33 Corbin, *Corbin on Contracts*, Vol. 9 §865 p.386. 혹은 *Taylor v. Palmer*, 31 Cal. at 247-48을 참고하라.

34 예를 들어, *Sally Beauty Co. v. Nexxus Prods. Co.*, 801 F.2d at 1008(사람에 의한 서비스는 분명히 "위임될 수 없다")을 참고하라.

35 Hillman, *Principles of Contract Law* at 341-42 참고.

36 *Sally Beauty*, 801 F.2d at 1009-10(Posner, J. dissenting)(경쟁 상황에서의 최선의 노력을 거부한 판례) 참고.

37 수정계약법 §160(3)(1932); U.C.C. §2210(2)를 참고하라.

38 *Valley Smelting Co. v. Belden Mining Co.*, 127 U.S. at 387-88; *Humble v. Hunter*, 12 Q.B. at 317 참고.

39 1장 C '이란-콘트라 사건의 원인과 아웃소싱 논쟁'의 토론에서 국민의 주권이 헌법을 어떻게 정의하는지를 참고하라.

40 Shapiro & Steinzor, *The People's Agent*(기구를 "고용"할 때 드는 비용에 관한 이론을 대통령에 적용)를 보라.

41 헌법 제2조의 권한(최고 통수권자)을 대통령이 직접 수행한다는 말의 개념과 제1조를 간접적으로 위임(법의 수호자)받았다는 개념에 대해서는 이번 장의 C에서 자세히 살펴볼 것이다.

42 Posner & Vermeule, *The Credible Executive* at 9-10(국민을 주권의 원천으로, 대통령을 그 대리자로 본다)을 참고하라.

43 *A. L. A. Schechter Poultry*, 295 U.S. at 553(Cardozo, J., concurring)("폭도와 같은 위임"); Lawson, *Delegation and Original Meaning*(전통적인 관점을 지지함)을 참고하라.

44 중앙집권주의 관점으로 볼 때, 정부 공직자에 대한 대통령의 권한 위임은

더 자연스러워 보일 수 있다. 그렇다 하더라도 민간 위임은 정당화되지 않는다. Calabresi & Prakash, *The President's Power to Execute the Laws* 참고.

45 Arkansas Valley Smelting Co. v. Belden Mining Co., 127 U.S. at 387-88을 보라.

46 Stack, *The President's Statutory Powers to Administer the Laws*(대통령의 권력에 대한 다양한 법적 제한을 설명한다)를 참고하라.

47 Blair & Harrison, *Monopsony* 5-7 참고.

48 98 Stat. 1175(1984), 10 U.S.C. §§23040305(2000); 41 U.S.C. §§253-253a(2000).

49 48 D.F.R. 1장 참고.

50 the Federal Activities Inventory Reform(FAIR) Act.

51 Keyes, *Government Contracts in a Nutshell* 참고.

52 또한 계약 시 경쟁에 관한 법률(정부기관은 "경쟁을 주장" 할 의무가 있다) 참고.

53 Keyes, *Government Contracts in a Nutshell* at 58-62.

54 OMB Watch, *OMB Watch Launches FedSpending.org* 참고.

55 *id.*

56 Comm. on Gov. Reform, Min. Staff, Special Investigation Div.(헨리 A. 왁스먼)(2006년 6월), *Dollars, Not Sense: Gov. Contracts under the Bush Administration;* discussion at n. 2를 참고하라.

57 Center for Public Intergity, *Contracts and Reports*(CACI 계약 목록) 참고. 또한 Schooner, *Contactor Atrocities at Abu Ghraib*를 참고하라. CACI 는 더 이상 수사와 관련한 서비스를 제공하지 않는다고 웹사이트를 통해 알리고 있다.

58 Dickinson, *Public Law Values in a Privatized World* at 403004(수많은 이라크 관련 계약을 수록한다)를 전반적으로 참고하라.

59 Kopecki, *When Outsourcing Turns Outrageous.*

60 KBR, Parsons Corp., Fluor Corp., Whashington Group Int'l., Shaw Group, Bechterl Group 등은 이라크에서 가장 많은 계약을 수주한 회사 들이다. Center for Integrity, *Windfall of War*를 참고하라.

61 2004년, KBR을 통해서 파병된 군인들의 지원 대가로 회사는 50억 달러 에 이르는 돈을 받았다. 의회 조사에 의하면 정부가 자체 공급했을 경우

20억 달러는 아낄 수 있었을 것이다. KBR은 국방부 감사에서도 과도한 행위에 대한 지적을 받았다.

[62] Waste, Fraud and Abuse in U.S. Government Contracting in Iraq, Hearings before Policy Comm., 109th Cog. 10(2005) 참고.

[63] *id.*

[64] 미국 정부가 이라크에서 저지른 계약상의 과오는 민간 계약자들에게만 국한되는 것이 아니다. 연방 감사보고에 의하면 이라크 재건에 참여한 구호단체들 또한 지나친 예산을 사용한 것으로 드러났다. Glanz, *Audit Finds U.S. Hid Actual Cost of Iraq Projects* 참고.

[65] *id.*(Jeffrey H. Smith, 전 클린턴 행정부 CIA 자문위원은 현재 민간회사 측에서 계약을 지원한다).

[66] *id.*(RAND Frank Camm을 언급한다).

[67] GAO, Report to the secretary of Defence, Contract Management-Opportunities to Improve Surveillance on Department of Defense Service Contracts(GAO-05-274)(2005년 3월)을 참고하라.

[68] *id.* at 3.

[69] FAR은 "경쟁 과정"을 활용해야 한다고 요구한다. CICA도 완전한 경쟁을 통해 계약을 따냈어야 했다.

[70] Dickinson, Public Law Values at 396, 400-01(가치에 대한 논의) 참고.

[71] Shapiro, *Outsourcing Government Regulation* at 430-33(이전비용이라는 측면에서 문제점 지적하기)을 참고하라.

[72] nn.55, 56 및 이전 논의들을 참고하기 바란다.

[73] Dickinson, Public Law Values, at 400-01 참고.

[74] 한 예를 들면, 이라크 재건과정 중에 건축 계약을 수주한 Bechtel Group의 경우, Bechtel National이라는 이름으로 상수도, 항구, 공항에 관한 이권까지 얻으려 했다. Iraq Infrastructure Reconstruction Program, to USAID in June 2003을 참고하라. Center for Public Integrity, *Contracts and Reports* 참고.

[75] Dickinson, *Public Law Values,* at 410-22 참고.

[76] Glanz, *Idle Contractors Add Millions to Iraq Rebuilding* 참고.

[77] Williamson, *The Economic Insititutions of Capitalism* at 27-30(해당 이론에 대한 설명) 참고.

78 *id.* at 29 참고.

79 다른 방법에는 정보 통제와 투명성이 포함된다. FOIA, FACA를 통해 정부는 노력을 기울이고 있다. Shapiro & Steinzor, *The people's Agent,* at 4-6을 참고하라.

80 Gailmard, *Expertise, Subversion and Bureaucratic Discretion* at 57 참고.

81 Carpenter, *The Forging of Bureaucratic Autonomy*(1920년대, 농무부, 체신부에서 달성한 "기업식" 성과를 논의한다)를 참고하라; Mashaw, *Recovering American Administrative Law* at 1282-84(정부기관과 부처에 권력이 주어졌던 초기 상황을 설명한다).

82 Donahue, *The Privatization Decision* at 45-47(필요조건이 충족되었을 때 관료제보다 민간 계약이 얼마나 더 유용하며 발전적인지를 설명한다) 참고.

83 도나휴는 경쟁에 의한 계약을 선호한다. 그러나 이라크전쟁 같은 군사적 상황에 대해서는 아무런 언급도 하지 않았다.

84 1장 C '이란-콘트라 사건과 아웃소싱' 참고.

8장 정부 조직 구조개혁

1 오래 전 펠릭스 프랭크푸르터 교수의 주장처럼 내부 행정법에 대한 호소다. 이번 장에서는 법적, 행정적 해법 밖으로 눈을 돌리려 한다. Verkuil, *The Emerging Concept of Administrative Procedure* at 256-68 참고.

2 Osbourne & Gaebler, *Reinventing Government* at 25(저자는 정부 개편을 설명하기 위해 "노젓기가 아닌 방향타 잡기"라는 주제를 설명한다.)

3 Vandenburgh, *The Private Life of Public Law* at 2037-39("두 번째 명령"에 대한 논의) 참고.

4 Elliott, *Toward Ecological Law and Policy* at 183-84(명령 및 통제는 명령 및 서약이 되었다) 참고.

5 Berlin, *The Hedgehog and the Fox* at 436-98(여우는 많은 것을 알고 있었고, 고슴도치는 큰 것 하나만 제대로 알고 있었다)을 참고하라.

6 Tetlock, *Expert Political Judgement* at 3-5(좋은 정치적 결정이라는 말의 어려움) 참고.

7   *id*. at 3-4.

8   *id*. at 75, 166.

9   *id*. at 2.

10 예를 들어, 그 임무가 핵무기를 개발하는 것이라고 치자. 정부에는 최고 의 핵물리학자가 필요할 것이다. 분명한 사실은 핵무기를 사용할 타이밍 은 물리학자에게 묻지 않을 것이다. 해리 트루먼은 그 일이 정치적 리더 십에 달려 있다는 사실을 잘 알고 있었다.

11 Epstein & O'Halloran, *Delegating Powers* 1-3, 47-48(의회는 행정부가 지 나친 권위를 휘두르지 못하도록 상당히 주의 깊게 권한을 위임한다)을 참고하라.

12 Office of Personnel Management, The Senior Executive Service 참고.

13 Report of the Natl. Comm. on the Pub. Serv., Leadership of America: Rebuilding the Public Service(Volcker Commission I).

14 Report of the Natl. Comm. on the Pub. Serv., Urgent Business or America: Revitalizing the Federal Government for the 21st Century (Volcker Commission II).

15 Verkuil, *Reverse yardstick Competition*(정부 고용에 대한 NPR 통계) 참고.

16 Guttman, *Governance by Contract*(정부 규모가 얼마나 작아질 수 있는가에 대해 질문함)를 전반적으로 참고하라.

17 2장 참고.

18 Light, *The True Size of Government* 참고.

19 저자와의 대화, 2006년 10월 4일.

20 Diluilio, Jr., ed., *Deregulating the Public Service: Can Government Be Improved?* 참고.

21 Verkuil, *Is Efficient Government on Oxymoron?* 참고.

22 Volcker Commission II.

23 *id*.

24 Natl. Comm. on Terrorist Attacks, 9-11 위원회 보고서 참고.

25 다음 5년 사이에 현재 선임 관리자들 중 반 수 이상이 퇴임할 예정이다. 볼 커는 이를 "사라지는 재능들"이라고 말하며, 이들 자리에 그만큼 재능 있 는 인력들이 채워지지는 않는다는 점을 강조했다. Volcker Commission II at 20-22 참고.

26 *id*. at 13.

27 두 가지의 큰 카테고리 안에는 열네 개 세부 추천 사항이 있으며, 그중 상당수는 이 책이 염려하는 바와 일맥상통한다. *id.* at 28-55 참고.

28 *id.* at 28-29.

29 *id.* at 30-31.

30 *id.* at 20.

31 1장 A '이 책의 관심사', 2장 B '국가비상사태에 대한 민간의 해법'의 논의를 참고하라.

32 예를 들어, 볼커는 서른다섯 개 식품안전 관련 법을 책임지는 열두 개 기관과 541개의 공기, 물, 쓰레기 관련 프로그램을 책임지는 스물아홉 개 기관을 임무 집중을 위한 후보군으로 지목했다. Volcker Commission II at 29-30 참고.

33 보도자료, Dept. of Homeland Security, Homeland Security Proposal Delivered to Congress.

34 Dept. of Homeland Security Home Page.

35 Cohen, Cuellar & Weingast, *Crisis Bureaucracy* at 57-61(DHS가 정치적으로 조직되었고 원칙에 입각한 목표를 세우지 않았다고 주장한다)을 참고하라.

36 *id.* at 49.

37 *id.* at 67.

38 *id.* at 49. Dignan, *Homeland Security Struggles "with "Extraordinary" Turnover* 참고.

39 nn. 44-47 논의 참고.

40 Volcker Commission II at 36 참고. 대통령이 지목하는 정치적 인사의 숫자가 이처럼 극단적으로 늘어난 것은 아무도 확인하지 않은 사이에 행정부의 정치화가 강해졌음을 의미한다. 최근 연구 결과에 의하면, 대통령이 기존 기관들의 정책 기조에 반대할 경우 이런 정치적 인사를 많이 배치하는 것으로 밝혀졌다(이러한 현상은 민주, 공화 양당 모두에서 발견되었다). Lewis, 35 Pres. Stud. Q. at 496 참고.

41 Volcker Commission II at 34-46.

42 *id.* at 35-37.

43 Gore, *The National Performance Review;* Dilulio, Jr. et al., *improving Government Performance-An Owner's Manual* 참고.

44 Lewis, *Political Appointments and Federal Management Performance,*

Policy Brief 참고.

45 *id.* 참고.

46 *id.* 참고.

47 *id.*(허리케인 카트리나가 오기 전에 이루어졌던 FEMA의 두 프로그램은 평균 이하의 평가를 받았다) 참고.

48 2장 B '국가비상사태에 대한 민간의 해법' 참고.

49 FEMA의 책임자인 조 알바우는 2002년 6월 5일, 앤드루 카드로부터 "비밀 계획" 실행을 위한 호출을 받았다. 이는 DHS 조직을 위해 22개 기관을 합하는 작업과 자신의 이직에 관한 것이었다. Grunwald & Glasser, *Brown's Turf Wars Sapped FEMA's Strength* at A1 참고.

50 *id.* 참고.

51 n.46 참고.

52 당시 상황에 관한 이야기를 들어보면, 레이건의 정치적 인사들은 개혁에 방해가 된다고 여겨지던 전문직 관료들을 제외한 채 기관회의를 진행하곤 했다. 최근에는 체니 부통령이 주제한 오일산업 관련 회의에서 외부 인사들의 목소리가 얼마나 잘 반영되는지를 볼 수 있다. 1장 A '이 책의 관심사' 참고.

53 그들과 함께 일하는 것이 상당히 당혹스럽다는 말은 사실이다. 그들은 24시간 쉬지 않고 일하는 계약자들에 비할 수 없이 덜 노력하고 수행능력도 떨어진다.

54 2장 3 참고.

55 Kettl, *Sharing Power: Public Governance and Private Markets* at 4–5, 164(시정부와의 갈등에 대한 설명이다)를 참고하라.

56 놀랄 일도 아니지만, 정당이나 정치인에 대한 후원금의 총액은 그들이 수주한 계약 금액과 비례한다. 공공통합센터 웹사이트에는 1990년에서 2002년에 이르기까지 정치기부금을 낸 기업들과 그들의 계약 수주액을 친절히 게시해두고 있다. The Center for Public Integrity Home Page 참고.

57 Goodsell, *The Case for Bureaucracy* at 76–77 참고.

58 2장 참고.

59 Guttman, *Governace by Contract* at 35에서 인용된 U.S. Sen., 93d Cong. 19(1974) 부분을 참고하라.

60 케네디 대통령 행정부 공직자 386명은 "살찐" 계약을 통해 자신들의 미래를 확보했다. 부시 행정부에는 3361명이 비슷한 일을 할 수 있는 위치에 있다.

61 Markon & Merle, *Ex-Boeing CFO Pleads Guilty in Druyun Case* at E1(공군 군수물자 구입 담당관과 전 보잉 사 재무담당 이사가 이권을 둘러싸고 벌인 법적 갈등이다)을 참고하라.

62 Executive Order 12866 Section 4(c);(2007년 1월 18일 수정); Pear, *Bush Directive Increases Sway on Regulation* 참고.

63 Volcker Commission II at 47-50 참고.

64 위원회는 타협점을 찾기 위해 유연한 자세를 유지하였고, 다양한 사안에 대해 논의하였다. Volcker Commission II at 46-47 참고.

65 적용 절차의 간소화, 인터뷰 허용, 확정 사안에 대한 출판 등은 제안의 일부다. *id*. at 62-65 참고.

66 *id*. at 55 참고.

67 Charles Bowsher and David Walker, 2장 D 참고.

68 Diluilio, Jr., ed., *Deregulating the Public Sevice: Can Government Be Improved?* nn.19-20의 논의를 참고하라.

69 Donohue & Nye, *Market-Based Governance;* 또한 Yergin & Stanislaw, *The Commanding Heights; Bobbitt, The Shield of Achilles*를 전반적으로 참고하라.

70 케네디 스쿨의 첫 학장이 고안한 말이다. Price, *The Scientific Estate* at 75. Guttman, *Public Purpose and Private Service*를 참고하라.

71 1장 E '주권의 의미'를 참고하라.

72 Treverton, *Governing the Market* at 89 참고.

73 일각에서는 정부가 시장에 대한 직접 규제로 돌아갈 필요가 있다고 주장한다. 유럽의 시각은 Metz, *Simplification of the Public Administration*을 참고하라.

74 Slaughter, *A New World Order* at 33-35(IMF를 포함한 "분화된 주권"의 예들을 논의한다)를 참고하라.

75 Treverton, *Governing the Market State* at 110-11 참고.

76 *id*. at 110("왜, 또 누가 군사작전 중 유니폼을 입어야 하는지가 불명확하다……") 참고.

77 마태복음 23장 24절, Oxford Dictionary of Quotations 참고.

78 Treverton, *Governing the Market State* at 103 참고.

79 그러나 여기에도 문제점은 있다. 임무에 푹 빠진 정부 관료가 더 많은 능력을 가지고 더 큰 결정권을 행사할 때, 극단적인 경우 윌슨 교수의 지적처럼 "임무에 미친" 관료가 나올 수도 있다. Wilson, *Can the Bureaucracy Be Deregulated?* at 46 참고. 물론 의회는, 윌슨도 지적하듯, 단독으로 임무를 수행하거나 마음대로 운영권을 휘두르도록 좌시하지 않을 것이다.

80 Treverton, *Governing the Market State* at 104 참고.

81 인도에서 아웃소싱된 역할을 수행하던 회사들이 미국에서 큰 비난을 받았으나 부시 대통령이 인도를 방문하여 그 회사들을 칭찬하자 반대 목소리가 거의 들리지 않게 되었다. Bumiller & Sengupta, *Bush and India Reach Pact That Allows Nuclear Sales* at A1을 참고하라.

82 정부는 대부분의 파트너십을 주도해야 한다. 민간에 규제 권한을 주었다 할지라도 파터너십이 깨졌을 경우 언제든 모든 권한은 정부로 돌아간다. Ayres & Braithwaite, *Responsive Reulation* at 158-62 참고.

83 Minow, *Public and Private Partnerhsip: Accounting for the New Religion*(찬반 논의의 시작) 참고.

84 Likosky, *Law, Infrastructure and Human Rights* at 17-24(초국가적인 공공-민간 파트너십을 설명) 참고.

85 Camm, *Using Public-Private Partnerships Successfully in the Federal Setting* at 180 참고.

86 국방부(해군)는 공군 지원과 관련하여 보잉 사의 지원 계약을 수립했다. 국립공원에 새로운 정부 빌딩을 건축, 보수하거나 실직자들을 찾아 직업 훈련을 하는 내용 등도 포함되었다. *id.* at 187-89.

87 *id.* at 187-89.

88 *id.* at 189.

89 그는 불완전한 계약의 법칙과 이전 비용 문제를 지적하여 PPPs의 경제적 활용도를 주장했다. Williamson, *The Economic Institutions of Capitalism* 참고.

90 Camm, *Using Public-Private Partnerships Successfully in the Federal Setting.*

91 Likosky, *Law, Infrastructure and Human Rights* at 17-24(말레이시아와

멕시코의 PPPs 설명) 참고.

92   Auerswald et al., *Seeds of Disaster, Roots of Response* at 429–50 참고.

93   *id.*; Donahue & Zeckhauser, *Sharing the Watch* at 429 참고.

94   *id.* at 439 참고.

95   Terrorism Risk Insurance Act of 2002(2005년 개정), Pub. L. 107–297, 116 Stat. 2322(2002).

96   Donahue & Zeckhausuer, *Sharing the Watch* at 446 참고.

97   *id.* at 455.

98   Treverton, *Broadening Public Leadership in a Globalized World* at 281 참고.

99   *id.* 참고.

100 Volcker Commission II at 35–37.

101 사설, *America's Army on the Edge,* N.Y. Times(주방위군의 투입 증가세와 전반적인 군 인력 부족 현상에 대한 설명).

102 사설, *The Army We Need,* N.Y. Times(모병의 어려움과 매년 1만 명의 신규 인력 확충에 드는 150억 달러에 대한 설명이다. 유지 비용은 별도 계산된다는 내용도 있다)를 참고하라.

103 Shanker, *Young Officers Leaving Army at a High Rate* at A1(2005년에만 웨스트 포인트의 젊은 장교 가운데 3분의 1이 사임했다) 참고.

104 Volcker Commission II 참고.

105 Robert, *Developing Leadership: Emulating the Military Model* at 265– 70(ROTC 및 군 교육기관들의 교육과정과 이들 교육과정이 일반행정에 얼마나 도움이 될 수 있는지, 또 앞으로 어떻게 변화를 줄 수 있는지에 관해 설명 및 제안한다)을 참고하라.

106 군 장교 출신 인사들은 민간 군 회사뿐만 아니라 다른 민간회사에서도 환영받는다.

107 Universal National Service Act of 2006(2006년 2월 14일 입안) 참고. 레인젤 하원의원은 "미국 전 국민의 의무로서 (……) 군의 인력난 해소는 물론 미 본토의 안보와 국토 보안을 위한 인력으로도 활용"할 수 있다고 소개한다.

108 레인젤의 법안은 2004년 표결 결과 402대 2로 좌절됐다. Lichtblau, *Flurry of Calls about Draft, and a Day of Denials* 참고.

109 *id.*

110 Shanker & Gordon, *Strained Army Looks to Guard for More Relief* at A1(주방위군이 얼마나, 왜 지나치게 이라크전쟁과 연계되어 있는지를 설명한다) 을 참고하라.

111 Gold, *The Coming Draft* at 130–38(징병 회피에 관한 이야기들을 소개한다) 참고.

112 여성 징병과 관련된 문제도 피한다. *id.* at 155–58 참고.

113 네 가지 모델을 제안하고 평가한다. 고등학교에서의 군사훈련, 군 소득공제, 군 대체복무, 세금 감면 없는 일반 서비스 등이다. Danzig & Szanton, *National Service–What Would It Mean?* at 10–13 참고.

114 제안된 프로그램의 규모가 엄청난데 비해 가용 예산은 제한돼 있다. 그 효과도 미심쩍다. *id.* at 270–75.

115 Moskos, *A Call to Public Serivce;* Gold, *The Coming Draft* at 70–75 참고.

116 42 U.S.C. §42501(국가 및 지역 협력체계 구축에 관한 법) 참고.

117 Americorps Home Page, *National Service Resonds to the Gulf Hurricanes.*

118 이는 특히 이라크 상황을 염두에 둔다면 시의적절하지 못하다. 또한 우리의 동맹국들도 모두(이스라엘을 제외) 지원자만을 이라크로 파병했다.

119 Posner, *Catastrophe: Risk and Response.*

120 포스너는 과학 교육에 대한 외국인의 접촉을 차단하거나 국가적 위험이 있을 때는 시민의 자유를 제한하는 극단적인 방법도 제안했다. *id.* at 224–44 참고.

121 *id.* at 213–15. 포스너의 시각에 의하면, 이를 위해서는 공적 대응보다 민간(대학 간의 컨소시움 등을 통한)의 해결책이 필요하다. 그러나 폴 볼커가 제안한 PPP와 연계될 경우 정부에 새로운 힘을 실어줄 수도 있다.

122 포스너가 볼 때 입학사정 과정에서 과학적인 글쓰기를 요구하는 로스쿨은 전국에 여덟 개밖에 되지 않는다. *id.* at 203.

123 핵심 기관의 경우 경제적 인센티브 같은 유인책도 고려할 수 있겠다.

124 Avant, *The Market for Force* at 116 참고.

125 *id.* 참고.

126 *id.* MPRI 같은 계약자의 예. 군의 전통으로 볼 때, 군이 꼭 훈련 프로그램을 외부에 맡길 수밖에 없는 상황이었느냐는 비판이 있다.

127 정부의 고유한 기능이라는 관점에서 볼 때, 6장을 참고하라. 이뿐 아니라 군 장교를 위한 고등교육도 민간 계약자가 많이 수행한다. Avant, *The Market for Force* 참고.

128 Partnership for Public Service 홈페이지 참고.

129 U.S. Public Service Academy 홈페이지 참고.

130 *id.* 참고.

131 31 U.S.C. §§3729-3733.

132 5장의 관련 논의를 살펴보라.

133 The False Claims Act Legal Center Home Page 참고.

134 대리 고발자는 환수금의 15-25퍼센트를 가지게 된다.

135 The False Claims Act Legal Center Home Page 참고.

136 1986년에 예순여섯 건에 불과했던 퀴탬 사례는 2005년에 이르러 394건 으로 늘어났다. Fraud Statistics Overview Oct. 1, 1986-2005년 10월 31 일(DOJ/Civil Division).

137 U.S. GAO Report to Hon. F. James Sensenbrenner, Jr., Jan. 31, 2006, at 8 참고.

138 James Moorman과의 대화, 2006년 11월 9일.

139 Andrews, *Suits Say U.S. Impeded Audits For Oil Leases* at A1 참고.

140 Williamson, *The Economic Institutions of Capitalism*, at 131-63(유인책 의 중요성에 대한 설명) 참고.

9장 결론: 국민이 대리자에게 원하는 것

1 Akhil Reed Amar, *America's Constitution* 471.

2 The Federalist, No. 84(Hamilton) at 558.

3 U.S. Const. Art. I §§8,10; 5장의 관련 논의 참고.

4 The Federalist, No. 68(Hamilton) at 444.

5 The Federalist, No. 44(Madison) at 297(왜 주정부 공무원들도 연방헌법 준수 를 맹세해야 하는가에 대한 논의. 그는 "핵심 기관" 인력이 효과적으로 일할 수 있 도록 하기 위해서라고 한다) 참고.

6   Avant, *The Market for Force*, at 115("미국은 계약자들 없이 전쟁 수행이 불가능하다") 참고.

7   민간 계약자들이 얼마나 죽었는지 정확한 숫자는 알기 어렵다. 그러나 비공식 추정에 의하면 500-700명인 듯하다.

8   2장에서는 아부그라이브와 팔루자 사례가 소개되어 있다. 2장을 참고하라.

9   6장 참고.

10 Douglas, *Contractors Accompanying the Force: Empowering Commanders with Emergency Charge Authority*(전장 지휘관들의 권한 제한에 대한 내용이다) 참고.

11 *id.* at 128-29 참고.

12 문제는, 첫째, 국가 안보를 책임지는 병력 숫자에 대한 부정확성이며, 둘째, 얼마나 많은 병력이 얼마나 오랫동안 이라크에서 머물지를 모른다는 것이다. Gordon & Mazzetti, *General Warns of Risks in Iraq if G.I.'s Are Cut* 참고.

13 Avant, *The Market for Force* at 8(총 세입은 2003년 1000억 달러, 2010년에는 2000억 달러로 예상된다)을 참고하라.

14 민간 안보 영역에도 국제 시장이 있다. 그러나 미국 정부만큼 선호를 받는 고객은 없다. 2장 A '민간 군인의 등장' 참고.

15 Singer, *Corporate Warriors*, at 235 참고.

16 Avant, *The Market for Force* at 16.

17 군 인력 부족 현상은 군수업자들의 입지만 튼튼하게 할 뿐 아니라, 방위 산업에도 막대한 영향을 미친다. 그러나 이 문제는 무엇보다 공익 차원에서 바라보아야 한다.

18 모병 보너스를 예로 들면, 2만 달러에서 최근 4만 달러로 인상되었다. 재모병에 대한 보너스 인상도 고려할 수 있겠다. Shanker and Gordon, *Strained, Army Looks to Guard For More Relief* 참고.

19 Glanz, *Auditor in Iraq Finds Job Gone after Exposes* A17 참고.

20 *id.* 참고.

21 8장 B '정부 기능 향상을 위하여: 볼커위원회' 참고.

22 SES는 전문적인 관리인들로 구성되어 있다.

23 행정 공무원 85만 명에 대한 부시 대통령의 아웃소싱 결정은 재검토해야 한다. SES를 확대하는 방안도 검토해야 할 것이다.

24 비용을 고려한다면 정부 고용인의 숫자를 줄이는 것이 손쉬운 대안으로 보일 것이다. 그러나 민간 군을 활용하면 엄청난 비용이 들며 행정 서비스의 경우 비용 대비 서비스의 질이 매우 낮을 것이다. 안타깝게도 감사원도 국방부도 이와 관련된 수치를 전혀 제공하지 않고 있다. 이는 새로운 행정부에 안겨진 과제다.

25 McCubbins, Noll, & Weingast, *Structure and Process, Politics and Policy; Administrative Arrangements and the Political Control of Agencies*(행정 비용 최소화를 위한 과정 통제를 주장한다)를 참고하라.

26 Posner & Vermeule, *The Credible Executive,* at 16-18(의회의 모니터링 인력이 행정부에 비해 얼마나 부족한지를 보여준다. 고용 인력이 의회에는 2만 2000명이 있는 데 반해 행정부에는 200만 명 이상이 있다) 행정부는 부족한 정보를 충당하기 위해 외부 컨설턴트를 활용한다.

27 *id*. at 16 참고.

28 임무의 내용은 분명한지, 책임의 소재는 명확한지를 밝혀야 한다. 만약 그렇지 않다면 해당 기관에 대한 충성도의 문제는 심각해진다.

29 Epstein & O'Halloran, *Delegating Powers* 34-39(집행 비용 이론의 관점으로 의회의 결정권 행사 시기를 논한다)를 참고하라.

30 Glanz, Johnston and Shanker, *Democrats Aim to Save Inquiry on Work in Iraq*(민주당의 공약 중 하나로 이라크 특별 감찰 프로그램 종료를 백지화하는 것을 설명한다)를 참고하라.

31 관련 사례는 대부분 비밀에 부쳐져 있다. 그러나 의회는 사법부에 보고를 요구할 수 있다.

32 그레슬리 상원의원의 보고를 참고하라. 큐탬에 의해 정부가 아낄 수 있었던 예산은 수천억 달러에 달하는 것으로 연구 결과 밝혀졌다. 사기를 진작하고 이에 보상하는 대신 세련되고 의미 있는 협력 프로그램이 자리를 잡고 있다. 가치에 기반을 둔 결정으로 미국 국민의 삶과 직장에 협력의 문화를 뿌리내릴 수 있다면, 우리의 법이 창출한 가장 위대한 유산이 될 것이다. 부정청구방지법 연구센터에서 출판된 내용.

33 Sunstein, *Beyond Marbury: The Executive's Power to Say What the Law Is* 참고.

34 Hamdan v. Rumsfeld, 126 S. Ct. 2749(의회의 허가 없이 관타나모에서 군사 작전을 수행하다 일어난 억류 사건과 관련한 설명이다)를 참고하라.

35   6장을 참고하라.

36   Verkuil, *The Wait is Over: Chevron as the Stealth* Vermont Yankee
     II(법적으로 "면밀한 조사"가 가능한지에 대한 논의) 참고.

37   5 U.S.C. §706 참고.

38   Administrative Dispute Resolution Act of 1996, 5 U.S.C. §571(2000) 참고.

39   Sorensen, *Watchmen in the Night: Presidential Accountability after
     Watergate*(워터게이트 사건이 이후 대통령직에 미칠 영향을 논하고 행정부에
     대한 감시체계를 갖추어야 한다고 주장한다)를 참고하라.

참고
문헌

The 9/11 Commission Report (see National Commission on Terrorist Attacks upon the United States, *The 9/11 Commission Report*)

ELLIOT ABRAMS, UNDUE PROCESS: A STORY OF HOW POLITICAL DIFFERENCES ARE TURNED INTO CRIMES (Free Press 1993).

BRUCE A. ACKERMAN, SOCIAL JUSTICE IN THE LIBERAL STATE (Yale Univ. Press 1980).

ALFRED C. AMAN, JR., THE DEMOCRACY DEFICIT (N.Y.U. 2004).

Alfred C. Aman, Jr., *Privatization, Prisons, Democracy, and Human Rights: The Need to Extend the Province of Administrative Law,* 12 IND. J. GLOBAL LEG. STUD. 511 (2005).

AKHIL REED AMAR, AMERICA'S CONSTITUTION: A BIOGRAPHY (Random House 2005).

Americorps Home Page, *National Service Responds to the Gulf Hurricanes,* http://www.americorps.org/pdf/06_0305_factsheet_Katrina_rev.pdf (last visited Nov. 7, 2006).

Edmund L. Andrews, Suits Say U.S. Impeded Audits For Oil Leases, N.Y. TIMES, Sept. 21, 2006, at A1.

Army Field Manual No. 3-100.21, *Contractors on the Battlefield* (Jan. 3, 2003) *available at* http://www.globalsecurity.org/military/library/policy/army/fm/3-100-21/index.html.

Ashcroft Memorandum to Heads of All Departments and Agencies (Oct. 12, 2001), *available at* http://www.usdoj.gov/04foia/011012.htm.

Phillip Auerswald et al., *Seeds of Disaster, Roots of Response: How Private Action Can Reduce Public Vulnerability* (Cambridge Univ. Press 2006).

Phillip Auerswald et al., *Where Private Efficiency Meets Public Vulnerability: The Critical Infrastructure Challenge in Seeds of Disaster, Roots of Response:*

How Private Action Can Reduce Public Vulnerability 3 (Philip Auerswald et al. eds., Cambridge U. Press 2006).

DEBORAH D. AVANT, THE MARKET FOR FORCE: THE CONSEQUENCES OF PRIVATIZING SECURITY (Cambridge U. Press 2005).

IAN AYRES & JOHN BRAITHWAITE, RESPONSIVE REGULATION: TRANSCENDING THE DEREGULATION DEBATE (Oxford U. Press 1992).

Susan Bandes, *Patterns of Injustice: Police Brutality in the Courts,* 47 BUFF. L. REV. 1275 (1999).

RANDY E. BARNETT, RESTORING THE LOST CONSTITUTION (Princeton Univ. Press 2004).

CARL BECKER, THE DECLARATION OF INDEPENDENCE (revised ed., Knopf 1942).

Daniel Bergner, *The Other Army,* N.Y. TIMES MAG. 29 (Aug 14, 2004).

ISAIAH BERLIN, THE HEDGEHOG AND THE FOX, IN THE PROPER STUDY OF MANKIND (Farrar, Straus & Giroux 1997).

Vicki Bier, *Hurricane Katrina as a Bureaucratic Nightmare,* in *On Risk and Disaster* (Daniels et al., eds. Univ. of Penn. Press 2006).

Blackwater USA Home Page, http://www.blackwaterusa.com (last visited Nov. 7, 2006).

Roger D. Blair & Jeffrey L. Harrison, MONOPSONY: ANTITRUST LAW AND ECONOMICS (Princeton Press 1993).

Paul Bluestein, *Dubai Firm Cleared to Buy Military Supplier,* WASH. POST A6 (Apr. 29, 2006) (available in LEXIS, News library).

PHILIP BOBBITT, THE SHIELD OF ACHILLES: WAR, PEACE, AND THE COURSE OF HISTORY (Knopf 2002).

Tara Branum & Susanna Dokupil, *Security Takeovers and Bailouts: Aviation and the Return of Big Government,* 6 TEX. REV. L. & POL. 431 (2002).

STEPHEN BREYER, ACTIVE LIBERTY: INTERPRETING OUR DEMOCRATIC CONSTITUTION (Knopf 2005).

Joel Brinkley, *U.S. Interrogations Are Saving European Lives, Rice Says,* N.Y. TIMES A3 (Dec. 6, 2005).

John M. Broder and Robin Toner, *Report on Iraq Exposes a Divide within the G.O.P.,* N.Y. TIMES A28 (Dec. 10, 2006).

David Brooks, *How to Reinvent the G.O.P.,* N.Y. TIMES § 6, 30 (Aug. 29, 2004) (available at 2004 WLNR 5501307).

L. NEVILLE BROWN ET AL., FRENCH ADMINISTRATIVE LAW (4th ed., Oxford Univ. Press 1993).

Lynnley Browning, *I.R.S. Use of Private Debt Collectors Is Criticized,* N.Y. TIMES C3 (Jan. 10, 2007).

JAMES BUCHANAN & GORDON TULLOCH, THE CALCULUS OF CONSENT (Univ. of Michigan Press 1962).

Elisabeth Bumiller & Somini Sengupta, *Bush and India Reach Pact That Allows Nuclear Sales,* N.Y. TIMES A1 (March 3, 2006).

Henry N. Butler, *Nineteenth Century Jurisdictional Competition in the Granting of Corporate Privileges,* 14 J. LEGAL STUD. 129 (1985).

GUIDO CALABRESI, A COMMON LAW IN THE AGE OF STATUTES (Harvard Univ. Press 1982).

Steven G. Calabresi & Saikrishna B. Prakash, *The President's Power to Execute the Laws,* 104 YALE L.J. 541 (1994).

Evan Caminker, *The Constitutionality of* Qui Tam *Actions,* 99 YALE L.J. 341 (1989).

FRANK CAMM, POLICY ISSUES RELEVANT TO CIVILIANIZING BILLETS IN THE DEPARTMENT OF DEFENSE (RAND 2005).

FRANK CAMM, THINKING STRATEGICALLY ABOUT MILITARY TO CIVILIAN CONVERSION (RAND 2005).

Frank Camm, *Using Public-Private Partnerships Successfully in the Federal Setting,* in *High Performance Government* 179 (Robert Klitgaard & Paul C. Light eds., RAND 2005).

Heather Carney, *Note: Prosecuting the Lawless: Human Rights Abuses and Private Military Firms,* 74 GEO. WASH. L. REV. 317 (2006).

DANIEL P. CARPENTER, THE FORGING OF BUREAUCRATIC AUTONOMY: REPUTATIONS, NETWORKS, AND POLICY INNOVATION IN EXECUTIVE AGENCIES, 1862-1928 (Princeton U. Press 2001).

Stephen L. Carter, *The Independent Counsel Mess,* 102 HARV. L. REV. 105 (1988).

CBS News, *Coast Guard Warned of Ports Deal Gaps* (Feb. 27, 2006) (available at http://www.cbsnews.com/stories/2006/02/26/national/main1346503.shtml).

Center for Public Integrity Home Page, http://www.publicintegrity.org (last visited Nov. 7, 2006).

Center for Public Integrity, *Contracts and Reports,* http://www.publicintegrity. org/wow/resources.aspx?act=resources (accessed Nov. 13, 2006).

Center for Public Integrity, *Windfalls of War,* http://publicintegrity.org/wow/ (accessed Nov. 13, 2006).

ABRAM CHAYES & ANTONIA HANDLER CHAYES, THE NEW SOVEREIGNTY: COMPLIANCE WITH INTERNATIONAL REGULATORY AGREEMENTS (Harvard U. Press 1996).

Alan Clendenning, *Most Ports Dawdle Over Beefing Up Security; Few Nations Likely to Meet July Deadline,* WASHINGTON POST A1 (June 27, 2004).

David Cloud, Army Secretary Ousted in Furor on Hospital Case, N.Y. Times, Mar. 3, 2007, sec A, p. 1.

Coalition Provisional Authority Order No. 17 (Revised) at 4 (June 27, 2004) *available at* http://www.iraqcoalition.org/regulations/20040627_CPAORD _17_Status_of_Coalition_Rev_with_Annex_A.pdf.

Dara K. Cohen, Mariano-Florentino Cuellar and Barry R. Weingast, *Crisis Bureaucracy: Homeland Security and the Political Design of Legal Mandates* 57-61 (Aug. 2006), *available at* http://papers.ssrn.com/abstract=926516.

Sir Edward Coke, *On the Lords' Amendment to the Petition of Right,* 17 May 1628 Rushworth's Hist. Coll. 1659, i.

Comm. on Gov. Reform, Min. Staff, Special Investigation Div. (prepared for Henry A. Waxman) (June 2006), *Dollars, Not Sense: Gov. Contracts under the Bush Administration.*

Competitive Sourcing: Report on Competitive Sourcing Results Fiscal Year 2003 (May 2004), *available at* http://www.whitehouse.gov/results/agenda/ cs_omb_647_report_final.pdf.

Constitutional Limits on "Contracting Out" Department of Justice Functions under OMB Circular A-76, 14 OP. OFF. LEGAL. COUNSEL 94 (1990) (William P. Barr, Asst. Atty. Gen.).

The Constitutional Separation of Powers between the President and Congress, 20 OP. OFF. LEGAL COUNSEL 124 (1996) (Walter Dellinger, Acting Asst. Atty. Gen.).

Constitutionality of the Qui Tam Provisions of the False Claims Act, 13 OP. OFF. LEGAL COUNSEL 249 (1989) (William P. Barr, Asst. Atty. Gen. to Richard Thornburgh, Atty. Gen.).

Walter Wheeler Cook, *The Alienability of Choses in Action,* 29 HARV. L. REV. 816 (1916).

Arthur L. Corbin, CORBIN ON CONTRACTS, Vol.9 (1951) (Interim edition 2002).

Corrections Corp. of Am. Home Page, http://www.correctionscorp.com (last visited Nov. 7, 2006).

EDWARD S. CORWIN, THE PRESIDENT: OFFICE AND POWERS (4th ed., N.Y.U. Press 1957).

Steven P. Croley & William F. Funk, *The Federal Advisory Committee Act and Good Government,* 14 YALE J. ON REG. 451 (1997).

CRS Report to Congress, Colombia: Plan Colombia Legislation and Assistance (FY 2000-FY 2001).

BARRY CUSHMAN, THE GREAT DEPRESSION AND THE NEW DEAL, IN CAMBRIDGE HISTORY OF LAW IN AMERICA (forthcoming 2007).

RICHARD DANZIG & PETER SZANTON, NATIONAL SERVICE—WHAT WOULD IT MEAN? (Lexington Books 1986).

KENNETH CULP DAVIS & RICHARD J. PIERCE, 1 ADMINISTRATIVE LAW TREATISE 2.6 at 67 (3d ed., Aspen 1994).

Defense Security Service, *About DSS Homepage,* http://www.dss.mil/ aboutdss/index.htm (accessed Nov. 5, 2006).

Deloitte Consulting, *Calling a Change in the Outsourcing Market* (2005).

Paul Stephen Dempsey, *Aviation Security: The Role of Law in the War Against Terrorism,* 41 COLUM. J. TRANSNATL. L. 649 (2003).

Dept. of Homeland Security Home Page, www.dhs.gov (last visited Nov. 7, 2006).

Dept. of Homeland Security, Office of Inspector General, A Review of Background Checks for Federal Passenger and Baggage Screeners at Airports, OIG 04-08 (Jan. 2004).

DEREGULATING THE PUBLIC SERVICE: CAN GOVERNMENT BE IMPROVED? (John DiIulio, Jr., ed., Brookings Instn. Press 1994).

A. V. DICEY, AN INTRODUCTION TO THE STUDY OF THE LAWS OF THE CONSTITUTION (10th ed., Liberty Fund 1959).

Laura A. Dickinson, *Public Law Values in a Privatized World,* 31 YALE J. INTL. L. 383 (2006).

The Digest of Justinian (Theodor Mommsen et al. eds., Univ. of Penn. Press

1985).

Larry Dignan, *Homeland Security Struggles with "Extraordinary" Turnover* (June 10, 2005), *available at* 2005 WLNR 129519206.

JOHN J. DIIULIO, JR., GERALD GARVEY, DONALD F. KETTL, IMPROVING GOVERNMENT PERFORMANCE—AN OWNER'S MANUAL (Brookings Instn. Press 1993).

Sharon Dolovich, *State Punishment and Private Prisons, in Outsourcing the U.S.* (forthcoming 2006).

John D. Donahue, THE PRIVATIZATION DECISION: PUBLIC ENDS, PRIVATE MEANS (Basic 1989).

JOHN DONOHUE & JOSEPH NYE, MARKET-BASED GOVERNANCE: SUPPLY SIDE, DEMAND SIDE, UPSIDE, AND DOWNSIDE 1 (Brookings Instn. Press 2002).

John D. Donahue & Richard J. Zeckhauser, *Sharing the Watch: Public-Private Collaboration in Infrastructure Security, in Seeds of Disaster, Roots of Response* (Auerswald et al., eds., Cambridge Univ. Press 2006).

Major Karen L. Douglas, *Contractors Accompanying the Force: Empowering Commanders with Emergency Charge Authority,* 55 A.F.L. Rev. 127 (2004).

Editorial, *America's Army on Edge,* N.Y. TIMES A9 (Oct. 1, 2006).

Editorial, *Sharing the Riches of War in Iraq,* N.Y. TIMES A16 (July 24, 2006).

Editorial, *The Army We Need,* N.Y. TIMES §4, 11 (Nov. 19, 2006).

Dwight D. Eisenhower, President, *Farewell Radio and Television Address to the American People* (Jan. 17, 1961), *in* Pub. Papers.

Neil R. Eisner, Assistant General Counsel of DOT, communication with author (Dec. 20, 2006).

Andrea Elliot, *For Recruiter Speaking Arabic, Saying 'Go Army' Is a Hard Job,* N.Y. TIMES A1 (Oct. 7, 2006).

Elliott, *Toward Ecological Law and Policy* 183-84 (Marian R. Cherlow & Daniel C. Esty, eds., *Yale Univ.* Press 1997).

DAVID EPSTEIN & SHARON O'HALLORAN, DELEGATING POWERS (Cambridge press 1999).

RICHARD EPSTEIN, BARGAINIG WITH THE STATE (Princeton Univ. Press 1993).

Richard A. Epstein, *The Perils of Posnerian Pragmatism,* 71 U. CHI.L. REV. 639 (2004).

Richard A. Epstein, Op-Ed, *Supreme Folly,* WALL ST. J. A14 (June 27, 2005).

CLARK KENT ERVIN, OPEN TARGET: WHERE AMERICA IS VULNERABLE TO ATTACK

(Palgrave Macmillan 2006).

Executive Office of the President, Bureau of the Budget, *Report to the President on Government Contracting for Research and Development* (Apr. 30, 1962).

Exec. Off. of the Pres., Off. of Mgt. & Budget, OMB Circular A-76, at A-2 (available at http://www.whitehouse.gov/omb/circulars/a076/a76_incl_tech_correction.pdf).

The Fact Book [see U.S. Off. of Personnel Mgt., *The Fact Book: Federal Civilian Workforce Statistics*].

The False Claims Act Legal Center, http://www.taf.org/whyfaca.htm(visited Nov. 6, 2006).

Cynthia R. Farina, *On Misusing "Revolution" and "Reform": Procedural Due Process and the New Welfare Act*, 50 ADMIN. L. REV. 591 (1998).

David Faulkner, *Public Services, Citizenship and the State—the British Experience 1967-97*, in *Public Services and Citizenship in European Law* 35 (Mark Freedland, Silvana Sciarra, eds., Oxford Univ. Press 1998).

George R. Fay, *Investigation of the Abu Ghraib Detention Facility, available at* http://www.Army.mil/ocpa/reports/ar15-6/AR15-6.pdf.

Federal Document Clearing House, *President George W. Bush Signs the Aviation Security Bill* (Nov. 19. 2001) (available at 2001 WL 1458372).

The Federalist (Mod. Lib. Ed. 1937).

FedSpending: A project of OMBWatch Home Page, http://www.FedSpending.org.

Federal Employees Union Appeals Decision to Outsource Logistics Jobs, 41 GOV'T CONTRACTOR P 275 (June 23, 1999).

Martin S. Flaherty, *The Most Dangerous Branch*, 105 YALE L.J. 1725 (1996).

Katherine M. Franke, *The Domesticated Liberty of Lawrence v. Texas*, 104 COLUM. L. REV. 1399 (2004).

Sydney J. Freedberg, Jr., *How We Fight*, NATL. J. 36 (July 1, 2006).

Mark Freedland, *Law, Public Services, and Citizenship—New Domains, New Regimes?*, in *Public Services and Citizenship in European Law* 33-34 (Mark Freedland, Silvana Sciarra, eds., Oxford Univ. Press 1998).

Jody Freeman, *Extending Public Law Norms through Privatization*, 116 HARV. L. REV. 1285 (2003).

Jody Freeman, *The Private Role in Public Governance*, 75 N.Y.U. L. REV. 543 (2000).

Thomas L. Friedman, *A New Grip on 'Reality'*, N.Y. TIMES A25 (Mar. 22, 2006) (available at 2006 WLNR 4710918).

FROM MAX WEBER: ESSAYS IN SOCIOLOGY (H. H. Gerth & C. Wright Mills, eds, Oxford U. Press 1958).

Sean Gailmard, *Expertise, Subversion and Bureaucratic Discretion*, 18 J.L. ECON. & ORG. 536 (2002).

Joe Galloway, *Army Shake-Ups Clear Path for Rumsfeld's Vision*, S.D. UNION-TRIB. A3 (April 27, 2003).

GAO Report on Improving Surveillance [see U.S. Govt. Accountability Off., *Contract Management: Opportunities to Improve Surveillance on Department of Defense Service Contracts*].

Daniel J. Gifford, *The Morgan Cases: A Retrospective View*, 30 ADMIN. L. REV. 237 (1978).

James Glanz, *Audit Finds U.S. Hid Actual Cost of Iraq Projects*, N.Y. TIMES § 1, 1 (July 30, 2006) (available at 2006 WLNR 13135298).

James Glanz, *Idle Contractors Add Millions to Iraq Rebuilding*, N.Y. TIMES A1 (Oct. 25, 2006) (available at 2006 WLNR 18483100).

James Glanz, *Auditor in Iraq Finds Job Gone after Exposés*, N.Y. TIMES, Nov. 3, 2006, A1.

James Glanz, David Johnston and Thom Shanker, *Democrats Aim to Save Inquiry on Work in Iraq*, N.Y. TIMES, Nov. 12, 2006, A1.

Rebecca Neuberger Goldstein, *Reasonable Doubt*, N.Y. TIMES A13 (July 29, 2006).

Abby Goodnough, *Chertoff Pushes for More Hurricane Readiness*, N.Y. TIMES A16 (Apr. 13, 2006).

CHARLES T. GOODSELL, THE CASE FOR BUREAUCRACY (4th ed., CQ Press 2004).

Daniel I. Gordon, *Organizational Conflicts of Interest: A Growing Integrity Challenge* (2005) (draft on file with author).

Michael R. Gordon & Mark Mazzetti, *General Warns of Risks in Iraq if G.I.'s Are Cut*, N.Y. TIMES A1 (Nov. 16, 2006).

AL GORE, THE NATIONAL PERFORMANCE REVIEW (Diane Books Publg. Co. 1993).

Bradley Graham, *Army Investigates Wider Iraq Offenses: Cases Include Deaths,*

Assaults Outside Prisons, WASH. POST A1 (June 1, 2004).

Bradley Graham, *Rumsfeld Takes Responsibility for Abuse: Defense Secretary Warns of More Photos and Videos,* WASH. POST A1. (May 8, 2004).

FRED I. GREENSTEIN, THE HIDDEN-HAND PRESIDENCY: EISENHOWER AS LEADER (Johns Hopkins U. Press 1994).

Grover C. Grismore, *Effect of a Restriction on Assignment in a Contract,* 31 MICH. L. REV. 299 (1933).

Daniel Gross, *Why "Outsourcing" May Lose Its Power as a Scare Word,* N.Y. TIMES § 3, 5 (Aug. 13, 2006) (available at 2006 WLNR 13995021).

Michael Grunwald & Susan B. Glasser, *Brown's Turf Wars Sapped FEMA's Strength; Director Who Came to Symbolize Incompetence in Katrina Predicted Agency Would Fail,* WASH. POST A1 (Dec. 23, 2005).

Dan Guttman, *Governance by Contract: Constitutional Visions; Time for Reflection and Choice,* 33 PUB. CONT. L.J. 321 (2004).

Dan Guttman, *Inherently Governmental Functions and the New Millennium: The Legacy of Twentieth-Century Reform, in Making Government Manageable: Executive Organization and Management in the Twenty-First Century* (Thomas H. Stanton & Benjamin Ginsberg eds., Johns Hopkins U. Press 2004).

Daniel Guttman, *Public Purpose and Private Service: The Twentieth Century Culture of Contracting Out and the Evolving Law of Diffused Sovereignty,* 52 ADMIN. L. REV. 859 (2000).

DAN GUTTMAN & BARRY WILNER, THE SHADOW GOVERNMENT (Random House 1976).

Sir Matthew Hale, THE HISTORY OF COMMON LAW OF ENGLAND (C.M. Gray ed., 1971).

STUART HAMPSHIRE, JUSTICE IS CONFLICT (Pinceton Univ. Press 1999).

RICHARD W. HARDING, PRIVATE PERSONS AND PUBLIC ACCOUNTABILITY (Transaction Publishers 1997).

Carol Harlow, *Public Service, Market Ideology, and Citizenship, in Public Services and Citizenship in European Law* at 49 (Mark Freedland, Silvana Sciarra, eds., Oxford Univ. Press 1998).

Scott E. Harrington, *Rethinking Disaster Policy after Katrina, in On Risk and Disaster* (Daniels et al., eds. Univ. of Penn. Press 2006).

Shane Harris, *Technology Contract Used to Purchase Interrogation Work,* (May 20, 2004) *available at* http://www.govexec.com/dailyfed/0504/052004h1.htm.

Jeffrey L. Harrison, *Yardstick Competition: A Prematurely Discarded Form of Regulatory Relief,* 53 TUL. L. REV. 465 (1979).

JEFFREY HARRISON, THOMAS D. MORGAN & PAUL R. VERKUIL, REGULATION AND DEREGULATION (2d ed., West 2004).

PAIGE M. HARRISON & JENNIFER C. KARBERG, U.S. DEP'T OF JUSTICE, PRISON AND JAIL INMATES AT MIDYEAR 2003 (2004).

F. A. HAYEK, THE CONSTITUTION OF LIBERTY (Routledge 1960).

Michael Hayes, *Improving Security Through Reducing Employee Rights,* 10 IUS GENTIUM 55 (2004).

SEYMOUR M. HERSH, CHAIN OF COMMAND - THE ROAD FROM 9/11 TO ABU GHRAIB (HarperCollins 2004).

Andrew Hessick, *The Federalization of Airport Security: Privacy Implications,* 24 WHITTIER L. REV. 43 (2002).

ROBERT A. HILLMAN, PRINCIPLES OF CONTRACT LAW (West 2004).

OLIVER WENDELL HOLMES, THE COMMON LAW (1881) (MARK DEWOLF HOWE ed., 1963).

JED HORNE, BREACH OF FAITH—HURRICANE KATRINA AND THE NEAR DEATH OF A GREAT AMERICAN CITY (Random House 2006).

Morton J. Horwitz, *The History of the Public-Private Distinction,* 130 U. PA. L. REV. 1423 (1982).

Spencer S. Hsu & Susan B. Glasser, *FEMA Director Singled Out by Response Critics,* WASH. POST A01 (Sept. 6, 2005).

Spencer S. Hsu, *Messages Depict Disarray in Federal Katrina Response,* WASH. POST A11 (October 18, 2005) (available in LEXIS, News library).

Spencer S. Hsu & John Pomfret, *Technology Has Uneven Record on Securing Border,* WASH. POST A1 (May 21, 2006).

Innovative Emergency Management, Inc., *IEM Team to Develop Catastrophic Hurricane Disaster Plan for New Orleans & Southeast Louisiana* (June 3, 2004) (available at http://www.ieminc.com/Whats_New/Press_Releases/pressrelease060304_Catastrophic.htm).

Iran-Contra Report [see *Report of the Congressional Committees Investigating the Iran-Contra Affair*].

The Iraq Study Group Report (James A. Baker III, and Lee H. Hamilton, co-chairs) (2006).

PETER H. IRONS, THE NEW DEAL LAWYERS (Princeton Univ. Press 1982).

Arthur J. Jacobson, *The Private Use of Public Authority: Sovereignty and Associations in the Common Law,* 29 BUFF. L. REV. 599 (1980).

Louis L. Jaffe, *Law Making by Private Groups,* 51 HARV. L. REV. 201 (1937).

Douglas Jehl & David Johnston, *Rule Change Lets C.I.A. Freely Send Suspects Abroad,* N.Y. TIMES A1 (Mar. 6, 2005).

David Cay Johnston, *I.R.S. Enlists Outside Help in Collecting Delinquent Taxes, Despite the Higher Costs,* N.Y. TIMES § 1, 12 (Aug. 20, 2006) (available at 2006 WLNR 14407411).

PETER JOSEPHSON, THE GREAT ART OF GOVERNMENT—LOCKE'S USE OF CONSENT (Univ. Press of Kansas 2002).

BARRY D. KARL, THE UNEASY STATE (Univ. of Chicago Press 1983).

HANS KELSEN, GENERAL THEORY OF LAW AND STATE (1945).

Duncan Kennedy, *The Stages of the Decline of the Public/Private Distinction,* 130 U. PA. L. REV. 1349 (1982).

DONALD F. KETTL, SHARING POWER: PUBLIC GOVERNANCE AND PRIVATE MARKETS (Brookings Instn. Press 1993).

W. NOEL KEYES, GOVERNMENT CONTRACT IN A NUTSHELL (4th ed., West 2004).

Stephen Kinzer, *The Marxist Turned Caudillo: A Family Story,* N.Y. TIMES § 4, 14 (Nov. 12, 2006).

Stephanie Kirchgaessner, *Powell "Gave Warning" on Iraq Troops,* FIN. TIMES 4 (Apr. 30, 2006).

David Kocieniewski, *El Al Asks U.S. to Let It Do Extra Screening at Newark,* N.Y. TIMES B2 (May 12, 2006) (available at 2006 WLNR 8163807).

Dawn Kopecki, *When Outsourcing Turns Outrageous,* BUSINESS WEEK (July 31, 2006) (available at 2006 WLNR 12952381).

Ted Koppel, *These Guns for Hire,* N.Y. TIMES A21 (May 22, 2006) (available at 2006 WLNR 8754790).

STEPHEN D. KRASNER, SOVEREIGNTY: ORGANIZED HYPOCRISY (Princeton U. Press 1999).

Paul Krugman, *The Fighting Moderates,* N.Y. TIMES A19 (Feb. 15, 2005).

Paul Krugman, *Tax Farmers, Mercenaries and Viceroys,* N.Y. TIMES A17 (Aug. 21, 2006) (available at 2006 WLNR 14441607).

Paul Krugman, *Outsourcer in chief,* N.Y. TIMES A27 (Dec. 11, 2006).

Howard Kunreuther, *Has the Time Come for Comprehensive Natural Disaster Insurance? in On Risk and Disaster* (Daniels et al., eds. Univ. of Penn. Press 2006).

JAMES M. LANDIS, THE ADMINISTRATIVE PROCESS(Yale Univ. Press 1938).

Gary Lawson, *The Rise and the Rise of the Administrative State,* 107 HARV. L. REV. 1231 (1994).

Gary Lawson, *Delegation and Original Meaning,* 88 VA. L. REV. 327 (2002).

Lawrence Lessig & Cass R. Sunstein, *The President and the Administration,* 94 COLUM. L. REV. 1 (1994).

Letter from Charles A. Bowsher, Comptroller General, to Hon. David Pryor (Dec. 29, 1989), in *Use of Consultants and Contractors by the Environmental Protection Agency and the Department of Energy,* Sen. Comm. on Gov. Affairs, Hearing before Subcommittee on Federal Services, Post Office, and Civil Service, 101st Cong. S. 1 (1989).

Letters to N.Y. Times, *Waging War with Private Force,* N.Y TIMES § 4 (May 28, 2006) (available at 2006 WLNR 9155782 through 2006 WLNR 9155788).

David Lewis, *Political Appoitments and Federal Management Performance, Policy Brief* (Sept. 2005), *available at* http://www.princeton.edu/policybriefs/lewis_performance.pdf.

David Lewis, *Staffing Alone: Unilateral Action and the Politicization of the Executive Office of the President, 1988-2004,* 35 PRES. STUD. Q. 496 (2005).

Eric Lichtblau, *Flurry of Calls about Draft, and a Day of Denials,* N.Y. TIMES A11 (Dec. 23, 2006).

PAUL C. LIGHT, THE TRUE SIZE OF GOVERNMENT (Brookings Inst. 1999).

MICHAEL B. LIKOSKY, LAW, INFRASTRUCTURE AND HUMAN RIGHTS (Cambridge Press 2006).

DAVID E. LILIENTHAL, THE JOURNALS OF DAVID E. LILIENTHAL—THE TVA YEARS, 1939-1945 (Harper & Row 1964).

Alice Lipowicz, *Teams Vie for SBInet,* 21 TECHNEWS 11 (June 8, 2006).

Eric Lipton, *Billions Later, Plans to Remake the Coast Guard Fleet Stumbles,* N.Y. TIMES A1 (Dec. 9, 2006).

Eric Lipton, *Former Antiterror Officials Find Industry Pays Better,* N.Y. TIMES A1 (June 18, 2006) (available at 2006 WLNR 10517130).

Eric Lipton, *Homeland Security Chief Outlines FEMA Overhaul,* N.Y TIMES A22 (Oct. 20, 2005) (available at 2005 WLNR 16974661).

Eric Lipton, *Seeking to Control Borders, Bush Turns to Big Military Contractors,* N.Y. TIMES A1 (May 18, 2006).

Eric Lipton, *White House Declines to Provide Storm Paper,* N.Y. TIMES A1 (Jan. 25, 2006) (available at 2006 WLNR 1333900).

Eric Lipton, *U.S. Requiring Port Workers to Have ID's and Reviews,* N.Y. TIMES A11 (Jan. 4, 2007).

Orly Lobel, *The Renew Deal: The Fall of Regulation and the Rise of Governance in Contemporary Legal Thought,* 89 MINN. L. REV. 342 (2004).

JOHN LOCKE, THE SECOND TREATISE OF GOVERNMENT (Thomas P. Peardon ed., Prentice Hall 1952) (1690).

Edmond Lococo, *Titan Competing with Northrup, L-3 To Keep Its Largest Contract,* Bloomberg News (June 7, 2004) *available at* http://quote.bloomberg.com/apps/news?pid=10000103&sid=afR4zWgUnpDo&refer=us.

MARTIN LOUGHLIN, THE IDEA OF PUBLIC LAW (Oxford Univ. Press 2004).

DAVID S. LOVEJOY, THE GLORIOUS REVOLUTION IN AMERICA (Wesleyan Univ. Press 1972).

Jonathan R. Macey, *Organizational Design and Political Control of Administrative Agencies,* 8J. L. ECON. & ORG. 93 (1992).

Jerry Markon & Renae Merle, *Ex-Boeing CFO Pleads Guilty In Druyun Case,* WASH. POST E1 (Nov. 16, 2004).

Joanne Mariner, *Private Contractors Who Torture,* (May 10, 2004) *available at* http://writ.news.findlaw.com/mariner/20040510.html.

C. Kevin Marshall, *Putting Privateers in Their Place: The Applicability of the Marque and Reprisal Clause to Undeclared Wars,* 64 U. CHI. L. REV. 953 (1997).

Jerry L. Mashaw, *Recovering American Administrative Law: Federalist Foundations, 1787-1801,* 115 YALE L. J. 1256 (2006).

Jane Mayer, *The Hidden Power,* THE NEW YORKER, 44 (July 3, 2006) (available in LEXIS, News library).

Matthew D. McCubbins, Roger G. Noll and Barry R. Weingast, *Structure and*

Process, Politics and Policy: Administrative Arrangements and the Political Control of Agencies, 75. VA L. REV. 431 (1989).

DAVID MCCULLOUGH, TRUMAN (Simon & Schuster 1992).

McKinsey & Co. Home Page, http://www.mckinsey.com (last visited Nov. 7, 2006).

Marianne Means, *Bush's Credibility Tank is on Empty,* Seattle Post-Intelligencer B6 (May 2, 2006) (available at 2004 WLNR 3200527).

Errol E. Meidinger, *The "Public Uses" of Eminent Domain: History and Policy,* 11 ENVTL. L. REP. 1 (1980).

Thomas W. Merrill, *The Landscape of Constitutional Property,* 86 VA. L. REV. 885 (2000).

Thomas W, Merrill, *Rethinking Article I, Section I: From Nondelegation to Exclusive Delegation,* 104 COLUM. L. REV. 2097 (2004).

Emanuel Metz, *Simplification of the Public Administration: The "Lean State" as a Long-Term Task,* 4 COLUM. J. EUR. L. 647 (1998).

Gillian E. Metzger, *Privatization as Delegation,* 103 COLUM. L. REV 1367 (2003).

Jon B. Michaels, *Beyond Accountability: The Constitutional, Democratic and Strategic Problems with Privatizing War,* 82 WASH. U. L.Q. 1001 (2004).

Thomas J. Miles & Cass R. Sunstein, *Do Judges Make Regulatory Polocy? An Empirical Investigation of* Chevron, 73 U. CHI. L. REV. 823 (2006).

T. CHRISTIAN MILLER, BLOOD MONEY—WASTED BILLIONS, LOST LIVES AND CORPORATE GREED IN IRAQ (Little, Brown 2006).

Martha Minow, *Outsourcing Power: How Privatizing Military Efforts Challenges Accountability, Professionalism and Democracy,* 46 B.C.L. REV 989 (2005).

Ronald C. Moe, *Governance Principles, in Making Government Manageable* (Thomas H. Stanton & Benjamin Ginsberg, eds., Johns Hopkins Univ. Press 2004).

Milton Mollen, *Report of the Commn. to Investigate Allegations of Police Corruption and the Anti-Corruption Procedures of the Police Dept* (1994), *available at* http://www.parc.info/reports/pdf/mollenreport.pdf.

Henry Monaghan, *Marbury and Administrative State,* 83 COLUM. L. REV. 1 (1983).

Mark H. Moore, *Introduction to Symposium, Public Values in an Era of Privatization,* 116 HARV. L. REV. 1212 (2003).

Trevor W. Morrison, *Lamenting Lochner's Loss: Randy Barnett's Case for a Libertarian Constitution*, 90 CORN. L. REV. 839 (2005).

CHARLES C. MOSKOS, A CALL TO PUBLIC SERVICE: NATIONAL SERVICE FOR COUNTRY AND COMMUNITY (Free Press 1988).

STEVEN NADLER, SPINOZA'S HERESY (Oxford Univ. Press 2001).

Ralph C. Nash & John Cibinic, *Contracting Ouf Procurement Functions: "The Inherently Government Function" Exception,* Nash & Cibinic Report, Sept. 2000.

NATIONAL COMMISSION ON TERRORIST ATTACKS UPON THE UNITED STATES, THE 9/11 COMMISSION REPORT (W. W. Norton & CO. 2004) (available at 2004 WL 1634382).

WILLIAM E. NELSON, THE ROOTS OF AMERICAN BUREAUCRACY, 1830-1900 (Beard Books 1982).

Johanna Neuman, *Report Details Katrina Communications Fiasco,* L.A. TIMES A4 (May 3, 2006) (available at 2006 WLNR 7528229).

Alexander N.M. Niejelow, *The Derivative Effects of Don't Ask Don't Tell* (2006) (on file with author).

Floyd Norris, *In the Bush Years, Government Grows as the Private Sector Struggles,* N.Y TIMES C1 (Sept. 3, 2004) (available at 2004 WLNR 5561431).

NSA Spying Memo [see U.S. Dept. of Justice, Off. of the Atty. Gen., *Legal Authorities Supporting the Activities of the National Security Agency Described by the President*]

Office of Mgmt. & Budget, Executive Office of the President, OMB Circular A-76, 68 Fed. Reg. § 2134-42 (May 29, 2003), *available at* http://www.whitehouse.gov/omb/circulars/a076/a76_incl_tech_correction.pdf.

Office of Mgmt. & Budget, Executive Office of the President, *OMB Transmittal Menorandum #20, available at* http://www.whitehouse.gov/omb/circulars/a076/a076tm20.html.

Office of Mgmt. & Budget, Executive Office of the President, *The President's Management Agenda* 17-18 (2002), *available at* http://www.whitehouse.gov/omb/budget/fy2002/mgmt.pdf.

Office of Management and Budget Watch Home Page, http://www.OMB watch.org.

Office of Personnel Management, The Senior Executive Service, http://www.

opm.gov/ses/.

Off. of Sen. Charles Schumer, *Press Release: Multi-Billion Dollar Company that Operates NYC Port to be Taken Over by United Arab Emirates Government-Owned Firm Today* (Feb. 13, 2006) (available at http://schumer.senate.gov/SchumerWebsite/pressroom/press_releases/2006/PR60.NYC%20Port%20Security.021306.html).

OLIVER L. NORTH, UNDER FIRE: AN AMERICAN STORY (21st Century Press 1991).

OMB Watch, *OMB Watch Launches FedSpending.org* (Oct. 11, 2006) (available at http://ombwatch.org/article/articleview/3613/1/82).

On Risk and Disaster: Lessons from Hurricane Katrina (Ronald J. Daniels, Donald F. Kettl & Howard Kunreuther eds., U. Pa. Press 2006).

Richard A. Oppel, Jr. & Ariel Hart, *Contractor Indicted in Afghan Detainee's Beating; First Civilian Charged in Abuses—the Prisoner Died the Next Day,* N.Y. TIMES A1 (June 18, 2004).

Alex Ortolani & Robert Block, *Keeping Cargo Safe from Terror - Hong Kong Port Project Scans All Containers; U.S. Doesn't See the Need,* WALL STREET JOURNAL B1 (July 29, 2005) (available in LEXIS, News library).

DAVID OSBORNE & TED GAEBLER, REINVENTING GOVERNMENT: HOW THE ENTREPRENEURIAL SPIRIT IS TRANSFORMING THE PUBLIC SECTOR (Addison Wesley 1992).

Kimberly Palmer, *Perfomance-Based Contracting "Not Working," Industry Leader Says,* (May 17, 2005), *available at* http://www.govexec.com/dailyfed/0505/051705k1.htm.

Richard W Parker, *The Empirical Roots of the "Regulatory Reform" Movement: A Critical Appraisal,* 58 ADMIN. L. REV. 359 (2006).

Partnership for Public Service Home Page, http://www.ourpublicservice.org.

ROBERT O. PAXTON, THE ANATOMY OF FASCISM (Knopf 2004).

Pear, *Bush Directive Increases Sway on Regulation,* N.Y. TIMES A1 (Jan. 29, 2007).

Joseph R. Perlak, *The Military Extraterritorial Jurisdiction Act of 2000: Implications for Contractor Personnel,* 169 MIL. L. REV. 92 (2001).

Alessandro Petretto, *The Liberalization and Privatization of Public Utilities and the Protection of Users' Rights: The Perspective of Economic Theory, in Public Services and Citizenship in European Law: Public and Labour Law*

Perspectives (Mark Freedland & Silvana Sciarra eds., Oxford U. Press 1998).

RICHARD J. PIERCE, SIDNEY A. SHAPIRO & PAUL R. VERKUIL, ADMINISTRATIVE LAW AND PROCESS (4th ed., Foundation Press 2004).

Richard S. Pierce, Jr., *The Due Process Counterrevolution of the 1990s,* 96 COLUM. L. REV. 1973 (1996).

Richard J. Pierce Jr., *Waiting for* Vermont Yankee II, 57 ADMIN. L. REV. 669 (2005).

The Port Authority of NY & NJ, *Homepage,* http://www.panynj.gov (accessed Nov. 6, 2006).

Eric A. Posner & Adrian Vermeule, *The Credible Executive* (2006) (available at http://ssrn.com/abstract=931501).

Eric Posner & Adrian Vermeule, *Nondelegation: A Post-Mortem,* 70 U. CHI. L. REV. 1331 (2003).

RICHARD A. POSNER, CATASTROPHE: RISK AND RESPONSE (Oxford Univ. Press 2004).

RICHARD A. POSNER, LAW, PRAGMATISM, AND DEMOCRACY (Harvard Univ. Press 2003).

Richard A. Posner, *Pragmatic Liberalism versus Classical Liberalism,* 71 U. CHI. L. REV. 659 (2004).

Saikrishna Prakash, *The Chief Prosecutor,* 73 GEO. WASH. L. REV. 521 (2005).

Press Release, Blackwater USA, *Blackwater Continues to Support Katrina Devastated Areas* (Sept. 13, 2005).

Press Release, DHS, *Homeland Security Proposal Delivered to Congress* (June 18, 2002), *available at* http://www.dhs.gov/xnews/speeches/speech_0039.shtm.

Press Release, DP World, Statement by H. Edward Bilkey, Chief Operating Officer, DPWorld (Mar. 9, 2006) *available at* http://www.dpworld.com/news.asp.

Press Release, Lockheed Martin, *Lockheed Martin Delivers Secure Border Initiative Proposal* (May 30, 2006).

Press Release, The White House, *President Addresses Hurricane Relief in Address to the Nation* (Sept. 15, 2005) *available at* http://www.whitehouse. gov/news/releases/2005/09/20050915-8.html.

DON K. PRICE, THE SCIENTIFIC ESTATE (Harvard Univ. Press 1965).

Dana Priest and Anne Hull, *Soldiers Face Neglect, Frustration at Army's Top*

Medical Facility, Wash. Post, Feb. 18, 2007, at sec. A. p. 1.

Private Security Firms Operating in Iraq: Hearings Before the Subcomm. on Nat' l Security, Emerging Threats, and Int' l Relations of the H. Comm. on Gov' t Reform, 109th Cong. (2006) (testimony of IPOA president Doug Brooks).

RAND, *How Should the Army Use Contractors on the Battlefield? Assessing Comparative Risk in Sourcing Decisions* (Frank Camm & Victoria A. Greenfield eds., 2005).

RAND Home Page, http://www.rand.org(last visited Nov. 7, 2006).

RAND Corp., *History and Mission,* http://www.rand.org/about/history/ (accessed Nov. 6, 2006).

Warren L. Ratliff, *The Due Process Failure of America' s Prison Privatization Statutes,* 21 Seton Hall Legis. J. 371 (1997).

John Rawls, A Theory of Justice (Clarendon Press 1971).

Report of the Congressional Committees Investigating the Iran-Contra Affair, H.R. Rpt. 100-433, Sen. Rpt. 100-216 (Nov. 1987).

Report of the Independent Panel to Review Department of Defense Detention Operations (2004), *available at* http://www.defense.gov/news/Aug2004/ d20040824final report.pdf.

Report of the Natl. Comm. on the Pub. Serv., *Leadership for America: Rebuilding the Public Service* (Paul Volcker, Chair, Brookings Instn. 1989).

Report of the Natl. Comm. on the Pub. Serv., *Urgent Business for America: Revitalizing the Federal Government for the 21st Century* (Paul Volcker, Chair, Brookings Instn. 2003), in *High Performance Government* 9-88 (Robert Klitgaard & Paul C. Light, eds., RAND 2005).

Judith Resnick, *Procedure as Contract,* 80 Notre Dame L. Rev. 593 (2005).

Restatement (First) of Contracts (1932).

Arthur Ripstein, *Private Order and Public Justice: Kant and Rawls,* 92 Va. L. Rev. 1391 (2006).

Al Robbert, *Developing Leadership: Emulating the Military Model, In High Perfomance Government* 255 (Robert Klitgaard & Paul C. Light eds., RAND 2005).

Judith Rodin & Stephen P. Steinberg, *Introduction: Incivility and Public Discourse, in Public Discourse in America* (Judith Robin & Stephen P.

Steinberg eds., Univ. of Penn. Press 2003).

David E. Rosenbaum, *Bush to Return to "Ownership Society" Theme in Push for Social Security Changes,* N.Y. TIMES A20 (Jan. 16, 2005) (available at 2005 WNLR 595069).

Clifford J. Rosky, *Force, Inc.: The Privatization of Punishment, Policing, and Military Force in Liberal States,* 36 CONN. L. REV. 879 (2004).

Edward Rubin, *The Myth of Accountability and the Anti-Administrative Impulse,* 103 MICH. L. REV. 2073 (2005).

David M. Ryfe, *Deliberative Democracy and Public Discourse,* in *Public Discourse in America* (Judith Rodin, Stephen P. Steinberg, eds., Univ. of Penn. Press 2003).

Robert J, Samuelson, *The Dangers of Ports (and Politicians),* WASHINGTON POST A19 (Mar. 14, 2006) (available in LEXIS, News library).

MICHAEL J. SANDEL, DEMOCRACY' S DISCONTENT (Belknap Press 1996).

David E. Sanger & Eric Schmitt, *Cheney' s Power No Longer Goes Unquestioned,* N.Y. TIMES A1 (Sept. 10, 2006).

Marc Santora & James Glanz, *Five American Security Employees Killed in Baghdad Helicopter Attack,* N.Y. TIMES A10 (Jan. 24, 2007).

Charlie Savage, *Bush Could Bypass New Torture Ban,* BOSTON GLOBE A1 (Jan. 4, 2006) (available at 2006 WLNR 169777).

ANTONIN SCALIA, A MATTER OF INTERPRETATION: FEDERAL COURTS AND THE LAW (Princeton U. Press, 1997).

ARTHUR M. SCHLESINGER, JR., THE AGE OF JACKSON (Little, Brown & Co. 1953).

ARTHUR M. SCHLESINGER, JR., THE COMING OF THE NEW DEAL (Mariner Books 1958).

Eric Schmitt, *Abuse Panel Says Rules on Inmates Need Overhaul: Command Chain Faulted,* N.Y. TIMES A1 (Aug. 25, 2004).

Steven L. Schooner, *Contractor Atrocities at Abu Ghraib: Compromised Accountability in a Streamlined, Outsourced Government,* 16 STAN. L. & POLICY REV. 549 (2005).

Glendon A. Schubert, Jr., *Judicial Review of the Subdelegation of Presidential Power,* 12 J. POLITICS 668 (1950).

Alwyn Scott, *Slipping Through the Net and into Our Ports,* SEATTLE TIMES C1 (Apr. 23, 2006) (available at 2006 WLNR 6803898).

Scott Shane, *Latest Blue-Ribbon Panel Awaits Its Own Ultimate Fate*, N.Y. TIMES A24 (Dec. 28, 2006).

Scott Shane, *Torture Victim Had No Terror Link, Canada Told U.S.*, N.Y. TIMES A10 (Sept. 25, 2006).

Scott Shane & Eric Lipton, *Stumbling Storm-Aid Effort Put Tons of Ice on Trips to Nowhere*, N.Y. TIMES A1 (Oct. 2, 2005).

Scott Shane & Ron Nixon, *In Washington, Contractors Take on Biggest Role Ever*, N.Y. TIMES, Feb. 4, 2007, at A1, A24.

Thom Shanker and Michael R. Gordon, *Strained, Army Looks to Guard For More Relief*, N.Y. TIMES, Sept. 22, 2006, at A1.

Thom Shanker & Eric Schmitt, *Rumsfeld Seeks Leaner Army, and a Full Term*, N.Y. TIMES A1 (May 11, 2005).

Thom Shanker, *Young Officers Leaving Army At a High Rate*, N.Y. TIMES A1 (Apr. 10, 2006).

Sidney A. Shapiro, *OMB's Dubious Peer Review Procedures*, 34 ENVTL. L. REP. 100064 (2004).

Sidney A. Shapiro, *Outsourcing Government Regulation*, 53 DUKE L.J. 389 (2003).

Sidney A. Shapiro & Rena I. Steinzor, *The people's Agent: Executive Branch Secrecy and Accountability in an Age of Terrorism*, 69 L. & CONTEMP. PROB. 99 (2006).

Sidney A. Shapiro & Richard E. Levy, *Government Benefits and the Rule of Law: Towards a Standards Based Theory of Due Process*, 57 ADMIN. L. REV. 107 (2005).

Deirdre Shesgreen, *Bush Offers Compromise in Aviation Security Bill; It Stalls on Provision to Make All Screeners Fedral Employees*, ST. LOUIS POST-DISPATCH A7 (Oct. 4, 2001) (available at 2001 WLNR 11359875).

Charles Silver & Frank B. Cross, *What's Not To Like About Being a Lawyer?*, 109 YALE L.J. 1443, 1479 (2000).

P.W. SINGER, CORPORATE WARRIORS: THE RISE OF THE PRIVATIZED MILITARY INDUSTRY (Cornell U. Press 2003).

P.W. Singer, *War, Profits, and the Vacuum of Law: Privatized Military Firms and International Law*, 42 COLUM. J. TRANSNAT'L L. 521 (2004).

David A. Sklansky, *The Private Police*, 46 UCLA L. REV. 1165 (1999).

Anne-Marie Slaughter, A New World Order (Princeton U. Press 2004).

Neil Smelser, *A Paradox of Public Discourse and Political Democracy, in Public Discourse in America,* 178 (Judith Rodin, Stephen P. Steinberg, eds., Univ. of Penn. Press 2003).

Stephen Rathgeb Smith & Michael Lipsky, Nonprofits for Hire: The Welfare State in the Age of Contracting (Harvard Univ. Press 1993).

Steven B, Smith, *On Leo Strauss's Critique of Spinoza,* 25 Cardozo L. Rev. 741 (2003).

Steven B. Smith, Spinoza, Liberalism, and the Question of Jewish Identity (Yale Univ. Press 1997).

Theodore C. Sorensen, Watchmen in the Night: Presidential Accountability after Watergate (MIT Press 1975).

Kevin M. Stack, *The President's Statutory Powers to Administer the Laws,* 106 Colum. L. Rev. 263 (2006).

Kevin Stack, *The Statutory President,* 90 Iowa L. Rev, 539 (2005).

Stewart E. Sterk, *The Federalist Dimension of Regulatory Takings Jurisprudence,* 114 Yale L.J. 203 (2004).

Richard Stevenson, *Government May Make Private Nearly Half of Its Civilian Jobs,* N.Y. Times A1 (Nov. 15, 2002).

David A. Strauss, *Why Was Lochner Wrong?,* 70 U. Chi. L. Rev. 373 (2003).

Peter L. Strauss, *Presidential Rulemaking,* 72 Chi.-Kent L. Rev. 965 (1997).

Peter L. Strauss, *Within* Marbury*: The Importance of Judicial Limits on the Executive's Power to Say What the Law Is,* 116 Yale L.J. Pocket Part 59 (2006).

Peter L. Strauss & Cass Sunstein, *The Role of the President and OMB in Informal Rulemaking,* 38 Admin. L. Rev. 181 (1985).

Chris Strohm, *Appropriators Skeptical of Promised Secure Border Initiative,* Cong. Daily (Apr. 7, 2006) *available at* 2006 WLNR 5903997.

Chris Strohm, *Department Moving on Massive Border Security Project,* Cong. Daily (April 11, 2006) *available at* 2006 WLNR 6180318.

Chris Strohm, *TSA Examines Conflict of Interest Charges Against Contractor,* (May 23, 2005), *available at* http://govexec.com/dailyfed/0505/052305 c1.htm.

Cass R. Sunstein, *Beyond* Marbury*: The Executive's Power to Say What the Law*

Is, 115 Y<small>ALE</small> L.J. 2580 (2006).

C<small>ASS</small> R. S<small>UNSTEIN</small>, F<small>REE</small> M<small>ARKETS AND</small> S<small>OCIAL</small> J<small>USTICE</small> (Oxford Univ. Press 1997).

Cass R. Sunstein, *Lochner's Legacy,* 87 C<small>OLUM</small>. L. R<small>EV</small>. 873 (1987).

John Swain, *Making a Killing,* S<small>UNDAY</small> T<small>IMES</small> M<small>AG</small>. 40 (Oct. 23, 2005).

R<small>OBERT</small> T. S<small>WAINE</small>, T<small>HE</small> C<small>RAVATH</small> F<small>IRM</small> (1948).

Rachel L. Swarns, *House G.O.P Planning Recess Hearings,* N.Y. T<small>IMES</small> A20 (July 28, 2006).

Matthew Sweeney, *New York Harbor "Ripe" for Al Qaeda-Style Attack,* N<small>EW</small> Y<small>ORK</small> S<small>UN</small> at 1 (Nov. 19, 2002) (available in LEXIS, News library).

Symposium, *Public Values in an Era of Privatization,* 116 H<small>ARV</small>. L. R<small>EV</small>. 1211 (2003).

Michael Taggart, *The Province of Administrative Law Determined?,* in *The Province of Administrative Law* (Michael Taggart ed., Hart Publg. 1997).

Task Force on Presidential Signing Statements and the Separation of Powers Doctrine, Am. Bar Ass'n, Recommendation and Report (Aug. 2006), http://www.abanet.org/op/signingstatements/aba_final_signing_ statements_recommendations_report_7_24_06.pdf.

David Teather, *Halliburton Accused of Not Justifying £1 Billion Army Bills,* T<small>HE</small> G<small>UARDIAN</small> 17 (Aug. 12, 2004).

P<small>HILLIP</small> E. T<small>ETLOCK</small>, E<small>XPERT</small> P<small>OLITICAL</small>. J<small>UDGMENT</small> (Princeton Univ. Press 2005).

Heather Timmons, *Dubai Port Company Sells Its U.S. Holdings to A.I.G.– Political Hot Potato Handed Off,* N.Y. T<small>IMES</small> C4 (Dec. 12, 2006).

A<small>DAM</small> T<small>OMKINS</small>, P<small>UBLIC</small> L<small>AW</small> (Oxford Univ. Press 2003).

T<small>HE</small> T<small>ORTURE</small> P<small>APERS</small>—T<small>HE</small> R<small>OAD TO</small> A<small>BU</small> G<small>HRAIB</small> (Karen J. Greenberg & Joshua L. Dratel, eds., Cambridge Press 2005).

T<small>HE</small> T<small>OWER</small> C<small>OMMISSION</small> R<small>EPORT</small> (Bantam Books & Times Books 1987).

Transportation Security Administration, *TSA Releases Performance Report On Contract Screeners At Five U.S. Airports,* http://www.tsa.gov/press/releases/ 2004/press_release_0412.shtm (accessed Nov. 5, 2006).

Joseph B. Treaster, *Mollen Panel Says Buck Stops With Top Officers,* N.Y. T<small>IMES</small> A21 (July 10, 1994).

Michael J. Trebilcock & Ronald J. Daniels, *Rationales and Instruments for Government Intervention in Natural Disasters, in On Risk and Disaster* (Daniels et al., eds. Univ. of Penn. Press 2006).

Gregory F. Treverton, *Broadening Public Leadership in a Globalized World, in High Performance Government* (Robert Klitgaard & Paul C. Light eds., RAND 2005).

Gregory F. Treverton, *Governing the Market State, in High Performance Government* 89 (Robert Klitgaard & Paul C. Light eds., RAND Corp. 2005).

LAURENCE H. TRIBE, AMERICAN CONSTITUTIONAL LAW (3d ed., West 1999).

Laurence H. Tribe, *Structural Due Process,* 10 Harv. Civ. Rights-Civ. Libs. L. Rev. 269 (1975).

HARRY S. TRUMAN, WHERE THE BUCK STOPS (Margaret Truman ed., Warner 1989).

U.S. Customs and Border Protection Home Page, *About SBInet,* http://www.cbp.gov/xp/cgov/border_security/sbi_net/about_sbinet.xml (last visited Nov. 7, 2006).

U.S. Customs and Border Protection, *SBI Industry Overview,* http://www.cbp.gov/linkhandler/cgov/border_security/sbi_net/library/sbi_industry_over view.ctt/sbi_industry_overview.pdf (last visited Nov. 7, 2006).

U.S. Dept. of Justice, Off. of the Atty. Gen., *Legal Authorities Supporting the Activities of the National Security Agency Described by the President* (Jan. 19, 2006) (available at http://purl.access.gpo.gov/GPO/lps66493).

U.S. General Accounting Office (GAO), *Commercial Activities Panel: Improving the Sourcing Decisions of the Government: Final Report* (2002).

U.S. Gen. Accounting Office, *GAO-04-367, Competitive Sourcing: Greater Emphasis Needed on Increasing Efficiency and Improving Performance* (2004), *available at* http://www.gao.gov/new.items/d04367.pdf.

U.S. Govt. Accountability Off., *Contract Management: Opportunities to Improve Surveillance on Department of Defense Service Contracts,* GAO-05-274 (Mar. 2005) (available at http://www.gao.gov/cgj-bin/getrpt?GAO-05-274).

U.S. Off. of Personnel Mgt., *The Fact Book: Federal Civilian Workforce Statistics* (Oct. 2004) (available at http://www.opm.gov/feddata/factbook/2004/factbook.pdf).

U.S. Public Service Academy Home Page, http://www.uspublicserviceaca demy.org (last visited Nov. 7, 2006).

William Van Alstyne, *The Demise of the Right-Privilege Distinction in American Constitutional Law,* 81 HARV. L. REV. 1439 (1968).

Michael P. Vandenburgh, *The Private Life of Public Law,* 105 COLUM. L. REV. 2029 (2005).

James Varney, *Fact-Finding Senators Feel Stiffed by* FEMA, NEW ORLEANS TIMES-PICAYUNE at 1 (July 14, 2006) (available at 2006 WLNR 12145468).

Joan Vennochi, *A Military Draft Might Awaken Us,* BOSTON GLOBE A11 (June 22, 2006).

Paul R. Verkuil, *The Emerging Concept of Administrative Procedure,* 78 COLUM. L. REV. 260 (1978).

Paul R. Verkuil, *Is Efficient Government an Oxymoron?,* 43 DUKE L. J. 1221 (1994).

Paul R. Verkuil, *Privatizing Due Process,* 57 ADMIN. L. REV. 669 (2005).

Paul R. Verkuil, *Public Law Limitations on Privatization of Government Functions,* 84 N.C. L. REV. 397 (2006).

Paul R. Verkuil, *Reverse Yardstick Competition: A New Deal for the Nineties,* 45 FLA. L. REV. 1 (1993).

Paul R. Verkuil, *Understanding the "Public Interest" Justification for Government Actions,* 39 ACTA JURIDICA HUNGARICA 141 (1998).

Paul R. Verkuil, *Separation of Powers, the Rule of Law and the Idea of Independence,* 30 WM. & MARY L. REV. 301 (1989).

Paul R. Verkuil, *The Wait is Over:* Chevron *as a Stealth* Vermont Yankee II, _ GEO. WASH. L. REV. _ (forthcoming 2007).

Rebecca Rafferty Vernon, *Battlefield Contractors: Facing the Tough Issues,* 33 PUB. CONT. L.J. 365 (2004).

Volcker Commission I (*See* Report of the Natl. Comm. on the Pub. Serv., *Leadership for America: Rebuilding the Public Service*).

Volcker Commission II (*See* Report of the Natl. Comm. on the Pub. Serv., *Urgent Business for America: Revitalizing the Federal Government for the 21st Century*).

Wilhelm Von Humboldt & J.W. Burrow, THE LIMITS OF STATE ACTION (Liberty Fund 1993).

Edward Walsh, *For Coast Guard, Priorities Shifted on September 11; Focus Is on Defense Against Terrorism,* WASH. POST A23 (Nov. 26, 2001) (available in LEXIS, News library).

LAWRENCE E. WALSH, FIREWALL: THE IRAN-CONTRA CONSPIRACY AND COVER-UP (W.

W. Norton & Co. 1997).

White House Off. Of the Press Sec., *Fact Sheet: The CFIUS Process and the DP World Transaction* (Feb. 22, 2006) (available at http://www.whitehouse.gov/news/releases/2006/02/20060222-11.html).

White House Off. of the Press Sec., *Press Briefing by Ari Fleischer* (Nov. 6, 2001) (available at http://www.whitehouse.gov/news/releases/2001/11/20011106-8.html).

OLIVER E. WILLIAMSON, THE ECONOMIC INSTITUTIONS OF CAPITALISM (Free Press 1985).

Oliver E. Williamson, *Public and Private Bureaucracies: A Transactions Cost Economics Prespective,* 15 J.L. ECON. & ORG. 306 (1999).

James Q. Wilson, *Can the Bureaucracy Be Deregulated? Lessons from Government Agencies* in *Deregulating the Public Service* (John J. DiIulio, Jr. ed., Brookings Instn. Press 1994).

GORDON S. WOOD, THE AMERICAN REVOLUTION: A HISTORY (Modern Library 2002).

GORDON S. WOOD, THE CREATION OF THE AMERICAN REPUBLIC, 1776-1787 (U. of N.C. Press 1969).

BOB WOODWARD, STATE OF DENIAL: BUSH AT WAR, PART III (Simon & Schuster 2006).

Bernard Wysocki, Jr, Is U.S. Government 'Outsourcing its Brain'?, Wall St. Journal, Mar. 30, 2007 at A1.

DANIEL YERGIN & JOSEPH STANISLAW, THE COMMANDING HEIGHTS: THE BATTLE BETWEEN GOVERNMENT AND THE MARKETPLACE THAT IS REMAKING THE MODERN WORLD (Free Press 1998).

Patrick Yoest, *Procurement for Secure Border Initiative Should Be Finished in September,* Officials Say, CQ Homeland Security (Jan. 27, 2006) *available at* 2006 WLNR 1791864.

Christopher S. Yoo, Steven G. Calabresi & Anthony J. Colangelo, *The Unitary Executive in the Morden Era,* 1945-2004, 90 IOWA L. REV. 601 (2005).

John Yoo & James C. Ho, *Marque and Reprisal, in The Heritage Guide to the Constitution* (Edwin Meese III, Matthew Spalding & David Forte eds., Regnery Publ. 2005).

354

찾아보기